U0134169

Hitlers Kinder

战火中的花朵

Guido Knopp

[德] 古多·克诺普——著

王燕生 周祖生——译

山西出版传媒集团　山西人民出版社

希特勒青年团利用业余活动引导青年树立行动的紧迫感

希特勒青年团组织的骑车旅行提供了调剂生活和经历冒险的机会

希特勒青年团团员在夏令营里当交警

希特勒青年团采用了青年联盟的传统——篝火晚会

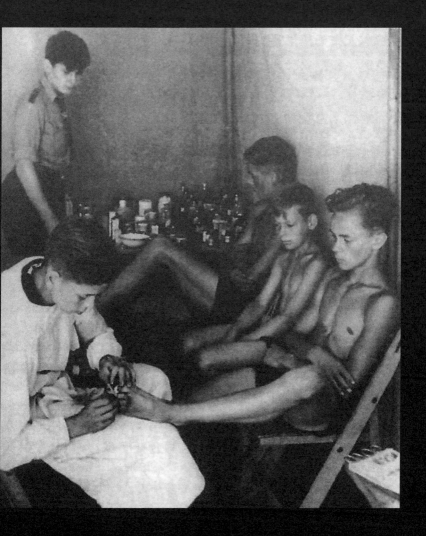

希特勒青年团团员参观部队

希特勒在镜头前摆出的典型姿势

德国少女联盟的成员动身参加收割

德国少女联盟组织的旅行给姑娘们带来了冒险、浪漫的经历

德国少女联盟成员在杜塞尔多夫遭受空袭后分发面包

被俘虏的德国国防军女助手

纳粹德国的每一所学校都有种族学课程，图中黑板上句子的意思是：
一切灾难来自犹太人

包括滑翔在内的丰富业余活动吸引了很多孩子加入希特勒青年团

德国少女联盟的姑娘们在勃兰登堡边界收获洋葱

希特勒青年团团员在希特勒青年团农业服务教学农庄劳动

等着被"疏散"到农村去的伍珀塔尔的儿童

志愿兵参军——纳粹政权动用了最后的兵员储备

被美军抓获的"狼人"队员，他们切断了电信电缆

目　录

引　言

　　这是一代人的历史，他们没有选择。不仅仅是他们投票支持了希特勒，而且还有他们的父母。那些在 20 世纪 30 年代至 40 年代初成长的少男少女们完全被他们的国家所占有，他们之前以及他们之后，没有哪一代德国人有过他们这样的遭遇。"这些年轻人，"1938 年，希特勒用一种几乎是嘲讽的口吻宣布，"除了以德国人的方式思维，以德国人的方式行动，他们什么也不用学习。"正如这位独裁者所说，他们 10 岁加入少年队 [1]，14 岁加入希特勒青年团，然后加入纳粹党，加入青年义务劳动军。"加入德国国防军后，我们立即又把他们吸收

1　德国纳粹时期希特勒青年团下属组织，由 10 岁至 14 岁男孩组成。——译者注。如无特别说明，本书页下注均为译者注。

进冲锋队 [1] 和党卫队 [2] 等等，他们再也不是自由的人了，整个一生都不再有自由。"

每年的 4 月 20 日，元首生日那天，都要让几百万年轻的德国人——"希特勒的孩子们"——发誓，坚决支持"超级父亲"的疯狂。"当年我 10 岁。如报纸上所述，当时德意志民族将同一年出生的人全部送给了元首。我们被送给了元首。"作家埃里希·勒斯特回忆他隆重加入希特勒青年团的情景时写道。

这一令人不可思议的可怕情况仅仅持续了 12 年，然而直到今天人们依然能够看到它的后果。有些当时的年轻人在今天——数十年之后，才感觉到被这个罪恶政权所滥用受到的精神创伤。他们"心灵上有疮疤"，电影演员哈尔迪·克吕格尔这样说，他当时也是希特勒青年团团员。今天，这一代人还活在世上，他们还可以作为那一个时代的见证人，证明在那个时代里，人不是作为个体的人，而是作为物质而存在。

某种意义上说，希特勒青年并不存在。存在着的是一些极其狂热的人，他们中部分人今天还讲述着在希特勒青年团和德国少女联盟中的"美好时光"。也存在着一

1　德国纳粹党的半军事组织。
2　德国纳粹党的特务组织和军事组织。

些不引人注目的人，也许是大多数，他们顺利地度过了那个时代，在战争中他们首先关心的是如何活下来。还有一小部分持反对态度的人，他们设法对抗政权的要求。情况是各不相同的：一个1923年出生的年轻人跟10年以后出生的人所经历的就不一样。同时也存在着地域上的不同：像在汉堡、慕尼黑、科隆或者柏林这样的大城市里，年轻人的生活就不同于在黑森林、波莫瑞或者东普鲁士那些地方。

然而，回忆越多，它们就越相似。为本书的写作，我进行了一千多次采访，采访的是那些经历了长期职业生涯后，往往现在才找到勇气和力量进行回忆的人。战争期间，这一代人中年轻的男子被送上了宰牲凳，年轻的女子不得不在家乡忍受战争的轰炸，1945年战争的失败造成了几百万人大逃亡和被驱逐。活过这场全面战争灾难的人也失去了他们生命中宝贵的年代——战后德国所处的困境令重新开始建设困难重重。重建的重担压在了这一代人的肩上，在他们的记忆中存留的是恐惧、痛苦、贫困和死亡，但他们也记住了一个年代，在这个年代里，独裁者给人们带来的不仅仅是暴力，而且还有诱骗。

开始的时候，这种诱骗常常看上去是没有恶意的。作为希特勒帝国里的年轻人，如果想要有所经历，他就可以在希特勒青年团里自由选择一种业余活动：篝火晚会、诗情画意的野营——这就是冒险与经历，它们培养集体主义精神。"我们冻得透心凉，有时又热得大汗淋漓，我们在帐篷里淋得像个落汤鸡似的，"一个人这样回忆道，"然后还要参加小组活动，去旅行，累得很。晚上大家围坐在篝火旁，然后我们一起唱歌。天渐渐黑了下来，星星在我的头顶上。这种激动人心的感受，人们是不会忘记的。"

在有意识地唤起人们内心的感受以达到控制人们头脑的目的时，孩子是容易争取的对象。在德国，年轻人第一次有了这种感受：他们是重要的。在德国的历史上，青年人还从来没有受到过这样的青睐——也从来没有受到过这样的虐待。在这种"要有些与众不同"的感受的诱骗下，"不仅是希望与众不同，而且要实现我们所期望的"，正如独裁者曾经表述的那样，他们常常是觉察不到地坚决支持一种背弃人类社会价值的世界观。"人性和人道主义的价值观从我们的头脑中完全被排除了。"一位时代的见证人回忆道。积极活跃、遵守纪律且满怀激情地适应独裁制度的年轻人受到欢迎，而无须询问他们的出身背景。顺从的年轻人受到欢迎——他们是希特勒战争的炮灰。

少数一些人受到培养是为了进行统治，他们要作为新的领导阶层统帅一个德意志世界帝国——担任大区长官、军事指挥者，实际上是所有领域和职业中的领导人。他们应该是冷酷无情、专横跋扈、精明能干且具有效率的：对于现代专制统治来说，他们是国家权力的管理者。

在希特勒的精英学校里，要将培育新的德国人种的疯狂计划变成现实。当局欲在阿道夫·希特勒学校、国家政治教养院以及费尔达芬国社党帝国学校里培养出聪慧的实施者，作为希特勒的继承人，未来是属于他们的。当他们还是孩子的时候，他们就要在军队里经受磨炼和严格的训练，课堂上除了知识外，他们主要是接受世界观教育。他们要像政治战士那样，"相信、服从、战斗"。他们受到所提供的丰富的体育和业余活动的引诱，受到前程无量的引诱，被吸收进精英寄宿学校，这些学校要他们宣誓无条件地忠诚。作为学校教育的牺牲品，在这场为他们的冠名者进行的战争中，希特勒的学生们常常是狂热信仰者的一部分。他们每两个人中只有一个人活过了那个时代。

当然，这些教育机构的毕业生里有很多人在战后的民主政体中飞黄腾达——在经济领域、大众传媒以及政治和外交方面。过去的精英学生，如《时代周报》从前的出版者特奥·佐默尔，或者《父母》前任主编奥托·舒斯特尔，他们现在还在毫不知耻地报道他们在希特勒时代的生活。一些人还在大谈什么对己对人要严厉教育的好处："我们受到的教育足以应付险恶的情况。"

女孩子们呢？她们也一个不落地被卷了进去，受严格训练，受欺骗。"德国姑娘"必须勤奋到放弃自我的地步，要顺从，尤其是要准备好扮演未来士兵的母亲这一角色——人力补给的生育机器。德国少女联盟[1]的全国领导人将此称为"少女的行为"，但这一联盟的缩写 BDM 的意思很快被轻蔑地篡改为"Bald deutsche Mutter"[2]，或者"Bubi drück Mich"[3]。

"那是我一生中最美好的时光"——直到今天，许多女性时代见证人还难于使她们主观的回忆与历史事实和解。即使能够做到，"承认她们曾经相信了一件错误的事情，这也使她们感到极端的痛苦"，一位从前的德国少女联盟的姑娘承认道。"我从我的回忆中找不到答案。"一个受访者说。尽管如此，20 世纪末，历史

1　德文为"Bund Deutscher Mädel"。

2　"马上就当德国母亲"的意思。

3　"小宝宝紧紧搂着我"的意思。

还是准备见证青年人的向往和错误。希特勒的"少女们"今天都是祖母了，有些人甚至是曾祖母。战后，她们在两个德国的废墟上建设了今天我们生活其中的这个国家。很多人几十年之后才认识到，她们作为年轻的姑娘被推进了一个俗套里，一个关于她们角色的逃不脱的成规俗套。跟希特勒的"关系"也在这里起作用吗？当时的"少女"中，很大一部分今天承认这纯属一种感情冲动。"他是一个超级父亲"，"这是一种深刻的发自内心的爱"，"我觉得他就像上帝一样"。成千上万封情书到达了帝国元首办公厅，在情书的作者中甚至有年幼的姑娘（"亲爱的元首，我想跟你生一个孩子。"）——当然这是异乎寻常的例外，然而也证明了集体感情的深层存在。

在战争中，希特勒时代的孩子们是政权必不可少的支持者。假如没有希特勒青年团坚持不懈的全方位的投入，德国的经济和社会早就崩溃了。青年们通过他们的投入对战争的延长起了决定性的作用。900万廉价劳动力大军填补了在前线服役的男子留下的空缺。希特勒儿童作为传令兵穿梭于城市之间，参加收割，辅助对空防御，充当前线通讯兵，投递食品配给票，分发宣传资料。女孩子为多子女家庭做家务劳动，在红十字会或者行政机关帮忙；男孩子则在燃烧的城市中充当消防队，或者在"武装军事训练营"里进行被召入德国国防军之前的最后的军事训练。

1921年至1925年出生的人当中，三分之一还多的人惨死在第二次世界大战的战场上，或者死在国内的战场上。从大西洋海岸到黑海，从北极圈到非洲，再经过柯尼斯堡和布雷斯劳回到柏林，他们的坟墓宣告着被诱骗的一代人的迷途，希特勒骗取了他们这一代人的青春。有些人甚至既是牺牲者，同时也是案犯。希特勒青年团的头目参与了几乎所有的由大区长官和党卫队在被占领的东部地区筹划并实行的残酷行为，他们决定别人的命运——重新安置还是驱除，生还是死。在最后混乱的几个星期里，希特勒青年团的团员有时候也参与枪杀犹太人。

然而他们是本该这样做的——他们得为那个他们曾经发誓忠诚于他的人做出最后的牺牲。有些人的牺牲根本就是自愿的："为元首、为人民和祖国而死是一种荣誉，一种义务，人们也是这样教我们的。"时代的许多见证人认为，这正是他们这些14、15、16岁的人，毫不反抗地进入了这场战斗的原因。活了下来的人在战争过后才知道，他们要为之牺牲的是一个什么样的祖国。

从中可以得出什么结论呢？

1945 年对于这一代人来说是彻底的失败，它标志着整个价值体系的崩溃。对于那时年轻的德国人来说，没有可以追忆并再次谈起的往事。他们只知道纳粹主义和战争。纳粹主义教育他们是为了战争。1945 年，纳粹主义和战争都结束了。

许多少男少女至少在最初的几年里对新的民主政体感到难以适应，于是他们把自己的能量都用到了繁荣经济和重建家庭上。1968 年，战争一代的儿子们（还有一些女儿们）起来造他们父辈的反，向他们提出尖锐的问题。这场辩论至今还没有结束。

希特勒时代的孩子们的这个"父亲"不是他们自己选择的，而是他们那些不想阻止也阻止不了这个独裁者的父母此前就已经决定了的。与其前辈和后辈相比较，这一代人算不上更好，也不见得更坏，只是他们要忍受的更多一些。被人引诱、被迫进行艰苦的军事训练、被人出卖、被人滥用之后，现在，在世纪转折之际，他们能够再次回忆起他们青春的生与死。

本书所关注的是那些被人牵着走的，而且是长时间心甘情愿被人牵着走的人。他们中有的人是听天由命，有的人则满怀责任感和爱国主义的理想，或者充满狂热——愿意做得比对他们要求的再多一些。另一方面，也有一些人对此感到不快，他们进行无言的反抗，将不快深藏内心，保持缄默。也有青年男女不顾纳粹政权的禁令，站出来说话。今天，他们来报道那个年代——随着时间的推移，有的看法可能已变得更为成熟一些，但是，将自己的亲身经历、那时的感受讲述给广大读者还是值得的。因此本书完全有意识地容忍了陈述的主观性。它仿佛是集体备忘录，可补充文献档案，又可与其相照，它是历史记录不可或缺的一部分——这是一代人的遗言，没有人去询问这一代人是否同意，历史就把他们变成了"希特勒时代的孩子们"。

这一代人还活在世上。他们还能够讲一讲，我们还能够从他们的命运中得出教训——为了使我们的孩子们避免这样的命运。

第一章

诱　骗

"民族的未来"站在载重汽车上，或者乘坐当年国有铁路的专列，只有那些被挑选出来的人才步行走来。他们穿越德国，行进几百千米。他们敲着鼓，吹着喇叭，挤满了大街小巷，唱着歌曲，高举着他们的旗帜穿过农村与城市。他们当中有些人长达四周之久行进在路上。他们在帐篷营地里或者干草垛里露宿。每年大约2000名希特勒青年满怀激情地听从帝国青年领袖巴尔杜尔·冯·席拉赫的召唤："我们行军到元首那里——如果他希望的话，我们会为他而行军。"

1935年9月14日早晨，"阿道夫·希特勒—长途行军"的参加者们到达了他们的目的地。为了响应希特勒青年团的号召，来自整个帝国的5.4万名姑娘和小伙子一起来到了纽伦堡体育馆。国社党负责群众策划的领导为"自由帝国党代会"设计了一个巨大的群众场面，这些年轻人就是在其间狂呼的群众演员。党和军队的知名人士坐在主会台上，身穿制服的青年站在前面，激动地等待着他们的"超级父亲"的到来。

这位统治者终于来到了他的青年当中。第三帝国[1]的第一希特勒青年走上台，立正。巴尔杜尔·冯·席拉赫骄傲地报告了人数。他随后发出命令："稍息！"这时，几万个孩子的喉咙里齐声喊出的"希特勒万岁"的呼声打破了体育馆里的沉寂。欢呼了几分钟之后，内心的激动缓和了下来，随后，鼓乐齐鸣，积蓄已久的感情再次爆发，这次，人们转向了党代会的第一个项目。全体人员进行宣誓："我们是帝国的年轻力量，是唯一的青年团体……"

28岁的帝国青年领袖席拉赫以他自己所偏爱的狂热激情唤醒在场全体少年的牺牲精神。"在您的面前站着我们民族的全体青年。当我们看着这些快乐的青年时，我就在他们当中看见了那些死去的伙伴们的苍白面容，他们牺牲了生命，是为了我们能够在这样的集体中生活。那些伙伴们，我的元首，他们是为了您的信仰而死去的。全体德国青年生活在同样的信仰之中。我们以这些最优秀的青年英雄为榜样，从中学习到，对您的忠诚就是通

---

1 第三帝国（1933—1945），指纳粹德国政权。按照希特勒的说法，该帝国将存在1000年，将在德国历史上成为千年帝国。第三帝国的名称反映了纳粹继承神圣罗马帝国（第一帝国）和德意志帝国（第二帝国）的野心。第三帝国取代了魏玛共和国（1918—1933），但在第二次世界大战中随着德国的战败而宣告灭亡。

向永生的大门。"

这是在祭祀亡灵般的气氛中进行的启蒙：席拉赫以布道式的热情向整整一代德国青年宣讲国家社会主义"宗教"的"教义"，它把为元首而死解释为青年运动通向永生之路。希特勒向崇拜他这个万能偶像的信徒们宣布他对所谓新人的看法："我们对我们德国青年的期望不同于过去对他们的期望。在我们的眼里，未来的德国青年应该是身材修长，敏捷，坚忍，像克虏伯的钢铁一样坚强。"

在"训练年"里，希特勒要求他的年轻听众们"武装起来，锻炼身体，同时也要为完成为人民服务的义务做好文化教养方面的准备"。正在青春发育期的少男们还不知道，这个政权给他们预定了什么样的前进方向，然而谁将决定他们的命运，这是不容怀疑的："如果没有一个其他人必须听从的意志，则任何事情都是不可能的。上层下令，一直贯彻到底层。"在"元首国家"里，教训人要盲目听从时就是这样说的。希特勒给予他的青年人一项教育任务：作为人民群众效仿的榜样，"我们必须教育全体人民，不管在什么地方，只要有一个人被指定有权命令他人，那么其他人都要认识到，服从他是他们的天职，因为下一个时刻也许他们自己就要对他人发号施令，只有其他人又服从他们的时候，他们才能实现目标。

我们决不要忘记，只有强大的人才能获得友谊，只有强大的人才能给予友谊。我们要强大起来，这是我们的口号。你们的责任是实现这个愿望。你们是民族的希望，德意志帝国的未来"。

最后，这位诱骗者直接走近那些欢呼的追随者，他曾责成他们要有严格的纪律，面对弱者要严酷无情。"希特勒对我们队伍的检阅大约持续了半个小时，整个这段时间里，我们都必须伸着胳膊向他致敬，这是非常吃力的。"汉内·贝尔－帕格回忆道，她是跟着德国少女联盟的一个代表团徒步去纽伦堡的，"每一行里都有两个希特勒青年团团员注意我们的胳膊是否举得够高。每当有一只胳膊累得掉了下去，他们就再把它抬起来。"

第二天，当纳粹的接班人筋疲力尽地，又因受到元首接见而欢欣鼓舞地回家时，"自由帝国党代会"便以法律形式使希特勒那凶残的种族妄想生效了。随着《帝国公民法》和《血统保护法》的公布，在德国的犹太人失去了公民权。违反国际法的条款为非人道的遴选过程铺平了道路，这个过程的终点是奥斯维辛毒气室。

然而，从纽伦堡回家的旁观者们几乎不懂得要向他们的父母报告这些阴暗的决定。到家以后，他们大谈特谈党卫队的行进队伍、在装饰过的街道上飘扬的纳粹党旗，以及各个游行队伍之间的演奏比赛。他们骄傲地谈论着旅途中的经历、住帐篷的浪漫以及在篝火旁度过的夜晚。希特勒青年团的制服给很多人一种自己是这场伟大运动的一分子的感受。正是这场运动赋予了他们为民族未来和命运负责的重任。能够参加一年一度的纳粹群众的"朝圣"活动对他们来说是一种荣誉。"可以参加帝国党代会对我们希特勒青年来说是一种荣誉。不能参加的人感觉受到了冷落。"克劳斯·毛尔斯哈根回忆道。

立正向元首致意——对于近乎 400 万的儿童和青少年中的很多人而言，这是一件光荣的事情，自 1935 年以来，他们一直与青年团一起行军。这意味着 10 至 18 岁的德国青少年中，一半都被组织进了希特勒青年团，然而，这对野心勃勃的帝国青年领袖来说还不够，他要让全体青年都服务于希特勒。席拉赫在他 1936 年的"新年号召"中郑重宣布这一年是"德国少年队年"，第一次，某一年出生的德国儿童将全被纳入希特勒青年团的儿童组织。在"全体青年忠于元首"的口号下，一场巨大的宣传运动开始了，它通过无线电广播、电影、标语牌以及学校和各种体育活动来争取最小的队员。席拉赫公开申明，宣传应激励儿童"自愿"参加希特勒青年团。为了贯彻他的将所有 10 岁儿童纳入希特勒青年团的主张，这位帝国青年领袖设法使全国各个乡镇都加入这个掠夺行动。官方的户籍名册——只要存在——提供所有 1926 年出生的男童女童的地址。父母被要求为孩子报名参加"少年队"或"少女队"。甚至教育部部长伯恩哈德·鲁斯特都支持这位帝国青年领袖，他本来担心席拉赫凭借在青年中日益增长的势力越来越多地渗入他的职权范围，现在他命令在学校召开家长会，以便老师和希特勒青年团的地方领导人在会上为孩子们参加希特勒青年团进行宣传。

小学和中学的老师要用一切手段动员他们的学生成为少年队的队员。"我上文科中学一年级时，有一天校长在大门口等着我，他问我为什么没参加希特勒青年团，"德国社会民主党前任主席汉斯-约亨·福格尔讲道，"我对他解释说，我们搬家了，我住在城外，非常远。他说，这种情况必须改变，你现在 10 岁，必须参加。如果有一个人没参加，对学校也是麻烦。于是我就成了少年队队员。我现在想不出来，当时我们学校里有什么人不是少年队队员，或者 14 岁以后不是希特勒青年团团员。这用不着考虑，没有商量的余地，年轻人几乎没有选择。"

为了保证他的举措能够取得最大的成果，席拉赫将他的青年组织根据国社党的区域进行划分，让男孩和女孩自己选择想在哪个团队里活动。孩子们被集中在一个尽可能与国社党的支部相对应的居民区里。大约150名年龄在10至14岁之间的男孩子有一面少年队大队旗，相应数量的女孩子们组成一支少女大队。大约10名男孩组成少年队的一个最小单位，10名女孩组成少女队的一个最小单位。虽然与国社党的联系不是很紧密，但是必要时希特勒青年团领导人可以依靠同样影响大得可怕的国社党地方支部领导人的保护。已经穿上希特勒青年团制服的儿童们通过列队游行、发传单、家长会以及合唱，大力为招募活动进行宣传。

高速发展的组织工作持续了4周。1936年4月19日，席拉赫可以通过无线电向他的元首报告执行情况了：90%的10岁儿童已经遵从了他的命令。为了接纳德国少年队队员，像每年组织青年团团员一样，席拉赫召集数百名儿童来到西普鲁士的马林堡。在希特勒生日的头一天晚上，这些新人走进旧日骑士团要塞的哥特式大厅，进行庄严的宣誓。"整个德国的年轻人今天是一个由忠诚的誓言连接在一起的骑士团。"帝国青年领袖的讲话在这黑暗的拱顶地下室里回荡。经过广播电台的转播，在这个庄严时刻发出的声音经"大众收音机"[1]传向千家万户。当

1　第三帝国时期为广大群众生产的一种便宜的收音机，也被戏称为"戈培尔竖琴"。戈培尔为第三帝国宣传部部长。

孩子们在火把的照耀下高唱《我们誓死忠于希特勒》的歌曲时，不少人都产生了一种属于一个"盟誓团体"的恐惧又振奋的感觉。"社会各界的千百万群众给元首拜寿送的是礼物，而年轻人送的是他们自己。"席拉赫津津乐道地说。

第二天，全国新入队的队员举行宣誓："我宣誓，在希特勒青年团里时时恪守我的职责，热爱并忠于元首和我们的旗帜。上帝保佑！"后来"上帝保佑"这句话被删掉了，"热爱并忠于元首"足以使德国青年灵魂得救。1935年出生的儿童最后一次对他们的元首宣誓是在1945年4月20日——这位独裁者在柏林废墟中的国务总理办公厅的地堡里自杀的前十天。这其中有些儿童是通过口头对希特勒表白[1]而加入纳粹德国少年队的，当他们回首往事时才认识到：他们被滥用了。

席拉赫孜孜不倦地追求他的目标，即实现对德国青年的独裁。希特勒以越来越大的职权范围来奖赏他的这位"捕人者"，他凭借1936年12月1日公布的《希特勒青年团法》将席拉赫提升为民族的教育者："除了在家庭与学校中，希特勒青年团应从德、智、体三方面教育全体德国青年为人民服务并成为人民的一员。"虽然这表明的只是

一种意图，然而对于席拉赫来说，这同时也是他努力将希特勒青年团变成第三帝国的"国家青年团"的一个重要的阶段性目标。帝国青年领导层成了"最高国家行政机关"。作为"德意志帝国青年领袖"，席拉赫的地位升到了国务秘书的级别，从此以后直接对希特勒负责。从这时起，这位纳粹青年守护者将国家高级官职和党的作用集于一身，未来大概不会有年轻人能够摆脱他的权势。

希特勒青年团因此而成为除去家庭和学校外第三个国家承认的"教育载体"——向正在成长的一代人灌输纳粹思想的国家权力工具。"争取德国青年联合的斗争结束了。"席拉赫欢呼道。"当年轻人加入了希特勒青年团和少年队时，父母就放弃了他们的教育权利，"当时的青年团团员保罗·施蒂本说，"这正是本来的目的。因为，现在男孩子可以做年纪较大的人才做的事了：上街游行。"

希特勒青年团很快就支配了忠实追随者的几乎每一分钟的空闲时间。席拉赫把少男少女一网打尽的做法符合独裁统治的要求，这种统治的范围既包括全体青年，也包括每一个年轻德国人的个人生活。"国家青年日"的推广免除了希特勒青年团团员星期六上学的义务，他们要去参加活动，夏天，这种活动可能要持续12个小时，而在此期间，其他的青年至少要忍受两节课的纳粹思想教育。"一星期两次活动，"作家埃里希·勒斯特说，"因为我马上就是领导了，所以每星期一还有额外的活动。星期日是射击，或者我们骑车到什么地方去，或者我们列队行进。这就是说，我一个星期要有四五天跟希特勒青年团一起活动。我们没有时间仔细考虑我们到底在干什么，总是一个接一个的活动，没有间歇。"

甚至在活动时间以外，年轻人也不是不受监视。自1935年起，希特勒青年团搞了一支巡逻勤务队，具有类似警察职能的权限，对年轻人进行额外监视。这些年轻的纪监员在各种公开活动上和饭馆里巡逻，他们监管尼古丁和酒精禁令执行情况，检查行为异常的年轻人的身份。遇到对抗行为和反政权的言论时，希特勒青年团巡逻勤务便向警察局和盖世太保报告。

虽然直到1939年参加希特勒青年团都是自愿的，但是只有极少数的孩子能够顶住普遍存在的压力以及大集体的引诱。如果说帝制时期军队曾经作为"民族的学校"，那么纳粹国家则训练这些小百姓具有严格的团队精神和工作热情，并恪守训律："你并不重要，你的人民才是一切！"很多六岁刚入学的孩子羡慕地看着比他们大的同学，看着他们穿着制服，带着旅行刀，齐步前进去参加活动，而自己还要等待四年。在巴尔杜尔·冯·席拉赫眼里，这些孩子就是不穿军装的后备军："我们把不穿制服的人称为孩子，他们还从来没参加过晚会，从来没参加过郊游。"

孩子们常常等不及被吸收进这场伟大的"运动"。当时的希特勒青年团团员汉斯–于尔根·哈贝尼希特代表很多极其渴望加入少年队的人说："我盼来了那一天，当愿望终于实现了的时候，我非常骄傲。我哥哥已经加入了希特勒青年团。我也想最终成为这个组织的一员，这个组织跟友谊、祖国和荣誉的概念紧密相连。穿上制服就觉得庄重一些，我现在属于大人了。"

"制服是一种礼服，"约布斯特–克里斯蒂安·冯·科恩贝格说。"褐色的裤子，褐色的衬衣，黑色三角领巾，上边系着一个褐色的皮扣，皮肩带，有皮带扣子的皮武装带，那上边有一个表示'胜利'的鲁尼文[1]字母。我们还穿着白色的中筒袜，褐色的鞋，"克劳斯·毛尔斯哈根说，"头上还有一顶船型帽，我们把它歪戴在头上，那样子非常调皮，我们对此很骄傲。姑娘们十分羡慕我们。"谁要是终于获准披上这套渴望得到的少年队队服，谁就感觉加入了国家的穿制服的团体——为伟大的事业时刻准备着。"'我长大了，不再是小孩了，我要当元首的士兵！'这就是当时最吸引我的时髦话。"阿尔贝特·巴斯

1　日耳曼的一种古老的文字。

蒂安回忆道，"当我说这话的时候，我母亲说：'你们还是孩子呢！'这时我想：'我早就不是孩子了，马上就是一个兵了！'"

在越来越强求"一体化"[1]的纳粹社会里，希特勒青年团唤起了儿童们的自我价值观念和虚荣心，使他们在参加为人民和祖国服务的活动中感到了自身价值的提高。每年都有几十万身穿制服的少男少女拿着募捐盒，为"冬季赈济"募集捐款，这是一场由巨额的宣传经费推动的对"需要帮助的人民群众"的救助行动。希特勒青年团持续组织收集衣服和旧物资，最积极的人会得到表扬和奖励。"人们需要我！我是一个整体不可缺少的一部分，不再袖手旁观——这种感觉对我来说是全新的，而且它让人上瘾，"雷娜特·芬克这样描述她在纳粹德国时期告别"平民"儿童时代的心情，"有这样的活动还是挺好的。在活动中我感觉到了自己的价值。在为元首服务中，我觉得跟父母也平等了。"

"青年人必须由青年人来领导"——席拉赫抓住希特勒的这个口号，并把它上升为他的青年组织的教义。少年队的旗手常常只比队员们大几岁，但对于孩子们来说，

---

1 "一体化"为纳粹用语，意指强迫组织、机构、人的思想等方面的一体化，强使其保持一致。

他们是一种额外的鼓舞，孩子们要极力仿效大哥哥大姐姐。那些被选出来领导一个小队的孩子非常高兴人们给予他们的信任，哪怕是只有 10 个男孩或女孩的小队。他们骄傲地完成他们所承担的义务。德国年轻人要向什么样的榜样学习，当然是由成年人来决定的。为了使他的青年部队参加纳粹学习班，席拉赫在 127 个训练课程里任命了 12727 个希特勒青年团领导和 24660 个少年队领导——这还只是在截至 1934 年 8 月的 8 个月的时间里，这一年则被帝国青年领导层宣布为"学习年"。在其后的几年间，青年领导挖空心思想出了领导人学校体制。学校的老师按照既定的方针政策，逐步向纳粹青年领导灌输新的职业概念。席拉赫要求未来的希特勒青年团领导"要成为宣传纳粹主义信仰的神甫和效力纳粹的军官"。

在希特勒青年团的活动计划上，体育是占第一位的必修课。在《我的奋斗》一书里，希特勒就宣布锻炼身体是培养纳粹青年的最高要求，"民族国家全部教育工作的首要任务不是灌输单纯的知识，而是培养健全的体魄。其次是精神能力的培养，最后才是知识的传授"。希特勒上台后，希特勒青年团立即开始把德国青年人的体育活动纳入他们的影响之下。对于 14 岁以下的儿童来说，从此以后只能在希特勒青年团里进行体育活动。年轻人马上就可以加入体操运动队，如果他们是希特勒青年团团员的话。体育协会（或体育场馆）的工作人员和训练负责人均在特地建立的帝国体育学校里进行培训。"使人坚强的就要受到称赞！"几十万青年人在无数的体育活动中竞争希特勒青年团优秀奖章。他们不知疲倦地穿梭于地区体育比赛、春季越野赛跑、冬季运动会以及"元首"十项全能运动比赛。按照纳粹的种族思想意识，只有"生存斗争"中的最强者才能保存自己，希特勒青年团体育服务站据此大力推进"选拔"活动。1937年设立了"希特勒青年团全国体育竞赛"，它的宗旨是充分展示德国的"力量与不可战胜"。"希特勒青年团全国体育竞赛"构成了"雅利安人"成就展览会的高潮。甚至连骑自行车都没学会的希特勒期待着他的青年人具有钢铁般的身体而使民族得以复兴。通过有意识地培养一代新人才能达到此目的。希特勒青年团用诸如"你的身体是属于民族的"或者"保持身体健康是你应尽的职责"的口号来宣传激发出于种族动机的"锻炼身体的义务"。

孩子们一加入少年队就要对自己提出严格的要求。服役的头几个月里，10岁的孩子就要准备接受"纳粹少年队的考验"。通常情况下他们要经过三项考验：12秒跑完60米，跳远2.75米，投掷棒球25米。但是少年队的头头们经常要求再来一个"勇气考验"，正如德国社会民主党的政治家和政论家克劳斯·伯林回忆的那样："我们必须在柏林帝国体育场的游泳池集合，然后每个人要在那里从 5 米高台上，也就是说从一个相当高的地方往水里跳。这简直是强人所难。"此外，在每周一次的"青年之家活动"中，最小的孩子们还要击鼓演奏《霍斯特 – 韦塞尔之歌》，朗诵已经清除了其阴暗面的阿道夫·希特勒的履历，跟诵少年队"誓词"："少年队队员冷酷、寡言、忠诚。少年队队员是战友。少年队队员最高的追求是荣誉。"通过"入队考验"后，新队员获得渴望已久的小刀，上边刻着"我的荣誉是忠诚"的字样。现在他们是德国少年队真正的成员了。

除了体育锻炼，他们的日程上还排满了入伍前的训练。每次训练开始的时候，尚未成年的少年队队长让他们的队员排成整齐的队列，通过几个小时的操练、点名集合以及行进，向孩子们灌输军人的严格纪律。疲疲塌塌的人将受到惩罚性的训练。"我不得不进行惩罚训练，"当时的少年队队员鲁道夫·希姆克说，"就像在军队里一样：卧倒，起来，前进，前进……有一刻钟之久，就是为了使我驯服。"民族的未来：步调一致的一代。在周末和假期营地里，队员们进行野外侦察训练，用地图和指南针穿越陌生的地域，练习报告、识别目标和判断距离，用军队的规章制度来决定从早点名至晚点名的营地活动。

教授 14—18 岁的希特勒青年团团员使用小口径步枪，是入伍前的准备训练的顶峰。截至 1938 年，德国国内就已经有 125 万青年完成了希特勒青年团的射击培训。其中有两万青年是射击积极分子。射击技术最好的人获得了优秀射手奖章。"我们想在几年之内，"席拉赫的武装训练负责人赫尔穆特就职时说，"让德国青年掌握枪杆子就如同掌握笔杆子一样熟练。自由主义者在学校的门上写着：'知识就是力量'。但是，在战争期间和战争之后我们得知，人民的力量最终还是建立在武器上，在他们能够掌握的武器上。"

"从前的年轻人接受教育是为了享受，而现在正在成长的年轻人，他们受教育是为了忍受清贫，为了做出牺牲，尤其是为了培养锻炼出一副健康且具有抵抗能力的身体。因为我们相信，从长久来看，如果没有这样的身体，民族将不会拥有健康的思想。"希特勒在 1937 年国社党党代会上对青年人说，"你们成了我们民族教育链条上的一个环节，这是一件非常了不起的事。你们是这个链条的开端。只有当最后一个德国人踏进坟墓时，它才会终结！"这位独裁者 1936 年就已经断言："一个新的美的类型产生了。不再是肥胖的、嗜喝啤酒的小市民，而是身材苗条又修长的青年是我们这个时代的象征，他叉开双腿神气十足地站在这个地球上，身体健康，思想健康。"

当然事实是，希特勒青年团用一种荒谬的世界观毒害了整整一代人的思想。希特勒青年团的头目们大面积地、系统地给他们的未成年的追随者洗了脑，让他们的接班人从小就接受褐色的"思想意识"。没有一次活动、没有一个营地、没有一次郊游不进行"世界观教育"，没有一次不用没有任何理智的思想意识信仰内容进行转经筒似的说教。帝国青年领导层根据年龄段制定的学习计划严格遵守阿道夫·希特勒的旨意，把对青少年的蒙蔽上升为纲领："民族国家全部教育工作的最高任务就是，本能地、理智地向受教于其中的青年人灌输种族意识和种族感情。"

当团员们每星期三到他们的活动场地或者特地设立的希特勒青年之家去参加每周一次的"青年之家活动"时，他们津津乐道的是古代日耳曼英雄传说。由于纳粹从狭隘的党派角度看历史，他们学的更多的是克鲁斯克部落的赫尔曼、腓特烈大帝和俾斯麦，但这些人物都被作为其历史上的先祖，并是他们元首的先驱和开路先锋。他们激动地静听着战地文学的朗诵，那些关于第一次世界大战混战中的牺牲精神和被神化了的视死如归的报告，这些报告在恩斯特·容格尔、维尔纳·博伊默尔堡、弗朗茨·绍威克尔或者弗里德里希·希尔舍尔的作品里已经大量出现。他们听关于"匕首刺进在战场上没有被战胜的前线部队的背部"[1]的传说，听"反对国际犹太纵火犯""保持德国血统的纯洁性"的煽动，听对"东方生存空间"的呼喊。

"青年之家活动"属于希特勒青年团规定的活动项目之一，不参加的人必须补交家长的书面请假条。如果多次缺席，他们所属的希特勒青年团领导可能会去家访，以便让家长们明白：要让他们的孩子出席活动。通常情况下，这样做，也就能让没有履行自己职责的人改过了。但是这种"世界观教育"是否达到了政权当局的预期效果，是否培育出了坚定的纳粹分子，还是个问题。许多从前的希特勒青年团团员觉得这种"青年之家活动"很讨厌，他们上课时常常是左耳朵进右耳朵出，大家都觉得很无聊。"我们认为青年之家的活动是无法避免的痛苦。"约布斯特－克里斯蒂安·冯·科恩贝格说，"领导青年之家的少年队头头们比被他们领导的人大不了多少。这么一个十四五岁的人，几乎没有能力像学校里的历史老师那样就一个题目进行讲解，这样的世界观教育当然也就打了折扣。一方面，'青年人必须由青年人来

1　这本是第一次世界大战后主要在社会主义左派人士中流传的一种论点，1919年演变成政治右倾人士的斗争口号，希特勒又将它引申为对帝国政府的指责。

领导'的基本原则是适用的，然而一旦涉及世界观的题目，就变得很困难了。如果还有只受过小学教育的人上台，底下的人就该开始你推推我，我碰碰你了，互相问：我们还得听多长时间啊？这个问题帝国青年领导层当然看出来了，然后他们就每14天出一期学习通报。最初青年之家将计划详尽地刊登在通报上，包括每个题目的导论、歌曲，以及文章；后来这种学习小册子每周出版一次，于是头头们便可以利用这些现成的材料了。这时讲课的人就不会出太多的错误；必要时他们还可以照本宣科，如果没有其他办法的话。"

这样的活动是对听众耐心的考验，他们来听世界观的报告，充其量只学到了一些歌曲和诗歌："世界属于领导者，他们似太阳普照大地。我们是行军者，没有人将我们阻拦。陈旧的在摇摆，腐朽的在坍塌。我们是新生的风暴，我们是胜利！起来，前进，前进！将我们的旗帜插上云天！"对于所讲授的题目进行批评性的讨论，在"元首国家"里是不受欢迎的。"青年之家的活动安排是不由自己的，任何创意都被压制下去。没有讨论的余地，一切都是按照独断专行的命令组织好的。我们根本没有可能自由表达意见，也不敢提出批评。"鲁道夫·希姆克说。

然而希特勒的纳粹青年组织所提供的，远比军事训练和令人困倦的政治课多得多。巴尔杜尔·冯·席拉赫这个吹笛子的人深知他最年轻的民众的需求，这些人是在同龄人的集体里设法摆脱对家长和成年人的依赖。他使用在很多孩子们的耳朵里是音乐的声音来引诱他们。希特勒青年团引导青年人积极参加活动，为少男少女提供此前只是有钱人家的小不点儿参加的业余活动项目。穿越整个德国的旅行，徒步漫游，骑自行车旅游以及帐篷营地都预示着经历和冒险。"通常孩子们在假期里没太多事情做，"当时的希特勒青年团团员卡尔－阿尔贝特·施吕特尔解释道，"如果他们运气特别好，也许会有机会结识一位在梅克伦堡有一座农庄的老奶奶，然后他们就可以骑车或者乘车到那儿去了。其实不过如此，再多也没有什么了。现在孩子们突然能够去度假，14天或者三个星期，他们就立刻出来了。外出旅行，孩子们根本不知道这是什么意思。"

希特勒青年团每年提供的业余活动的高峰是夏令营。相比在家中的单调，徒步去周围农村旅行以及与同龄人在一起，对孩子们来说是一种更具吸引力的调剂。"对我们来说，重要的是自己是一个男孩集体的一分子，是集体经历、旅行、劳累。"威利弗里德·格拉腾说。"我们必须出大汗，我们必须忍受严寒，我们必须在帐篷里湿透。我们也可以骂人，我们也可以有过激的举动，但是必须再回到集体当中去，这是非常重要的。"篝火和住帐篷的浪漫让孩子们的心激动不已。"晚上大家都围坐在篝火旁，然后我们一起唱歌。天是黑的，我们头顶上是星星。这是一种令人感动的经历，人们是不会忘记的。"当时的少年队队员彼得·罗尔说。

孩子们在合唱队里一起唱歌，学习演奏乐器，在乐队伴奏下行进。有表演天才的则参加话剧表演队。希特勒青年团的"成就教育"设立各种各样的奖章、奖金，以鼓励那些在"帝国音乐节""帝国戏剧节"以及在体育方面或者"帝国职业竞赛"中证明了他们的才艺的孩子们。

年纪大一些的，14岁时就从少年队转入青年团。他们特别喜欢希特勒青年团的"特殊支部"。在希特勒青年团的通讯队、摩托车队、飞机驾驶队和航海队里，男孩子们熟悉了德国国防军各个兵种的要求，为将来在军队和武装党卫队中承担的任务做准备。"谁有机会像在希特勒青年团飞机驾驶队里那样，还是小孩子的时候就能学习滑翔飞行呢？"作家瓦尔特·肯普斯基说，"在希特勒青年团摩托车队里，男孩子们可以驾驶摩托车，或者在希特勒青年团航海队里穿着肮脏的制服到处乱跑，参加帆船航行，对孩子们来说这是多么难得的机会，否则他们正在家里胡闹呢。这对很多人来说确实具有极大吸引力。"

通过不断地举办活动和要求年轻人对事业具有紧迫感，希特勒青年团达到了培养跟自己思想行动保持一致的青年的目的：这样的男性青年是受欢迎的，他们积极向上，身体健康，有专业技能，遵守纪律，完全适应独裁统治，不问为什么。希特勒青年团模范团员要自觉地区别于希特勒青年团头目们形容的那种令人憎恨的魏玛共和国时代的年轻人，那种"浪漫的""过分强调理智的"或者"具有社会革命思想"的人。培养积极精神以及无批判地接受纳粹世界观的教育，其目的在于提高战斗的积极性，正如一个重要的时事评论员明确指出的那样："一个受到唯意志论教育的青年只能以极大的热情参加战争，接受尽可能多的任务。"

希特勒的接班人组织在选择他们的诱骗手段时采取了 1933 年以前的青年运动证明行之有效的形式与传统方法：制服和特色服装，旗子和小三角旗，旅行和徒步旅行等，这是无数个小组和社团固定不变的内容。魏玛共和国时期，几百万青年人曾加入过这样的小组和社团。在纳粹统治下，他们的组织遭到禁止和解散，成了牺牲品。

青年人的自我意识在 20 世纪初就渐渐显露出来了。年轻一代尽管具有爱国主义精神，但不总是习惯威廉二世威权国家的小市民狭隘性。旧的权威牢牢占据着主导地位。工业革命急遽发展的同时引起了一场深刻的社会变化，这时，在父母家庭、学校、教堂和国家官僚机构中，无政府主义的规则普遍存在。从资产阶级里的中产阶层到小市民人口中的绝大部分，都从经济的蓬勃发展中获得好处，甚至工人这种新兴阶级在"工业皇帝"威廉二世的统治下，都比在英国或者美国可抱怨的少得多。

然而，特别是在威廉二世的经济奇迹时期，富裕家庭的年轻人中出现了对官僚主义独裁国家中僵化的社会关系的批评，尽管他们的父母们将一切都安排得十分舒适。资产阶级青年冲破成人世界的狭隘性和他们固有的规范。在寻找自己独特的身份时，年轻人的抗议针对的是日渐增长的实利主义，以及对自然科学和技术无限进步的坚信。正是这个现代化的彻底变革的过程使很多青年人感到茫然不知所措。在机器时代的大厂房里，他们看见工人的个人自由遭到破坏。无数篇对文明采取批判态度的文章警告这种"大众社会"[1]的社会后果，按照很多人的观点，这种社会宣布的是"西方的没落"。在反对工业化的唯理论和威廉二世时期文化的矫揉造作的情绪中，德意志的年轻人发展了自己的生命哲学。不少青年

---

1 指人际关系淡漠、没有个性的现代社会。

人不是准备应对时代的挑战，而是逃逸到一个被浪漫地美化了的过去。

另一些人觉得，军队正是对工业化的现代机构里不近人情的个性丧失的一种替代。军队里有明确的等级，有必须遵守命令、服从和遵守纪律的行为准则，他们在军队中看到了一个可靠的集体，这个集体与工业社会的"无政府状态"和自由企业界人士的自由经济处于明显的对立状态。又有一些人，他们沉浸在民族的理想之中，认为这个民族应该作为第三帝国，或者作为社会主义共和国，或者作为"天国"，或者干脆作为"青年帝国"而再生。一些年轻人对帝制君主国的死板的教育方法持反对态度，他们的观点在强调种族作用的尤利乌斯·朗贝恩的文章中得到了证实，尤利乌斯·朗贝恩宣称，血统决定人，先天的品质比后天获得的更为重要。学者保罗·德·拉加德渴望为新祖国的空壳找到一种"有机物"，他就年轻德意志的使命感说出了心里话："但愿在我们当中有秘密策划者，有一个暗中公开的同盟。这个同盟为伟大的明天而思考而创造，大家都可以参加。尽管很多人不理解它，但是它代表了大家未说出来的渴望。我们要过一种纯朴自然的生活，彼此以'你'相称。但是有这种思想的人还不是很多。"

青年运动还缺乏能够激发他人热情的领导——能够

把他们那并不明确的目标和幻想变成统一力量的领导。然而越来越多的青年人开始渴望独立自主的生活方式。19世纪的最后几年里，柏林郊区施特格利茨的一所高级中学里，一群中学生和大学生聚在一起，他们有时组织去农村地区郊游。在周末空闲的时候，他们离开首都的熙熙攘攘，一起去享受"大自然之美"。假期里他们穿越哈尔茨山脉，或者沿着莱茵河进行长距离的徒步行军。身着短裤和深色的衬衫，穿着钉着钉子的皮靴，背着双肩背包，他们秉承着漫游的年轻人和流浪汉的传统，承继已被遗忘的传统习俗，唱着古老的民歌，用吉他或者口琴伴奏。摈弃公共交通工具的步行是最普遍的旅行手段。这些业余流浪汉不畏风雨，雷打不动，宁可在干草垛里露宿，也不上新铺好的床。不再双脚后跟并拢并鞠躬，他们相互致意时，举起右臂高呼："万岁！"在短短的几年时间里，自称为"候鸟"的"柏林少年"就吸引了成千上万的青年人，并发展成一种群众性的狂热崇拜，甚至在欧洲其他国家也有效仿者。

随着20世纪的到来，似乎青年们期望的时代也到来了。除"候鸟"运动[1]外，"青年联盟"[2]随即也出现了。到

1　青年徒步旅行运动。
2　20世纪初至20年代末的自由德意志青年运动。

处都成立青年社团，这些社团勇敢地为自己的事情而斗争。他们的要求从禁止尼古丁和酒精到允许在野外进行裸浴和运动。然而，除去毫不掩饰地反对现存的价值和机构，大多数青年放弃了眼前的政治。他们蔑视党派和议会制度，这表明大部分青年运动在很大程度上与占主导地位的小市民的态度是一致的，这些小市民在政治上看到的只是肮脏的交易。眼前的整个方向不适合年轻的叛逆者，他们自己也不知道应该朝哪个方向前进。孩子们的革命走入了情感上的模糊地带。

在莱比锡大会战[1]一百周年那年，青年运动达到了高潮。在帝制德国以冠冕堂皇的爱国主义名义准备隆重庆祝打败拿破仑的历史性胜利并为巨大的纪念碑揭幕的同时，年轻人觉得是时候展示自己全国性的团结了。1913年10月，近2000名青年运动小组的成员在霍恩迈斯内耳举行庆祝会，这是卡塞尔市南部的一座山，根据古老的民间传说，霍勒太太[2]住在这座山上。在一项联合决议中，与会者宣布要求自决权，并以此首次表明，至少这个时期已经组织起来的青年在他们的感觉中是团结一致的，他们的宗教信仰和社

1　1813年10月普鲁士、俄国、奥地利、英国、瑞典对法国拿破仑的决战。
2　霍勒太太是德国民间传说中的雪母婆婆。——编注

会差别不应再是不可逾越的鸿沟："德意志的自由青年要自己决定、自己负责并真诚地塑造他们的生活。在任何情况下他们都一致赞成这种自由。"

霍恩迈斯内耳山声明发出仅仅几个月之后，德国青年便欢欣鼓舞地开赴第一次世界大战的战场。自 1914 年 8 月始，百万青年男子自愿报名参军，脱下旅游服，换上了军装。战争的爆发使人民群众处于一种亢奋之中，在他们的欢呼声中，青年们走上了欧洲战场。青年人误以为达到了他们梦想的目的。对于他们来说，这一刻来了，他们将实现理想，横扫一切旧势力。在军灰色的百万大军中，德意志青年看到了渴望已久的"命运同盟"。似乎旧有的阶级和等级界线被取消了，过去的社会斗争变成了小打小闹。年轻的理想主义者们希望在战争的洗礼中诞生一代新人，这一代新人应该在伟大的"民族共同体"的基础上建立一个真正的民族。

后来，希特勒青年团用那些青年军团视死如归的精神和勇气来教育战后出生的人，这些军团 1914 年 11 月在朗厄马克[1]西边高唱着"德国，德国高于一切"冲向敌人的防线。然而，在机关枪不断的扫射下和协约国隆隆的炮声中，年轻人的梦想只不过是致命的幻想。死亡太

---

1 位于比利时。

残酷了，这场人海战役牺牲了太多人的性命，但是这并不能因此而说明战争的目的是争取更美好的明天。战争创造了它自己的一个"交际圈子"：活下来的人现在组成了战壕派——一个发誓生死与共的同盟。于是过去在驻地和兵营大院里的人为的等级让位于一个自然的等级制度，在这个等级制度里，军官和全体士兵、从前的学生和从前的工人之间的等级消失了。

战争的失败让上过战场的这一代年轻男子陷入了一种精神上的无归宿感。他们当中很多人试图回到他们早就失去的、与之有千丝万缕联系的普通老百姓的生活中来，但是一无所获。他们忍受着痛苦的失败，他们的平民生活毁灭在飞机大炮的"钢铁暴风骤雨"之中，他们突然跌进了年轻的魏玛共和国为之震惊的革命和内战的混乱之中。作家及前线老兵恩斯特·冯·所罗门写道："战争强迫他们走上前线，战争控制着他们，战争绝不会让他们离去，他们也绝不可能回家，他们绝不可能完全成为我们中的一员。前线将永远在他们的血液之中。面对行将来临的死亡，他们要随时待命，总是心怀恐惧，精神恍惚，身受禁锢。现在的这种回归或者说对和平的、有序的、普通的人世间生活的适应，只是移花接木，是假象，是绝不可能成功的。战争是结束了，但是打仗的人还在行进。"

无数战后返回家园的年轻人抱着好战的、民族革命的态度，拒绝刚刚结束的帝制国家，也拒绝魏玛的民主政体。尽管如此，他们还是利用了这个民主政体。在这个还没有得到保障的共和国的战后动乱中，他们当中很多人聚集在那些志愿部队里，军队最高统帅部借助这些部队的帮助击败了红色革命，并在上西西里亚发动了血腥的边界战斗。从前的前线士兵现在变成了职业革命者。他们为了秘密的"黑色德国国防军"行军，或者身着中尉格哈德·罗斯巴赫的志愿军褐色衫，加强了年轻军官海因茨-奥斯卡·豪恩施泰因的"特警"部队，或者服务于上尉赫尔曼·埃尔哈特的标着卐字符的"海军旅"，这个卐字符很快就成了一次政变的象征。到处都有年轻男子组成的准军事组织和恐怖小组，他们炸毁法国占领的莱茵兰州的铁路桥，或者实施暗杀，如暗杀共和国外交部部长瓦尔特·拉特瑙。"后来，关于我的同龄人，我想了很多，他们到底是什么样的人？"作家格特·盖泽尔自问道，"一些人脖子上缠着绿色的带子，带子上挂着琉特琴[1]，非常危险。另一些人知道哪里藏着一箱手榴弹，或者飞机发动机，几乎同样危险。两个加一块是最危险的。"

　　第一次世界大战的残酷经历反映在老兵们的脸上，

---

[1]　一种形似琵琶的拨弦乐器。

也长远地改变了德国的青年运动。新的联盟合并成较大一些的团体，仿照骑士团在周边地区组织军事风格的营地和战争游戏。活下来的青年人不管是回到工作岗位，回到大学，回到工会，还是回到宗教或者政治组织里，他们都用他们的思想去影响新的交际圈子。无论是"青年保守派""青年民主人""青年新教徒"，还是"青年社会主义者"，他们在魏玛共和国的几乎各个方面都能够发表意见。青年运动的政治派别包括半共产主义的"自由无产者青年"、"社会主义工人青年"、"新童子军"、"青年联盟"、右倾的"青年爱国者"和国防军部队及志愿军的青年小分队等各个团体。青年一代的世界观与兴趣太多样化了，以至于魏玛共和国和它的负责人没有办法赢得青年人参加新国家的建设。一位观察家实事求是地总结出了战后的年轻德国可以统一的"最小公分母"："当民主征服整个世界的时候，当群众想掌权的时候，赞成元首制度和忠诚的思想会在青年运动中复活。"

30岁的明信片画家[1]1919年9月在慕尼黑参加了无数个"民族"小党派中的一个。他很少关心"第三帝国"这个含糊不清的概念或者"国家社会主义"的思想是从哪里来的，这样的概念或思想在当时很多人的头脑里作

1　指希特勒。

崇，但是没有哪个人能够像这位野心勃勃的第一次世界大战的前线通讯兵[1]那样如此巧妙地玩弄时髦的概念。他发誓要对"强迫签订《凡尔赛和约》"进行报复，为了被诈骗的民族进行决斗。1921年7月，阿道夫·希特勒接过了党的领导权，现在这个党叫作德国国家社会主义工人党。德国国家社会主义工人党门庭若市，多亏了这位煽动者的雄辩天赋。在它的冲锋队里纠集了很多从前线回来的好斗分子，他们用残暴的行为对付他们的政治对手，从而威胁着公众的安全。当18岁的阿道夫·伦克听了他们元首的几次讲话之后，也迫不及待地要求加入德国国家社会主义工人党。开始的时候他的入党要求被拒绝了，因为这个年轻的钢琴制造师还没有达到入党所要求的最低年龄，即21岁。然而伦克坚持不懈，他四处询问哪里有党的青年组织。因为至此还没有这样的组织，于是他得到了建立一支后备军的委托。1922年2月，希特勒决定："青年支队的组织工作将通过冲锋队的领导来实施。"

虽然希特勒的第一个青年看护者有组织才能，但他仍难以赢得青年人支持他的事业。参加慕尼黑市民啤酒馆集会的人数不少，为了宣布德国国家社会主义工人党

1　指希特勒。

青年联盟成立，希特勒、伦克及当时的冲锋队头目约翰－乌里希·克林茨施，于1922年5月13日举办了这个集会，然而出席会议的人中只有17个年轻人。在随后的一年里，总算是上升到了大约250个成员。除去慕尼黑，纽伦堡、蔡茨、德累斯顿和哈瑙也建立了一些地方小组。伦克试图建立一个全国的青年联盟组织，这个联盟到1923年10月已经有了23个州联合会、120个地方支部。他将德国国家社会主义工人党青年联盟分成两组：第一组是14至16岁的男孩，第二组是16至18岁的，并取名"阿道夫·希特勒少年冲锋队"。

男孩子们身穿冲锋队的褐色制服参加了1923年1月23日在慕尼黑附近的马尔斯费尔德公园召开的德国国家社会主义工人党代表大会。会上，希特勒郑重地授予他们一面三角旗——白色的底上有一个蓝色的锚。当然，对元首亲自授予的象征物，人们只兴奋了很短的时间，1923年7月15日，德国体操节上的一场游行以街头巷战结束，巷战中警察没收了"阿道夫·希特勒少年冲锋队"的三角旗。

希特勒1923年11月政变企图的失败也最终注定了"阿道夫·希特勒少年冲锋队"的命运。德国国家社会主义工人党及其分部的被禁迫使纳粹青年运动转入地下。就在希特勒这个被判刑的叛国分子坐在兰茨贝格城堡的牢房里试图当作家，并向他的得力助手鲁道夫·赫斯口授《我的奋斗》时，"民族阵营"分裂了。不顾希特勒的反对，下巴伐利亚州的党部头目格雷戈尔·施特拉塞跟后来的冲锋队头头恩斯特·罗姆一起成立了"国家社会主义自由运动"，并在1924年5月的国会选举中获得了32个席位。排斥犹太人的煽动性报刊《冲锋报》的创建人尤利乌斯·施特来歇尔和德国国家社会主义工人党党报《人民观察家报》的主编阿尔弗雷德·罗森堡与其他人一道成立了"大德意志民族联盟"。1924年春，他们建立了"大德意志青年运动"，不久阿道夫·伦克便获得了它的领导权。党的这些年轻人分崩瓦解成无数个溃不成军的小组，然后经过各种伪装，相互独立地继续进行他们的工作。逃往萨尔茨堡的希特勒的同谋格哈德·罗斯巴赫在奥地利流亡时，成立了以反对拿破仑的起义先驱费尔迪南·冯·席尔命名的"席尔青年团"。恩斯特·罗姆把他的防卫组织"前线青年团"合并到"前线吸引力"。其他的小组集中到"约克·冯·瓦尔滕堡德国民族青年联盟"或者以冲锋队成员阿尔伯特·里奥·施拉格特的名字命名的"施拉格特青年团"，该人为早期纳粹运动殉道者，1923年5月在鲁尔区战斗中作为破坏支队的头目被法国占领军判处死刑并处决。

其中来自萨克森福格特兰德地区的一个法律专业的大学生是最适合为纳粹运动招募新生力量的人。库尔特－保罗·格鲁贝尔属于在战后失去了家园的一代，他们在国家社会主义中寻找生活的意义。作为年轻人，格鲁贝尔报名参加了志愿军，但是没有参加过战斗。1922年秋天，刚刚18岁的他便在家乡普劳恩成立了纳粹党青年联盟地方支部。这一支部最初只有6个十五六岁的男孩组成，但由于格鲁贝尔高超的组织才能，据说，它后来成了希特勒青年团的基础。这个地方支部伪装成"福格特兰德徒步旅行运动协会"，熬过了纳粹党遭受禁令的这段时间。这个禁令强烈地刺激了他们的元首的虚荣心，也越发刺激他那些小追随者们的积极性，使他们将青年人的热情投入到阴谋活动中。格鲁贝尔获得了萨克森州的纺织工业家们和后来地方党部头目马丁·姆赤曼的认可，他利用这些人的经济上的帮助，把青年工作当成了他的主要职业。格鲁贝尔在普劳恩租了几间办公室，建立了一个自己的管理部门，与其他支部建立了联系，招募新的成员。他的那些宣誓忠于阿道夫·希特勒并恪守"元首原则"的年轻人穿着褐色衬衫，佩着卐字符袖标，外边是冲锋队的制服。这个年轻的萨克森人获得了成功：1924年春，阿道夫·伦克任命他为"大德意志青年运动"萨克森州联合会领导人，7月份，库尔特－保罗·格鲁贝尔在普劳恩附近第一次筹办召开了全国大会。

不到几个月的时间，格鲁贝尔就在萨克森州这一个地方纠集了2500个青年人，这个成绩就连希特勒也很快注意到了。希特勒本应在兰茨贝格监禁5年，但是只监禁了9个月，便被提前释放了。1925年，希特勒发布了一道命令："结束争吵。重新恢复旧有运动的秩序。过去的就让它过去！"极右的斗士们乖乖地转向他们元首的航道。阿道夫·伦克则被时代淘汰。尽管纳粹党得以重建，阿道夫·伦克还是怀疑希特勒掌握全局的能力。他单独行动，建立了独立的"德意志国防青年团"。对于这位纳粹青年领导人来说，这意味着结束。伦克被指控泄密，并因受到贪污和无能的谴责而被清除出党。

希特勒首先确定从前的少尉艾德蒙特·海涅斯担任伦克的接班人。作为罗斯巴赫志愿军的成员，海涅斯是"席尔青年团"的领导人之一。然而这个决定引起了党内和国社党青年组织的不满，因为"席尔青年团"被看作精英的联合，其中大多数人是资产阶级青年和高级文科中学的学生[1]。库尔特·格鲁贝尔向希特勒表达了自己的忧虑。因为这个普劳恩人在萨克森和图林根工业区的青

---

1 高级文科中学的毕业生有资格直接升入大学。

年工人中找到了他的大多数追随者，所以他提请考虑，将"大德意志青年运动"与"席尔青年团"合并后，国社党的新生力量将不可避免地局限于资产阶级家庭环境中的青年人。

1925年10月，希特勒任命21岁的库尔特·格鲁贝尔为萨克森州纳粹青年领导人。格鲁贝尔早就扩大了他的工作范围，设法在弗兰肯、莱茵兰和普法尔茨建立了新的州组织。慕尼黑的党领导人不信任地注视着地方州的这种繁忙的活动，尤其是因为格鲁贝尔拿着私人支持者的资金一直保持独立。然而希特勒——完全忙于党和自己领导地位的重建——正可以利用格鲁贝尔这样一个人。在思想意识上，这个年轻的萨克森人依赖希特勒，把他看作真诚的社会革命者，准备服从他的命令。格鲁贝尔认为，希特勒那尽人皆知的反犹太主义运动是时代现象，值得付出这么多工作热情。为了把重建的国社党纳入轨道并展示运动的团结一致，希特勒召开了一次党的代表大会。1926年7月3日—4日，党的领导者们在魏玛上任了。当时希特勒只能在少数几个州里发表公开讲话，图林根州是其中之一。格鲁贝尔也拼命地在图林根的青年中争取新成员——结果引起了当地一些纳粹分子的不满，他们认为普劳恩人的方针太"左"。持有这样观点的人不在少数，而希特勒排除了这种怀疑，他在他的主致辞里强调了要为党争取德国青年的目标。根据弗兰肯纳粹党大区长官尤利乌斯·施特来歇尔的建议，"大德意志青年运动"以他们的"教父"的名字命名为"希特勒青年团——德国工人青年联合会"。库尔特·格鲁贝尔荣升为它的第一任"全国领袖"，同时被任命为慕尼黑党部青年问题负责人。

这位刚刚被推举出来的希特勒青年团全国领袖当然不想放弃他在萨克森的办公大楼里的办公室。格鲁贝尔与慕尼黑的"褐色大楼"保持距离，在普劳恩建造了希特勒青年团总部。管理机构很快组成，14个部门，其中涉及教育、社会救济、健康和宣传。格鲁贝尔出版了自己的杂志，经营着一家分配中心，专门负责以教育为目的地向希特勒青年团各支部出租"得到批准的电影"。现在又加上了这位萨克森人先前招揽的几个一直毫无成就的民族青年团组织。然而在普劳恩，格鲁贝尔也无法摆脱党的中央集权的日益增长，他从一个独立的青年团领袖变成了一个党的干部，希特勒青年团并入了国社党机关。当希特勒于1926年11月1日任命弗兰茨－费里克斯－泼费尔·冯·萨罗蒙上尉为冲锋队最高领导人时，这位从前的志愿军头目也要求希特勒青年团隶属于他。这点对希特勒也合适，他因此可以更好地控制这位萨克森地区的青年看护者。

12 月初，泼费尔·冯·萨罗蒙第一次参加了希特勒青年团领导人聚会，格鲁贝尔应邀去了魏玛。这位冲锋队的头目以他那慈父般和蔼可亲的态度很快就消除了希特勒青年团头目最初的担忧。这两个男人很快就希特勒青年团与国社党之间的方针政策达成了一致意见。年满 18 岁的希特勒青年团团员现在必须参加国社党，没有党籍就意味着被希特勒青年团开除。希特勒青年团在参加所有的公共活动时必须征求国社党的同意，而且希特勒青年团高级领导的任命也必须得到国社党的确认。国社党因此对它的青年组织有更多的监督，从此以后它的青年组织对它言听计从。希特勒青年团现在被放在了这种从属地位，完全有别于魏玛共和国的其他青年团组织，在这方面或许可以跟德国共产党的接班人组织相比较。

但是很多党员同志和大多数的冲锋队头目仍然看不起希特勒青年团，把他们看作儿童部队。然而，尽管希特勒青年团和冲锋队之间一再起摩擦，格鲁贝尔和泼费尔·冯·萨罗蒙之间却结成了一种真诚的关系，这种关系决定了他们以后 4 年的合作。1927 年 5 月 1 日，格鲁贝尔与冲锋队和党卫队共同召开希特勒青年团大会，党员们都参加了，这是第一次。8 月份，300 名希特勒青年团团员在纽伦堡第一次参加了党代会游行。希特勒赞赏他的年轻的骨干分子具有"无私的爱国主义精神"，希特勒青年团全国领袖完全可以把这种赞赏看作对他个人的。

格鲁贝尔抱怨纳粹青年运动发展的最大障碍是缺少具有经验的领导人，因为18岁的年轻人必须参加冲锋队。泼费尔·冯·萨罗蒙表示就这方面的问题可以对话：这位冲锋队头头10月份同意，需要在希特勒青年团里当领导人的男孩子不必转入冲锋队了。从令人感到沉重的减员包袱下解放出来，进入了自己的工作程序，似乎在国社党里建设独立自主的青年生活的道路也就扫清了。"这时那个僵死的组织安排停止了，我们按照自己的思想开始工作了。"格鲁贝尔后来回忆道，"年轻人在工作，并能够给予希特勒青年团一个自己的面貌。很快这种不知疲倦的坚忍不拔的工作便显示出了它的成就，希特勒青年团内的独立生活也初露端倪，终于不再跟着冲锋队和国社党持续不停地游行了。年轻人开始'带着帐篷集体外出漫游'，组织自己的晚会——完全按照他们自己的方式。"

希特勒青年团作为精力充沛的宣传队首先服务于他们的"超级父亲"希特勒。年轻的积极分子们继续和冲锋队、党卫队一起行进在大街小巷，高举着宣传公共集会和选举活动的标语牌，而在这些活动举办时，他们作为维持秩序者加强了会场内的纠察。当然希特勒的政党并没有因此而获得更大的进展。纳粹运动陷入了停顿状态，到了1928年，看上去似乎是德国人终于跟那个不受人喜爱的共和国和解了。虽然这一年国社党党员人数上升到了10万人，然而在5月份选举时，国社党在国会只获得了12个席位。另外，库尔特·格鲁贝尔和他那寥寥千名追随者始终受到金钱的困扰，每月4芬尼的团费入不敷出，就像用少得可怜的党的基金勉强支撑着党的财政支出一样。除集会入场券收入外，希特勒青年团一边宣传一边募捐，也许这种公开募捐是一种可以从中获利的财源，为了占领优势地位，左翼和右翼极端分子在街头曾进行过流血斗争。在他们之间日益增长的暴力氛围中，这种募捐的做法对于希特勒最年轻的骨干分子来说当然是越来越危险了。

尽管如此，这位希特勒青年团头目到了年底还是获得了骄人的业绩。依靠一个特意建立的"资助人联合会"的经济支持，他扩大了他在普劳恩的办公用房。除去"全国办事处"，他又成立了一个"边境处"，负责处理居住在捷克苏台德地区和波兰的德国人的事务。希特勒的接班人组织通过举办各种具有公众效应的群众活动引起了人们的注意。为了加强"内部团结意识"和"德意志民族归属感"，11月18日，格鲁贝尔第一次让希特勒青年团全体团员参加全国范围内同时举行的"帝国大点名"。几乎全部希特勒青年团的头目都出席了12月最后几天在普劳恩举行的"全国领导人大会"。这个会议为10—14岁的男孩子成立了所谓的"青年小组"，即"德意志少年队"的前身；把女孩子组织在"姊妹团"里，从1930年7月起这个组织改名为"德国少女联盟"。自从格鲁贝尔作为希特勒青年团全国领袖到任后，他在关于原则的专题报告里表现得更加好斗："正如其他政党无法与国社党相比较一样，其他青年组织也无法与希特勒青年团相比较，这是由希特勒青年团的本质决定的。希特勒青年团既不是政治军事组织，也不是反犹太人运动的童子军，而是具有德国行为方式及民族本质的社会革命者的新青年运动，它与民族的命运联系在一起。它对目前的形势及其要求了解得一清二楚，因而强调教育和个人的修养。这不仅仅意味着要亲眼看一看祖国，亲身游历祖国，在今天它更意味着：要以生命做赌注，为祖国而战斗；意味着：将国家和经济从资本主义的反民族势力的魔掌下解放出来。由此我们得出结论，阿道夫·希特勒决心建设一个新的社会主义的人民国家，我们知道，他的道路与马克思主义是你死我活、水火不相容的。因此我们不能被那些完全次要的问题搅乱了思想，迷失了方向。我们的道路具有明确的目标，我们面前和我们心中有一个大写的'是'。我们要越过这个腐朽的、没落的旧世界，去创造更加美好的新世界。我们要为第三帝国而奋斗。为达此目的，不管是青年联盟的基础还是国防青年团的基础，对我们来说都太不完备、太小了。我们用对现实的认识以及塑造新的'是'来代替各种青年联盟的'不'。一个新型的德意志青年的组织就这样在我们这里成熟了：希特勒青年团。新型的青年要意志坚强、冷酷无情，政治上与组织联系在一起，以整齐的步伐努力去实现一个国家社会主义的现实世界，越过一切联盟和小团体的陈旧的东西，新青年只服从一个人，那就是他们的元首阿道夫·希特勒。"

但是，这个"红褐色"萨克森人的日子屈指可数了。这期间，另一个希特勒青年设法获得希特勒的恩宠，而且非常成功。巴尔杜尔·冯·席拉赫 1928 年 7 月被选为国社党大学生联盟主席——这是他平步青云的开端——最后夺走了库尔特·格鲁贝尔的职务。希特勒在他第二次试图执掌政权时采取了政治上的容忍态度——这完全违反了希特勒的本性，并决定充分利用令人厌恶的魏玛"制度"的弱点，以便通过合法途径达到统治德国的目的。对于纳粹运动来说，从现在开始也要在资产阶级圈子里争取新的追随者。这首先受到了四处兜售社会革命口号的"左"翼纳粹分子的拒绝。这种"战斗年代"的假社会主义的思想在1933年以后也还长久地影响着希特勒青年团。这种社会主义的思想里混杂着"民族"的幻想，以及奉行严格的"普鲁士制度"的怪僻的社会理想，点燃了很多德国青年的热情，使他们更加相信关于"工人"希特勒的谎言：希特勒是无阶级的"人民共同体"的政治开路先锋。

大资产阶级家庭卵翼下成长起来的巴尔杜尔·冯·席拉赫后来很喜欢利用青年人的这种幻想进行宣传："在希特勒青年团的上方飘扬着唯一的旗帜，百万富翁的儿子和工人的儿子穿着同样的制服，因为青年们对这一点是没有成见的，并能够成为一个真正的共同体。是的，青年就是社会主义。"这个"一体化"的幻象确实团结了整整一代人。席拉赫滥用了青年人的单纯质朴、容易激动和为了一个充满希望的意识形态而时刻准备献身的精神。作为一个虔诚的元首的崇拜者和领读祈祷文者，他把孩子们变成了一个政治纵火犯的驯服的信徒。为了这个政治纵火犯对于无限权力的幻想，就在战争的最后几天，还有几千名希特勒青年团团员丢了他们的性命："元首的意志活在他们心中，元首下令，他们执行——毫不为己，一切为了德国。"这个"魔法师的学徒"几乎死到临头都把他的师傅当偶像般崇拜，他自己不也是一个被诱骗的理想主义者，不也是阿道夫·希特勒的一个受了蒙蔽的信徒吗？

"我教育这一代人信仰希特勒并忠实于他的思想。"席拉赫1946年在纽伦堡法庭受审判时供认道，"我认为，要为一个使我们民族和青年变得伟大、自由和幸福的元首服务。几百万青年人跟我一起相信这一点，他们在国家社会主义中看见了自己的理想。许多人为它而阵亡。这是我的过错，是我教育这些青年拥戴一个十恶不赦的杀人犯。我相信了这个人。这就是为了减轻我的罪责我所能说的一切。"这是一个诱骗者迟到的认识。虽然法庭判他20年监禁，他也在柏林施潘道同盟国军事监狱里服刑到最后一天，但是席拉赫不是作为这种疯狂信仰的教育者，而是作为民族大屠杀的帮凶受罚：他作为维也纳大区长官，要对放逐成千上万犹太人承担责任。

巴尔杜尔·冯·席拉赫是一个善于交际的人，出生于一个国际化的大资产阶级家庭，成为一个进行蛊惑民心宣传的开路先锋并不是他的天性。埃玛–米特莱托·席拉赫1907年在柏林生下她的第二个儿子。她是来自费城的一个富有的美国人，嫁给了普鲁士上尉卡尔–比利–诺里斯·冯·席拉赫，卡尔的祖先同样也是美国人。巴尔杜尔的父亲退伍后在魏玛宫廷剧院任总经理。父母在家中只说英文，巴尔杜尔5岁才开始学习德文。还是孩子的时候，他便开始写诗拉琴，有一段时间他甚至梦想当音乐家。

这个文艺爱好者具有温和的面容，却又主张严格的纪律和无情的坚忍不拔，似乎不识人间烟火。他受到的是坦率和自由主义的教育。当他10岁的时候，父母送他去位于图林根巴特贝尔卡的森林教育机构，那里的教养员遵循赫尔曼·利茨的教育改革思想，在过去"候鸟运动"的传统中，他们想让青年人远离大城市的"有害影响"，进而培养他们独立自觉的人格。按照利茨的观点，"身体与品格教育"应与传授知识等量齐观。在这个集体里，学生和教师之间应该以"你"相称，年纪大的孩子要对年纪小的孩子负责。

在战败后的余震中，巴尔杜尔那无忧无虑的童年突然结束了。比他年长7岁的哥哥卡尔自杀了。第一次世界大战时，卡尔曾经梦想作为普鲁士的军官在前线战斗。随着皇帝的退位以及魏玛国民议会接受《凡尔赛和约》，对他来说这个世界崩溃了。"我不想在德国的灾难中幸免于难。"卡尔在一封告别信中写道。哥哥的死加强了巴尔杜尔对这个家庭并不怎么特别喜欢的共和国的仇恨。为了表示对新政府的抗议，他父亲放弃了剧院总经理的职务。但是席拉赫家很有钱，他们在花园大街的房子依然是魏玛市艺术家生活的光彩耀人的中心。巴尔杜尔从寄宿学校回到家中，由私人教师来上课。这个男孩子在家庭的怀抱中渐渐长成为一个有文化教养的公民的同时，起来反抗的工人和纳粹志愿军军人在街头进行着激烈的斗争。巴尔杜尔为那些过去的前线战士而欣喜，是他们镇压了武装志愿军里左翼的起义。"我们在图林根的人全都觉得刀插在了我们的喉咙里，"席拉赫回首往事时说，"要是我们不自己保卫自己的话，那我们就被共产党人杀掉了。"

17岁的席拉赫满怀着这样的战斗热情参加了"青年贵族"——一支由非法的"黑色德国国防军"军官们领导的"民族"国防部队。1925年3月，当被释放的希特勒在魏玛开始他的宣传攻势时，巴尔杜尔参加的那个"青年贵族"在大会场内进行纠察。仅仅是那位政治流动鼓吹者的声音就使这个男孩着了魔。"那声音深沉而沙哑，共鸣如同大提琴。音调显得很奇特，迫使人不得不去听它。"席拉赫后来回忆说。他着了魔似的倾听着"鼓手"的声音，这个"鼓手"在他的长篇激情独白里发泄了对《凡尔赛和约》的仇视。在男孩眼前，渐渐出现了第一次世界大战中无名战士的形象：一个革命者，勇敢地朝着慕尼黑统帅堂前进，冒着生命危险来拯救这个民族。对于这个年轻的魏玛人来说，希特勒就是一个英雄的理想化身。会后他又被介绍给了党的领导人，这无疑在暗示他今后的命运。受到这次接见的鼓舞，这个狂热的崇拜者以赞美诗句许下了一个誓言：

你递给我们你的手和你的目光，
这目光至今仍使年轻的心荡漾，
美好的幸福它永远将我们陪伴，
这一时刻产生如此强大的影响。
在我们心中留下了热诚的誓言，
递给我们你的手没有徒劳无益；
我们努力实现我们最高的目标，
与祖国的命运紧紧连接在一起。
如果他们剥夺你的权利出卖你，
你伟大业绩的高尚将保护着你，
人们也可能会诽谤你会唾骂你，
这一点他们从我们这里夺不去，
我们大家全心全意地相信着你，
因为德国的未来就是你只有你！

这个情感丰富的狂热分子刚刚 18 岁的时候，就加入了国社党和冲锋队。"请您到我这里来，到慕尼黑来，我们需要像您这样的人。"希特勒访问魏玛时向他建议。这位后来的 17251 号党员同志听从了他的偶像的建议。从魏玛的一所文科高级中学毕业后，1927年，席拉赫搬到慕尼黑，在那里学习英国语言文学、日耳曼语言文学和艺术史。然而大学生活很快就变成了副业，他根本就不想先努力完成学业，而是在慕尼黑大学为纳粹大学生小组网罗新的战友，这个小组在当时尚处于默默无闻的状态。席拉赫敏锐地感觉到大学生的处境，大学生们看到，在魏玛共和国变化了的条件下，他们享有特权的地位受到了威胁，不能再希望迅速上升到社会的领导阶层。他在右翼大学生社团和大学生击剑联谊会里招募新的追随者，他这位贵族子弟对后者这种封建的阶级优越感本来就具有亲和性。席拉赫寻找与纳粹党中央的密切联系，并与元首的秘书鲁道夫·赫斯建立了联系，他曾为这位秘书在"褐色大楼"里做过书面工作。

1927年秋的一天，席拉赫散步的时候在慕尼黑市马克西米利安大街遇见了希特勒。希特勒认出了这位来自魏玛的年轻的崇拜者，并请他到自己的寓所来。席拉赫满腔热情地建议希特勒举办一个大规模的大学生会议，希望希特勒出席会议并发表演说。最初这位遭到维也纳美术学院拒绝的申请者[1]信心不足，他怀疑届时能否赢得十分之一的大学生对党的支持，而且他也害怕面对大学

1　指希特勒。

生讲话。最后在席拉赫的强烈要求下希特勒让步了：如果这位 20 岁的年轻人能让慕尼黑的宫廷啤酒屋的大厅里坐满了人，他就答应来。这个年轻的大学生大力进行宣传，在活动开始之前一个小时，大厅里就已经挤得水泄不通了。希特勒来了，他讲了话，博得大学生们一阵阵热烈的掌声和欢呼声——这个成功在受过文化教育的资产阶级中也引起了注意。席拉赫事先就已经料到了："当时大学里的年轻人希望群众领袖们征询他们的意见。他们当时对这样大型政治集会上的群众催眠术比工人群众更缺乏抵抗力，这正是他们自己生活中所缺少的。"

席拉赫获得了突破性的成功。他赢得了元首的认可，元首作为良师益友，慈父般地关心着这位年轻的忠实信徒。短短的几个月内，席拉赫便爬到了纳粹慕尼黑高等学校分部的最高领导地位。由于他的宣传，这个分部得到了极大的发展。依靠希特勒的庇护，他在争取纳粹大学生最高领导地位的斗争中击败了内部对手，获得了胜利。1928 年 7 月 20 日，21 岁的他被选为国社党大学生联盟全国主席和国社党领导成员。

那年夏天，席拉赫拒绝了一次本可以改变他今后生活之路的职业机会。当他跟母亲拜访在美国的亲戚时，他叔叔阿尔弗雷德·诺里斯，一位富有的华尔街银行家，在曼哈顿商业区的一个顶楼里给他提供机会，让他到自己的公司来工作。然而这位早已沉溺于纳粹"民族"复兴梦想的浪漫主义者婉言谢绝了。这又把他"拉回到了德国，拉回到了希特勒身边"。

席拉赫不停顿地在大学里继续进行他的掳掠活动。高等学校的政策问题与这个不务正业的纳粹学生领袖毫无关系，他的目标就是发展成员——完全按照希特勒的意愿，希特勒在无数次群众集会上发表讲演时都对他的这个宠儿大力支持。有时看上去这种闪电式的发迹似乎使席拉赫感到飘飘然了。这个有文化教养的资产阶级之子后来被他的同时代人描绘为"与人疏远的"、"沉着"且"举止文雅"的人，然而他当时却喜欢扮演一个蛮横无理、好打架斗殴的角色，酗酒，性行为放荡。在一次大学生会议上，他喝得酩酊大醉，拔出手枪，对准希特勒的肖像。对于元首的这位宠儿来说，行刺元首照片的行为没有引发什么不良的后果。当席拉赫出席一次群众集会时，他傲慢地站在全体纳粹大学生面前，手持马鞭，身旁还有党卫队的护卫，愤怒的学生干部要求撤他的职。然而他的宣传业绩使他获得了希特勒的欢心："党员席拉赫同志懂得什么是最重要的：唯有伟大的群众运动。我以我的全部威望作保，支持席拉赫。"

越来越多的大学生卷进了纳粹运动。这位天才的捕人者感到完成新任务是自己义不容辞的职责，现在他要把全体青年纳入国社党统领之下。他专横地反对希特勒青年团全国领袖库尔特·格鲁贝尔：不与格鲁贝尔或希特勒协调，他就向所有的纳粹青年团组织寄发通函。格鲁贝尔竭尽一切宣传手段设法保住自己的位置，他拜访希特勒青年团各位领导人，1929年春，他把他的追随者召集到一起，在全德国举办了32个大型活动。纽伦堡党代会期间，当2000名希特勒青年团团员在雷鸣般的掌声中从元首的讲台前行进而过时，这个萨克森人似乎赢得了这场实力的较量。

然而在与席拉赫持续不断的权势之争中，格鲁贝尔却感到喘不过气来。无论如何，他那社会革命的口号不再与时代合拍了，因为现在对于希特勒来说重要的是掌握权力，而且这个权力没有资产阶级的捧场是得不到的。自格鲁贝尔上任希特勒青年团全国领袖以来，希特勒青年团团员由1930年春的700人增长到2万人左右，分散在450个地方支部里。希特勒青年团跟德国其他民族团体一起参加了无数次群众集会，反对政府接受扬氏计划[1]，

1　指美国金融家欧文·扬在1930—1932年提出的关于德国战争赔款的规定。

这个计划规定德国要赔偿到20世纪80年代[1]。几千名希特勒青年团团员大肆为1930年9月举行的国会选举进行宣传，这场选举终于帮助国社党有了突破，现在它在国会中占了107个席位，成为仅次于德国社会民主党的第二大党。

当纳粹分子在世界经济危机的背风处开始腾飞时，格鲁贝尔却失去了依靠。在党内争夺统治地位的斗争中，奥托·施特拉塞周围的社会革命分子试图发动反对希特勒的起义，结果毫无成效。格鲁贝尔那慈父般的朋友，冲锋队最高领导人泼费尔·冯·萨罗蒙在柏林冲锋队起义后，不得不辞职。希特勒任命恩斯特·罗姆担任冲锋队领导职务。恩斯特·罗姆在玻利维亚当了两年军事顾问，从玻利维亚回来后，这位刚刚上任的冲锋队最高领导人也要求对希特勒青年团的指挥权，他不想再容忍希特勒青年团的相对独立。1931年4月27日，希特勒指示格鲁贝尔直接归冲锋队参谋长管，希特勒青年团的所有支部也都隶属冲锋队。希特勒青年团的全国领导机关也由普劳恩迁到了慕尼黑党中央所在地，以便更好地对其进行监督。席拉赫觉察到了他的机会，现在他公开地鼓动反对他的敌手："在希特勒青年团还是一个纯地区性

---

1 有关辞典解释为赔偿到20世纪60年代。

的事物时，格鲁贝尔完全是合适的人选；而今天，希特勒青年团已经发展到了全国范围，格鲁贝尔就明显地暴露出他缺乏远见和组织能力，这只怪格鲁贝尔死顽固，致使所有的纳粹青年运动还没有联合起来。"

席拉赫反对青年团全国领袖的阴谋诡计在恩斯特·罗姆那里找到了支持，他跟恩斯特·罗姆始终保持着几乎是友好的关系。最后他向希特勒公开了他要领导党的青年团组织的愿望。"席拉赫，您别开玩笑了，"希特勒回答道，"您想跟这些孩子们打交道？"然而这个模范学生懂得如何说服他的老师："我对他说：'我将建立一个迄今为止德国从未见到过的最伟大的青年运动。'"这样的狂言不会不起作用的。1931 年 10 月 30 日，希特勒任命 24 岁的巴尔杜尔·冯·席拉赫为国社党帝国青年领袖，从而使他成了统治者，统治着纳粹大学生联盟、希特勒青年团以及纳粹学生联盟中党的后备力量。

在党员中，这个大资产阶级出身的艺术家之子不是理想的候选人。对于希特勒青年团来说，这个新的帝国青年领袖完全不是他们梦寐以求的那种勇士。"巴尔杜尔·冯·席拉赫的名声早已传了出去，说他有一点儿太那个。看他那贵族头衔'冯'[1]和美国亲戚——这本来就

---

1 "冯"在德国人的姓氏前边时，表示该人出身于贵族家庭。

让我们受不了。"席拉赫的长年副手哈特曼·劳特巴赫评论道。哈特曼·劳特巴赫这个人作为高中生在奥地利建立了"德国青年"，即希特勒青年团的前身之一。席拉赫本身从来不符合既有运动员体魄又富于斗争精神的希特勒青年团的理想，这种理想可是席拉赫本人向德国青年树立的榜样。这位资产阶级之子试图扮演那种专门打砸抢的年轻人的角色，然而他表现出来的还是一副"没有运动员体魄而且营养过剩"的样子。希特勒的青年领袖不是可以"拍肩膀"的人，也不是那种"可以跟他斗出一身汗来的运动员"，他的下属抱怨说。与其说他是禁欲主义者，不如说他是个唯美主义者，喜欢住旅店房间，而不是帐篷，保养得非常好，决不去喝豌豆青菜汤。始终传言他有所谓同性恋倾向，还有一间陈设得像闺房似的白色卧室。

很多希特勒青年团团员 18 岁以前便争先恐后地加入了冲锋队，恩斯特·罗姆已使之成为具有战斗力的准军事战斗部队。在希特勒青年团里，原来就存在的缺少领导人的问题现在又迫在眉睫，处于支部领导人级别的席拉赫隶属于冲锋队最高领导，现在他提出要求独立。1932 年 5 月，希特勒满足了他的弟子的愿望，提升他为纳粹党全国领导小组中的独立行政长官。现在他跟罗姆平起平坐了。从此以后他不再容忍身边还有一个别的领导人——他上边只能有一个。希特勒的青年守护者迅速利用这个新的权力地位来反对他最讨厌的竞争对手——阿德里安·冯·伦特尔。伦特尔是格鲁贝尔被撤职后过渡期间的继任者，现在作为希特勒青年团和纳粹学生联盟的全国主席控制着 35000 名青年人。伦特尔抗议席拉赫的阴谋并削减他的权限，却毫无成果，最后筋疲力尽地下台了。席拉赫在权力之争中又一次获得了胜利。

在魏玛共和国的最后几年里，希特勒青年团也参与了暴力骚乱，使类似内战的状况扩展到了德国的街头。居民失业的增加和贫穷化使国内产生了政治极端分子，冲锋队和共产党人的游行越来越经常地以残暴的斗殴和会议厅内的群殴而告终。一些希特勒青年团的捣乱分子用恶臭炸弹和暴力侵犯的方式来反对反战影片《西线无战事》[1]的上映。针对电影院老板和观众的暴力行为逐渐升级，最终导致该电影在全国范围内停止放映。

政府当局有时候也试图采取禁止的办法来对付这种泛滥成灾的年轻人的暴力行为。1930 年 1 月，汉诺威市

---

1 《西线无战事》是德国作家雷马克的成名之作，书中描述了第一次世界大战期间作者在前线的亲身经历。该书出版后引起极大轰动，并被迅速拍成电影。

议长、德国国防部前部长古斯塔夫·诺斯克就曾禁止学生参加希特勒青年团，其他的州政府也纷纷效仿。然而这样的措施也阻止不了希特勒的后备军。相反，希特勒青年团利用受迫害的追随者的影响，大力进行招募新成员的宣传。作为希特勒青年团积极分子受到惩罚的年轻人，自我感觉是纳粹运动的殉道者。一个希特勒青年团小组刚刚被禁止，它马上就以另一个没有危险的名字出现。他们伪装成"自然之友"或者"全国青年集邮爱好者"。想象是无止境的：1932年，在禁穿希特勒青年团制服期间，一些屠宰工学徒穿着他们那带着血污的工作服在基尔的大街上游行。"对手在这些人面前感到非常害怕，因为有些人在上衣里边揣着刀子。"一个目击者回忆道。

到处都是一群一群热心的希特勒青年团团员，他们充当选举的助手，分发成百万份的传单和小册子，张贴标语，涂写纳粹口令。许多父母担心他们孩子的人身安全，因为对于这些半大孩子来说，这种公开的宣传鼓动不是没有危险的。从前的希特勒青年团积极分子海茨·格泽描绘了这样一个情景："1932年10月国会选举时，我们散发了传单。我们的对手'红色阵线'的男孩子们干扰我们，而谁的人少谁就得赶快跑开。有时他们把我们逮住了，随后就是一顿暴打。大多数情况下也就是把眼睛打青了，但是也有受伤的，不得不去医生那里治疗。"

这种流血冲突常常以致人死亡而告终。从 1931 年到 1933 年 1 月底，共有 21 名希特勒青年团团员在为元首尽"义务"时死去。同时，共产党人、工会青年和其他"敌对"组织的年轻战士还没有计算进去，他们也是希特勒青年团恐怖行为的牺牲品。一个来自柏林的希特勒团团员被柏林"红色"摩亚必特区的青年人杀害了，很快，他的名字就变得人人皆知了：赫伯特·诺库斯。此前，他那已经丧偶的父亲由于经济上的困难不得不卖掉他的小食品店，并参加了国社党。1932 年 1 月 24 日早晨，15 岁的赫伯特跟他的同伴们一起在散发传单，这时他们遇到一群年轻共产党人的袭击。希特勒青年团团员逃跑了，但是追踪的人赶上了赫伯特·诺库斯，并向他刺了几刀。这个男孩因大量出血而死在一个门道里。杀害他的人逃脱了，没被认出来。

为这个男孩在普勒岑湖公墓举行的葬礼变成了一场宣传秀。新卫戍部队教堂的神甫文策尔宣称："赫伯特·诺库斯是全体德国青年的榜样。"柏林国社党大区长官约瑟夫·戈培尔发誓要进行报复："谁也不能夺去我们的希望，复仇的那一天终究要来到。他们现在胡言什么人性、博爱，但是却不谴责对我们这位男孩的谋害。到那时他们就会知道，新的德国将采取新的行动。到那时，那些人就该乞求赦免了。但是不存在回头的可能，因为新的年轻的德国要求赎罪。"

巴尔杜尔·冯·席拉赫将死者神化为希特勒青年团的烈士。每年他都要去赫伯特·诺库斯的墓地朝拜，重申这位男孩的"牺牲精神"："1932 年 1 月，希特勒青年团之所以能够发展到这种程度，尤其要归因于年轻人的牺牲精神和英雄气概的神圣象征，他就是赫伯特·诺库斯。"在无视生命的厚颜无耻中，席拉赫竟把他的弟子的"牺牲精神"作为国社党青年运动存在的合法性："为一个运动死亡的人越多，这个运动越发永存不朽。面对他们的批评者，希特勒青年团所能给予的一个历史性回答是他们死去的人。这个回答是不可辩驳的，它是一个象征。没有理由反对这样一个青年运动，为了一个道义上的理想，它时刻准备做出巨大的牺牲，坚定不移地向前迈进，它承担着死亡、伤痛和迫害，并把其看作斗争不言而喻的后果。"

作家卡尔-阿洛伊斯·申齐格尔把年轻的诺库斯的命运作为他的小说《希特勒青年团团员水银球》的蓝本。该书的主人公海尼·福尔克尔的父亲是共产党人，海尼不顾父亲的反对，站到了纳粹分子一方。在代沟冲突中，小海尼——由于他动作敏捷，伙伴们给他起了个绰号"水银球"——代表在纳粹标志卐字符下重建的"新的年轻的德国"。与国社党的宣传一致，申齐格尔把这个男孩的被刺描述成是为希特勒"流血牺牲"。1933年，这部小说被拍成电影。成千上万的儿童在希特勒青年团的"青年电影课"上看了《希特勒青年团团员水银球》这部电影。电影的最后一个场面是，海尼在同伴们的怀抱里死去，同时他的脸在波涛汹涌的卍字旗海洋中渐渐消逝。席拉赫为这个场面写了一首进行曲，很快这首进行曲便被命名为《旗帜之歌》，在全国所有希特勒青年团团员中传唱：

> 我们的旗帜在前方高高飘扬，
> 我们朝向未来行进前仆后继。
> 我们为希特勒穿越黑暗艰险，
> 争取自由面包高举青年旗帜！
> 我们的旗帜在前方高高飘扬，
> 我们的旗帜意味新时代来到。
> 我们的旗帜永远指引着我们，
> 我们的旗帜比生命更加重要！

为希特勒而活，时刻准备为希特勒而死——这变成了几乎整整一代人的命运。这一代人唱着他们的"战斗时代"的英雄之歌，准备为一个罪犯的杀气腾腾的狂妄自大而自我牺牲。

希特勒青年团的各级组织用随风飘扬的旗帜、战斗歌曲和口号吸引了越来越多渴望参加活动的年轻人。1932年底，希特勒青年团的人数上升到10多万。然而希特勒的后备军组织只是众多青年团体、联盟和社团之一。席拉赫想向他的元首证明他善于发动群众，于是召集全体希特勒青年团团员到波茨坦去参加"全国青年大会"。希特勒又一次对他的弟子的魔法产生了怀疑：失败的危险太大了。虽然国社党在7月1日的国会选举中作为最强大的党脱颖而出，赫尔曼·戈林当选为国会议长，席拉赫本人作为最年轻的国会议员进入了议会，但是希特勒还在为总理一职跟弗兰茨·冯·巴本[1]和库尔特·冯·施莱谢尔[2]进行较量。在权力较量中，一切取决于冯·兴登堡[3]总统，在任何情况下希特勒都不能在他面前出丑。这一次，希特勒出席的条件是，席拉赫要让波茨坦体育场里坐满了人，然后元首才会去讲话。

这一回的宣传结果大大超过了国社党帝国青年领袖

1　1932年任魏玛共和国总理。

2　1932—1933年任魏玛共和国总理。

3　保罗·冯·兴登堡，1925年和1932年两度当选德国总统。1933年授命希特勒组阁，从此德国政权落入纳粹党手中。

席拉赫的不切实际的希望。孩子们大批大批地从德国的各个地方来到这里。他们步行、骑自行车、坐卡车或者火车，蜂拥到这个古老的普鲁士首都。席拉赫事先估计来5万人。1932年10月1日，7万多年轻人拥挤在城市周围塞得满满当当的宿营地里。"这次聚会对于年轻人来说是一种满足，"希特勒青年团团员维尔纳·波尔施说，"以前人们大部分是在一个很小的小组里，而现在在这里，头一次有了整体的概念，以及跟这个整体联系在一起的政治信仰力量凝聚的感觉。"

群众到达时，希特勒本来在戈培尔家里等着，现在他匆匆赶了过来。"我的元首，您的年轻人集合在一起，举行一个群众大会，表达他们对您的热爱与信赖，迄今年轻人还没有为哪一个活着的人准备过这样的大会。"席拉赫把这个挤得满满的体育场献给了他所崇拜的偶像。"人们发出了震耳欲聋的欢呼声，"他后来回忆道，"希特勒眼里流出了泪水，这一景象使他如此激动。"

这位煽动者陶醉在其追随者的亢奋之中，他说："我知道，你们当中有很多人的父亲失业了，流浪在街头，你们当中很多人甚至都不知道，今后几天或今后几周会有什么样的命运落到你们家庭的头上。"他假装慷慨激昂地任命他的听众为"民族共同体"的传教士："你们应该越过一切职业等级和社会阶层，越过一切威胁要分裂你们的东西，去寻找并找到德国人的共同性。你们应该去保护它，牢牢地掌握它，不能让人将它从你们手里夺去。应尽早地教育德国青年，最最首要的是自认为是德国人。纳粹党的青年教育不应是为了一个党的利益，而是为了德意志民族的利益，即为了有一天纳粹运动等同于德国，德国青年一致愿意献身于纳粹思想就是明证。让别人去嘲讽吧，去讥笑吧，你们将是德国的未来！"

元首对他的第一希特勒青年的赞美之情溢于言表。"您成就了惊人的业绩，"他对席拉赫说，"对于施莱谢尔政府来说，没有什么比柏林附近一个庞大的青年组织的集会更具有毁灭性的了。"这次集会后，年轻人在全国范围内大肆宣传"民族运动"的掌权意图。

1933 年 1 月 30 日希特勒被任命为总理，3 月 24 日颁布了《授权法》[1]，这两件事给了魏玛共和国的民主致命的一击，对共产党人、社会民主党人以及其他政治敌手的迫害和逮捕点燃了"民族革命的火焰"。2 月 27 日晚上，国会大厦被焚烧，纵火嫌疑人——一个荷兰共产党人，给新的统治者们提供了一个令人欣喜的大肆追

---

1 根据此法，议会将立法权授予国家，尤指政府。

捕的借口。纳粹学生焚烧了左派和犹太知识分子的著作。巴尔杜尔·冯·席拉赫为了能够像往常一样在他的元首身边，迅速将他的青年团总部迁往柏林。他的脾气也跟纵火者一样了："谁反对我们的团结，就把他用火烧死。"

席拉赫现在想通过"一体化"的办法把那些没有立即被禁止被击溃的青年组织逼进他的势力范围。1933年4月5日早晨，50个希特勒青年团团员袭击了"德国青年运动全国委员会"的柏林办公室。作为一个保护组织，以及大多数青年团体与魏玛共和国政府部门的中央联络点，它代表着500多万年轻人。在席拉赫的亲信——"高级地区头目"卡尔·纳贝尔斯贝格的指挥下，闯入者翻遍了各个办公房间。在以后几个月里系统展开的同青年运动中希特勒青年团的一切对手的斗争中，席拉赫充分利用了这些缴获来的文件和人事档案。袭击全国委员会5天之后，希特勒青年团的一个摩托巡逻队强占了"全德青年旅社联合会"。这种暴力接管的目的是实现希特勒将青年旅社变成"德国青年文化站"的愿望。

在为"民族振兴"而欢欣鼓舞的狂热中，几百万德国青年参加了希特勒青年团。"我们觉得很好，"英格·朔尔讲到她自己和她的兄弟姐妹时说道，"凡是可以为此做出贡献的事，我们都愿意去做。但是也还有其他一些用充满神奇的力量吸引和裹胁我们的因素：列队行进的青年人队伍，他们高举着迎风招展的旗帜，目光正视前方，敲着鼓，唱着歌。难道这样的集体不令人心动吗？"朔尔的爸爸警告过他的孩子们，但是没有用。尽管他们属于天主教的青年运动，兄弟姐妹们还是逃不出煽动者的蛊惑。10年以后，汉斯·朔尔和索菲·朔尔作为抵抗小组"白玫瑰"[1]的发起人被捕并被处死。

　　尽管有大批人拥入纳粹青年组织，最初还是有一些具有明显民族主义色彩的青年联盟组织对希特勒青年团所采取的行动表示抗拒。在兴登堡的朋友、海军上将阿道夫·冯·特罗塔领导之下，青年联盟的那些无党派的小分队组成了"大德意志联盟"。他们发誓效忠希特勒并声明承认纳粹国家，开除犹太成员。但是，试图比希特勒青年团更右从而保持独立的努力失败了。1933年3月希特勒在选举中获胜并颁布《授权法》之后，联盟的伙伴们纷纷投奔纳粹党，他们的军事组织和青年组织被编进纳粹党的各级党组织。甚至"大德意志联盟"都担心

1　1942年，慕尼黑大学的学生和市民以散发传单和在墙上刷标语等方式号召大家起来反抗纳粹的反动统治，他们组成了一个群众性的反抗组织，起名为"白玫瑰"。最著名的成员有大学生代表朔尔兄妹和市民代表胡贝尔，他们分别于1943年2月和3月被捕并被杀害。

自己解体。为了争取在可靠的人的领导下保存组织，青年联盟宣布随时准备整体加入希特勒青年团，但是席拉赫看穿了这个计策，他拒绝了。6月，大约15000名联盟成员最后一次来到吕讷堡荒原参加圣灵降临节集会，警察和冲锋队包围了营地，暴力驱散了与会者。一个月以后，"大德意志联盟"遭遇禁令。

青年联盟的解体将几百万年轻人赶进了希特勒青年团的队伍，其中有不少经验丰富的领导人，他们把青年联盟生活的形式和传统带到了希特勒最年轻的骨干分子中。席拉赫正需要他们这样的人，以便学会如何争取群众。联盟的领导人首先是对德国少年队具有持续的影响。"德国少年队对我们之所以有这么大的吸引力，主要是因为它继承了青年联盟那生气勃勃的作风。许多做法，如旅行、宿营都被接受下来了。青年联盟的领导们带来了怎样组织安排这种事情的经验。"亨利希·格拉夫·冯·艾因西德尔说，"我相信，席拉赫如果没有回归青年联盟运动的话，他绝不会对德国青年产生这么大的影响。"希特勒奖赏了他的奴仆所取得的成绩。1933年6月17日，他发表公告，任命席拉赫为"德意志帝国青年领袖"，席拉赫因此而爬上了"全体男女青年组织的领导地位"——在实现极权统治的路上迈出了重要的一步。

在学校里，具有民主主义思想的老师被解除了职务，让他们退休或者把他们调到不重要的岗位上。党的"老战士们"则接任政府各部的高级官员、教育局长和部门负责人。为了保住职位，大多数留任的教师纷纷加入了国社党。许多教育工作者积极出面为希特勒青年团做宣传，爱慕虚荣的校长竞相统计他们的成果。如果哪个学校有90%的学生成为纳粹后备力量，希特勒青年团就把它的旗帜授予该校。

席拉赫手段严酷无情，连劳动青年也不放过。"希特勒青年团凭力量和势力，以打架斗殴达到了自己的目的，"一个工会青年团的团员回忆道，"他们的人越来越多，当我们出去徒步旅行时，他们暗中埋伏在那里，用橡皮棍打我们的头。""德国劳动阵线"与工会的强制一体化要求年轻会员加入希特勒青年团。手工业商业联合会命令，"只雇用加入了希特勒青年团或德国少女联盟的学徒，否则师徒关系不予承认并受到惩罚"。谁拒绝参加希特勒青年团，谁就要为自己的职业生涯承担风险。有时候希特勒青年团的头头们甚至会胁迫他人。"为什么你还在希特勒青年团队伍的外边？"这是1934年希特勒青年团在威斯巴登散发的一份表格上的问题。"如果你拥护希特勒及希特勒青年团，那就请你在所附的登记表上签名。如果你不愿意参加，请你在所附的声明上写明……"如果写明不愿意参加希特勒青年团，则要求父亲签字并写上他的雇主的姓名——如果孩子不愿意参加，父亲也得做好遭到报复的准备。

　　青年联盟以及魏玛共和国的民主政治党派和工会青年团被击溃以后，希特勒青年团团员们针对教会青年团组织的暴力攻击日渐增加。"最初他们只是骂我们，给我们使绊儿，"沃尔夫冈·维斯特费尔德回忆说，他是奥得河畔法兰克福市一个天主教童子军分部的成员，"后来就越来越厉害，越来越残暴了。有一次，当我们旅行归来时，希特勒青年团的人在奥得河桥上伏击我们。他们狠狠地打了我们一顿，还把我们的头儿从桥上扔了下去。"这不是个别情况。为了摆脱希特勒青年团的攻击，很多年轻的德国人到宗教团体的青年小组中寻求庇护。这些青年小组的人数迅速上升，希特勒青年团针对年轻基督教徒的野蛮行为也不断地升级。1933年7月初，席拉赫亲自呼吁他的年轻战士要明智："在此我禁止希特勒青年团团员去纠缠其他的青年联盟成员。如果其他的德国青年团组织的行为引发不满，应通过官方途径向我报告……单独行动是要受罚的。"然而，信奉新教的基督教徒大多支持"元首国家"。"上帝所确定的关于祖国、人民和国家的基本概念重新得到了认同。人民站起来了。一场运动开辟了将要消除阶级、社会等级和种族对立的道路，""德国新教青年"是这样欢迎希特勒接管政权的，"所以年轻的新教阵线在这些日子里的态度只能是积极地参与我们民族的命运，同时要极端果断，就像《圣经》所要求的那样。"1933年12月19日，新教的帝国大主教路德维希·米勒，一个狂热的纳粹分子，跟席拉赫签订了一个协议，将大约70万青年人出卖给了希特勒青年团。教会的青年工作局限于每星期的两个下午以及每个月的两个星期日，而且只允许进行宗教学习和灵魂上的帮助。曾经非常活跃的新教青年的小组活动，例如，他们遵照青年联盟的模式，组织过旅行、宿营、"鸟巢晚会"、跳民间舞蹈，还有野外侦察游戏，这一切现在就此结束了。"随着纳粹主义的胜利，纳粹国家按照义务与纲领的要求接管了对教会的保护，"米勒任命的"帝国青年神甫"弗里德里希写道，"教堂愉快地让它的青年人在第三帝国的旗帜下一起去行军。"

天主教教会表示，他们还是能对付纳粹信条的蒙蔽的，尽管青年干部中很多人不把纳粹看作精神对手："我们决心共同实现这个伟大的目标，建立一个享有社会福利和基督文化的伟大的统一的德意志，因此目前我们人民中的运动会成长为真正的民族的新生和统一。"希特勒与梵蒂冈的谈判虽然保证了德国天主教自由执行他们的教义，但是这位独裁者把1933年7月罗马教皇与帝国的协定首先看作国际承认其政权道路上的阶段性胜利。为了阻止成员外流到希特勒青年团，许多天主教青年组织引进了射击练习和准军事野外侦察游戏——尽管教会对福音与步枪之间的非神圣同盟感到忧虑。此间，天主教的小口径步枪射击手已经宣布准备合作，但是这也没有改变席拉赫对青年实行独裁的要求。希特勒青年团反而加强了它在青年天主教徒中的招募活动——通过宣传鼓动、施加思想压力以及公开使用暴力。当局支持席拉赫反对天主教青年运动的斗争：禁止天主教青年运动公开游行，没收杂志，解散并禁止青年小组。

在希特勒青年团里，对元首的信赖代替了对上帝的信仰。"希特勒青年团周年"被列入国社党的节日和纪念日的日历。从"夺取政权日"到"元首生日"到1923年11月9日失败政变的周年纪念日，几百万青年男女在一个新的三位一体的"国家宗教"中充当助祭者："我们信奉：德国！我们信赖：元首！我们决心：建立德意志民族的神圣帝国！"

席拉赫以不计其数的纪念会、升旗集合和火炬行军向他的偶像阿道夫·希特勒表示敬意，主持人精通仪式的魔法，希特勒还以为这是天意让他成为民族的救世主呢。到了夏至那个庆祝生长和收获的节日时，孩子们全心全意地体验着神秘的习俗，为夜晚的烟火兴奋不已。"我们每年庆祝夏至和冬至，"同时代人格奥尔格·贝克曼讲道，"点燃一大堆火。在集合到一起的党员面前，党卫队的小头头或者年轻的领导人做简短的讲话，是关于我们的祖先的。这已经有宗教的味道了。然后我们男孩子表演剑舞[1]。火渐渐熄灭以后，一个古老的日耳曼习俗的表演开始了：男孩子和女孩子们相互拉起手，两个两个地从火上跳过去。"

然而，在祭祀祖先和日耳曼祭礼上非基督教的骗术后边，是一种野蛮的疯狂的种族主义思想在作祟，它的实施者最后就是要把人烧死。"在学校里给我们戴上模板，测量我们的头，"保罗·施蒂本说，"如果有一个人不完全符合雅利安人的标准，就要问他：'你的曾祖母也许是……？'问完以后，这么说就很不错了：'那好，已经过去这么长时间了，健康的德国血统已经把犹太人的血统压下去了。'我后来也得向学校提供一份家谱。我们的校长身穿纳粹的制服，站在我们面前，说：'我不得不通知你们，我们班上有一个犹太女生。'这件事我们根本不知道。'就是说，你们不能再跟她玩了，你们不能再跟她一起做家庭作业了，你们不要再理会她了，除非有了

1　一种由男子持剑表演的日耳曼民间舞蹈。

其他的规定。'这个女孩子几天之后就消失不见了。我们再也没有见过她。"

老师和希特勒青年团的头头们散布在集体的"生存竞争"中"自然选择"的社会达尔文主义观点。在他们的人种学教科书里，他们宣传"具有雅利安种族优越感的人"的种族形象，这种人必须用"强者的权利"击败具有"劣等遗传特征"的人。纳粹教师甚至试图用数学题目向他们的学生说明"没有生命价值的生命"会给国民经济带来多少损失："建设一个精神病院需要 600 万马克。1500 马克建一所居民住宅的话，那么 600 万马克可以建多少居民住宅？"这种阴险的宣传在煽动反对犹太人上达到了顶点，就跟给吉卜赛人打上"害群之马"的烙印一模一样。女作家伊尔莎·艾兴格尔回忆道："我们在生物课上学到，犹太人和吉卜赛人是世界上最坏的，比较坏的是雅利安人和犹太人或者雅利安人和吉卜赛人的混血儿，因为这样的混血儿不是犯罪分子就是犹太人或吉卜赛人，而且大多数情况下二者兼是。"

尤其是女孩子，人们很早就对她们灌输"种族卫生学"，以及由此而引出的对她们未来所担当的母亲角色的要求。希特勒青年团举办"血统保健"学习晚会。席拉赫期望，希特勒青年团的女团员们为了胜任未来新家族的母亲的角色，锻炼自己的"体魄和精神"。他宣布，女孩子要对"保持她们血统的纯洁负责，将其作为民族血统延续的一部分"，并要求她们承担义务，"使身体的各个方面得到全面发展，使由她们传递下去的遗传基因可以充实我们这个民族"。为了完成这项委托，她们有义务满足男性青年和成年男人对美貌的需求。根据生物学上通过"将健康基因遗传给后代"达到"民族新生"的要求，一个希特勒青年团的作者就少女教育问题写道："我们民族的永恒建立在我们的妇女和母亲们的健康之上。德国少女联盟教育工作的任务是，使全体女性青年意识到教育和选择的重要性。德国妇女的类型是德国男人类型的补充，它们二者的统一就意味着我们民族的新生。"然而事实上，正如一位前德国少女联盟成员痛苦地断言："女孩子们首先是要为元首生产炮灰。"

从少年队开始，很受人欢迎的日耳曼英雄传说作品朗诵会就向孩子们传播一种对他们祖先的认同感。希特勒青年团很喜欢用血统的优越决定了斗争坚决和毅力顽强，来解释"北欧"种族的优越以及"雅利安"世界征服者的被英雄化了的理想。只有最优秀的人才有维持种族生存的义务。相反，有遗传病的年轻人不应生育后代，"假如你的血统里含有会给你的孩子带来不幸、给国家带来负担的成分，那么你的光荣的义务就是断子绝孙"。

希特勒青年团的头头们有计划地煽动对犹太人的仇恨。在他们组织的晚会上，反犹太主义的漫画充当了孩子们的直观教具。"然后我们就出发，"保罗·施蒂本回忆他在少年队的工作时说，"我们来到市储蓄所，那里张贴着《冲锋队员》。旗手看见那个布告橱窗，大声吼道：'犹大，你去死吧！'他的喊声一直传到我这里。这是一个良知问题：最初我没有跟着喊，而只是动了动嘴唇。但是后来我又想，犹大，离我远着呢，如果我说，'犹大，你去死吧'，我也不是针对哪个人说的；于是我就跟着喊了。"

煽动起了作用。当 1938 年 11 月 9 日德国的犹太教会堂遭到焚烧，有组织的"人民的愤怒"以冲锋队到处抢劫犹太人的形式发泄出来时，希特勒青年团团员也参加了破坏和暴力侵犯。"在路德维希堡，冲锋队焚烧了我们学校旁边的犹太教会堂，"当年 13 岁的海因里希·克林说道，"我兴奋地朝着大火跑去。当我站在那里的时候，我想，为什么消防队只去灭隔壁房子的火，而不去扑灭眼前燃烧着的大火呢？后来我才看见，冲锋队的队员和希特勒青年团的男孩子拿着大卷大卷的摩西律法书[1]出来

---

1 基督教《圣经·旧约》的一部分，是犹太教第一批确定为《圣经》的 5 卷书，是犹太教教义、教规的重要依据。

了，然后又欢呼着把它们扔进了火里。"希特勒青年团团员受当地的冲锋队和希特勒青年团头头们的煽动，或者被自己的任性所驱使，他们穿过大街小巷，打碎商店的橱窗，抢劫商店和住宅。席拉赫没有下令发动骚乱，因此对这种恐怖行为表现得惊慌失措。这位帝国青年领袖明确表示禁止他的被保护人参加反犹太人的骚乱，甚至以开除出希特勒青年团相威胁。作为后来的维也纳的大区长官，巴尔杜尔·冯·席拉赫应少暴露一些他的疑虑。1942年，这位希特勒政策的顺从的实施者称赞将维也纳的犹太人驱逐出境是"对欧洲文化的积极贡献"。

一些希特勒青年团团员也觉得，对周围那些手无寸铁的人实行暴力违背他们常常起誓要信守的荣誉观念以及他们对自己的"骑士"地位的认识。"帝国水晶之夜"[1]引起了人们的厌恶，有的青年团团员私下里问道：元首是否赞同这样的行为？"我觉得这种事让人反感，令人作呕，是不是不道德，我无法判断，但是让人反感，"时代见证人霍斯特-维尔纳·库恩策回忆说，"我问自己：这怎么可能呢？我不是唯一有这样看法的人。这确实令人厌恶。"然而在希特勒青年团的工作日程上没有对良知

1　指1938年11月9日夜，希特勒纳粹分子对德国犹太人大肆进行迫害，捣毁商店，抢走财物。

的拷问。

此外，绝大多数青年人被希特勒外交方面的成就所迷惑。"合并"奥地利、进军苏台德地区使他们欢欣鼓舞："还谈到了大德意志，我们非常骄傲自己属于这个国家。"克劳斯·毛尔斯哈根讲道。这时战争在即。1937年2月，国防军总司令部任命中校埃尔温·隆美尔为军队与青年团领导之间的联络官。隆美尔立即建议年轻人入伍前的军事训练转在军队进行。席拉赫不愿意让他们有这么大的影响。显而易见的是，他跟隆美尔相比，后者在很多年轻人当中更受欢迎，这一点让帝国青年领袖不太愉快。最后他设法使这个获得过高级勋章的世界大战英雄换了岗位。

尽管如此，希特勒青年团仍与军队保持着密切的联系。席拉赫与陆军总司令维尔纳·弗里契约定进行密切合作，由弗里契来指导他的指挥官，以"促进对当兵这一职业的兴趣与热爱"。希特勒青年团小组参观军营，应邀参加各种训练。军官们通过做报告来为战争行径做宣传。国防军提供枪靶，指导希特勒青年团的头头们进行野战演练和培训团员学习武器。许多希特勒青年团团员从童年时代起就受到了严格的团队精神训练，梦想着身穿军灰色"荣誉制服"的生涯——而对于令人恐怖的战争的现实，他们没有一点儿思想准备。"我一直努力准备成为一个士兵，"阿尔贝特·巴斯蒂安回忆说。他当时17岁，自愿报名参加了武装党卫队，"我没有想到死的问题。我知道，在战争中人们可能会牺牲，但是我从来没有想过牺牲会降临到我头上"。席拉赫的专长是宣传性地将死打扮成是为元首、为人民、为祖国而牺牲——然而对于大多数人来说，它只不过是幼稚幻想的可怕而又美丽的诱惑。"死亡对于我们来说是伟大的、崇高的，"克劳斯·毛尔斯哈根说，"就像在歌曲里唱的那样——'旗帜比生命更加重要'，谁扛着旗帜穿过了敌人的防线，谁就是英雄。而大多数情况是，他们扛着旗帜战死在了疆场，尽管我们不知道死亡到底是什么样。"

早在希特勒突袭波兰之前席拉赫就达到了他的目的，把几乎全部青年人都纳入了第三帝国的"国家青年团"。随着1939年3月25日青年服兵役义务条例的实行，未来每个年轻的德国人都要从10岁开始参加希特勒青年团。远远超过800万的德国青少年在第二次世界大战前夕就已经穿上了希特勒青年团的制服。帝国青年领袖多年来不断地向希特勒时代的儿童灌输爱国、做好战斗准备、服从命令以及自我牺牲的思想。当战争开始的时候，有一半多的希特勒青年团领导人自愿将褐色衫换成国防军的军灰色服。仅在波兰一地就有314个希特勒青年团领导人阵亡。"我们曾经担心我们来得太晚了，"一个志愿兵回忆道，"太可怕了。我们以为，战争此前已经结束了，我们赶不上了。我们就是这样兴奋。"此后数年中，他们在为元首效力的同时加强了"家庭阵线"。希特勒青年团团员们假期里去农村帮助收割或者参加青年义务劳动军，姑娘们去多子女家庭进行家务劳动。希特勒儿童承担了对战争更重要的任务：充当防空协理员、前线通讯兵，参加反击同盟国空袭的防御战，或者在熊熊燃烧的城市中充当消防员。几十万年轻人在"国防军训练营"里为参加国防军受到了严格的军事训练。他们当中很多人再也没有从前线回来。

你们作为少男少女站在了这个新的德国一边。你们对你们的德国忠贞不渝。当晚年回忆这一切时，你们将得到今天没有人能够给予你们的报答。

教育德国青年以自己是德国人而自豪，为时多早都不为过。

国家社会主义塑造一个起于儿童、终于老人的群体。没有人能够使这部德国生活的庞大交响曲沉默。

这个民族还会出什么事呢？为了服务于它的伟大理想，年轻人放弃了一切！

阿道夫·希特勒，1932

今天，你的孩子已经属于我们了。你是什么？你将消失，但你的后代已经屹立在新的阵营中。不久他们就别的什么都不知道了。

阿道夫·希特勒，1933

我们的民族正明显地变得更加守纪律、更加干练、更加强健。这是从青年一代开始的。

关键不在于他能喝多少杯啤酒，而在于他能经受住多少次打；不在于他能够闲逛几夜，而在于他能走多少千米。

我们必须教育出一种新人，从而使我们的民族不会因时代的衰退而灭亡。

阿道夫·希特勒，1935

一代一代的人交替着完成这些任务，在这座城市里将不断地出现新的一代。他们将越来越强壮、越来越充满活力、越来越健康，使尚健在的人们对未来寄托越来越大的希望。

你们将成为男人，像战争中伟大的一代人那样。你们将勇敢而又坚强，像你们的父辈兄长们那样。

阿道夫·希特勒，1936

就像你们今天站在我面前一样，在未来几百年中的每一年，年轻一代也将站在未来的元首面前，表达他们对德国——我们通过斗争而建立的德国——的信仰。

他们穿着同样的褐色衬衫。他们是从哪儿来的——

不会有人去问。他们看上去完全一样，就好像一个模子里刻出来的。有无产者的儿子，也有从前资产阶级的儿子、企业家的儿子、农民的儿子等等，但是外表看上去大家完全一样。

阿道夫·希特勒，1937

我知道，年轻人将以极大的热情，欢欣鼓舞地为这个事业服务。

赫尔曼·戈林，1939

我们寻找国家社会主义成就、国家社会主义特征、国家社会主义观点的理想体现。提出的任务是：德国青年开始吧！

约瑟夫·戈培尔，1935

阿道夫·希特勒，我们相信您，没有您，我们就是一盘散沙；有了您，我们就是一个民族。您给了我们青年时代的经历。

遵照您的命令，我的元首，站在这里的是一代不懂得势利虚荣和阶级意识的青年。

希特勒青年团不是国家为青年而建立的，而是青年为国家而建立的。

巴尔杜尔·冯·席拉赫，1934

你们对我们民族的未来许下了一个巨大的诺言。

巴尔杜尔·冯·席拉赫，1935

我不知道还有什么其他的青年社团人们是可以参加的——大家都是少年队队员和希特勒青年团团员，人们全都随大溜。

京特·萨克，1920 年生人

属于一个团体，这在当时令人十分感兴趣。

汉斯·维尔纳·施奈德－克里斯蒂安，1920 年生人

他们当时表现得非常巧妙，没有立即就说：我们要把你们培养成优秀的纳粹分子。

他们总是说："你们孩子是……年轻是……"老年人反正没有概念。他们根本不知道正在发生的事情——他们的思想僵化了。这当然会对年轻人产生影响，特别是考虑到，过去的教育不像今天这样随意，而更多的是要

求顺从。

汉斯·米勒，1923 年生人

我多次眼睛青着回家。希特勒青年团在人数上超过我们，而且常常在体力上也超过我们。

客观地说，希特勒青年团远远不如童子军。在希特勒青年团里，有操练、行军、练习扔手榴弹等等。但是，我们在童子军里获得的在大自然中的经历以及伙伴关系——男孩子们之间的友谊——在青年团里是没有的。

沃尔夫冈·维斯特费尔德，1923 年生人，童子军成员

我当时就随大溜跟着干了，因为挺好玩的。开始的时候对于年轻人来说就好像是"动作片"。

我能回忆起射击小口径步枪、投掷催泪棒和练习具有军事性质的体育项目。此后我们还接受了射击培训，扔了手榴弹。

罗伯特·奥本兰德，1923 年生人

我们觉得很骄傲，穿着这样的制服真的很帅。

卡尔-阿尔贝特·施吕特尔，1924 年生人

毅力和奋斗，是根据青年人的特点进行培养的，结果使他们很开心。

京特·格罗夫卡，1924 年生人

年轻一代是可以诱骗的，因为他们的知识还不足以让自己对所发生的各种事件树立明确的观点。于是产生了一种渴望——我们大家所具有的对信仰的渴望。

我相信，这一切一定具有一种非常强大的力量。即使有人感觉到这件事情完全不对头，他也会被卷进去。

对于一个年轻人来说，识别出游行背后所隐藏的东西是不可能的。

伊默·莫斯科维茨，1925 年生人，德国犹太人

他对我们来说就是上帝，是领导一切并且大家都必须服从的理想人物。

库尔特·海因多尔夫，1925 年生人

不难设想这个男孩有多么远大的胸怀。这是一个美丽的梦想，因此，后来当这一切都变成了废墟时，他感

到绝对的失望。

萨利·佩雷尔，1925 年生人，《希特勒青年所罗门》作者

所有这些——制服、旅行、野外侦察游戏、唱歌等等，全是效仿的其他青年组织的做法。

海因里希·菲舍尔，1925 年生人

我们被灌输这样一种感情：为集体、为民族或者为元首而死，乃是生活中的最高追求。

在希特勒青年团里——可能有例外——你是从哪儿来的，你父亲是干什么的，这些都不再起作用了。

在希特勒青年团里，一个工人的儿子可以当领导，而工厂主的儿子可能会站在后边随便哪一排里。

除了具有吸引力的时刻，还有年轻人对他人的暴力行为，他们没有接受独立思考的教育，而是学会了服从，他们不再知道自己进行判断、识别方向的标志在哪里。

人们对于必须为之做出一切牺牲的集体过分强调，

这种过分强调在希特勒青年团里是完全理所当然的。

汉斯－约亨·福格尔，1926 年生人

他们诱骗我们是为了达到他们的目的，而我们则心甘情愿跟着一起干。许多像我这样的人根本就没有起来反对，而且根本就没有看到反对的理由。然后，当我们成了领导人的时候，又成了诱骗他人的人。

埃里希·勒斯特，1926 年生人

希特勒青年团需要人花费很多业余时间，全部业余时间都没了，一直有活动。

年轻人不管政治背景，只顾享受聚会在一起的快乐。聚会在一起使我们感到愉快。

这种团结原则或者博爱根本就不存在。要表现得坚强。如果有人显出软弱是要遭到唾弃的，严禁同情。

友谊的含义是，鼓励弱者争取更高更好的成绩，拉他共同前进。

人们必须身体好。受过良好训练的身体是受人欢迎的。如果某人有一点儿瘦弱，人们就会说：我们会把你整好的。

格哈德·维尔克，1926 年生人

野外侦察演练真的非常艰苦。大家都激动万分，高兴极了，邻村的人相互比赛，扔木制手榴弹，"以眼还眼，以牙还牙"，玩打仗的游戏。

赫尔曼·席尔德，1926 年生人

如果他属于另外一个人种，来自另一个国家，信仰另一种宗教或者政治观点不同，希特勒青年团就去贬损他这个人的价值。

但是我们也很高兴，因为我们不是必须参加这个穿制服的强制性的组织，没有被迫参加游行和行军。

汉斯－彼得·赫茨，1927 年生人，德国犹太人

纳粹分子非常巧妙地利用了也许每个正在青春发育期的孩子都具有的这种感觉：他以为自己比父母好，他要走自己的路，与父母对抗。

居比尔－格拉芬·舍恩赏尔德，1927 年生人

如果旗帜不在了，你们活着也就没有什么价值了——就是这样告诫我们的，我们也是这样记住的，人们也许相信这一点。

伯恩哈德·迈尔克，1927 年生人

我们从高年级同学那里听说，他们全都非常激动。我们大家都非常想尽可能快地长到 10 岁，然后就可以加入少年队了。

库尔德·里希特，1928 年生人

在纪念会上，在唱着庄严的歌曲时，我们感到与这个集体融在了一起。在这一时刻，人们可以为祖国而死去。

洛塔尔·朔尔茨，1928 年生人

我相信，我们这一代人不是无一例外地都受到了纳粹的影响，但是我们是在制服具有决定性影响的氛围里长大的。

克劳斯·伯林，1928 年生人

党旗，是我们这个时代最崇高的旗帜。

制服是集体的第一个也是最重要的外在标志。这一点对我们来说是最重要的，我们是一个集体。我们是发过誓的集体，制服是外在的标志，同时也是某种保护。

这一切当然对我们年轻人影响极大。篝火、火把以及参加这样的活动，由此营造的气氛给我们留下了很深的印象。

这些野外侦察训练对我们来说是非同寻常的经历。

维尔纳·哈尼茨施，1929 年生人

他几乎就是一个圣人。不能让元首发生任何事情。我还记得，当我值勤结束的时候，每次都要为我们爱他胜过一切的元首高呼三声"万岁"。情况甚至像人们所说的那样——人们爱他胜过自己的父母。

在人们将那面旗子扛上肩的一瞬间，它就变成了一件圣物。

人们有这种感觉：一定要坚强，像克虏伯的钢铁一样坚强，要坚忍不拔，要敏捷。人们要设法做到这一点。如果顺利的话，人们也能做到——人们忍受了一切。

从来没有人问过："你可以吗？或者，你喜欢吗？"必须一起干——人们也就一起干了。这是发过誓的一群人。

然后还产生了这句著名的话：青年人必须由青年人来领导。人们也是这么认为的——我们想：我们基本上已经长大了。

队长命令说："卧倒！"这就意味着立即摔倒。于是有人受了伤，一些人哭了。他们立刻遭到讥笑，被说是胆小鬼等等。

全部歌曲都是关于死亡的。在敌人面前的死，都是为了祖国等等。

卡尔－海因茨·扬森，1930 年生人

星期六，少年队打着旗子行进在大街上，然后还得向这面旗子敬礼。这是很严格的。我亲眼看见过，没向旗子敬礼的年轻人挨了耳光。

埃贡·库恩，1937 年生人

第二章

献 身

从奥得河对岸传来掌声和欢呼声。穿着褐色运动服的激动万分的姑娘们开始唱下面这首歌曲："没有更美丽的国家……"在不比她们大多少的头头的指挥下，德国少女联盟中14—16岁的成员为了再一次给希特勒最后招募来的士兵鼓起勇气，走进奥得河西岸国防军的战壕。

1945年春天，装备很差且供给不足的德国士兵遭到了红军的猛烈攻击。250万苏军士兵集结在河的那一面，准备对希特勒的"千年帝国"进行最后的攻击：他们动用了配备4万多门火炮的迄今最强大的火力。国防军几乎无法对抗。为了提高士气，德国少女联盟部队就被派到了阵地上，在地狱前唱着欢快的歌曲。

就在同一时间，在柏林附近加托地区的帝国青年领导层的招待所里，人们正在笑语欢声地庆祝着。身穿白色制服的服务员举着香槟酒、法国白兰地和香烟招待各位来宾。身着制服的希特勒青年团头目们在舞池里搂着年轻的女人：几个乌法电影制片厂的影星和几个德国少女联盟的姑娘。尽管放送着舞曲，同盟国轰炸机的轰鸣声还是听得清清楚楚。帝国青年领袖阿图尔·阿克斯曼抚摩着一个金发美人儿，他的假臂放在这位年轻女性的膝盖上——自从在俄国战场上受伤以来，他一直戴着这个假臂。然后这个希特勒青年团的头目带着他的女伴儿上了楼。其他一些穿着褐色制服的先生们也效仿他，跟着上楼去了。

几周以后，即1945年5月1日，帝国广播电台的播音员声音颤抖地报告："元首总部报告，我们的元首阿道夫·希特勒今天下午在帝国总理府发布命令时不幸牺牲，为了德意志帝国，他与布尔什维主义坚持战斗到生命的最后一息。"这是当局最后的谎言。希特勒用毒药胶囊和手枪逃避了责任。尽管如此，这个消息在某些地方还是引起人们情绪的激动。"我毫无顾忌地哭了起来，"当年德国少女联盟的成员安妮玛丽·施特拉索斯基回忆说，"这种情况人们今天几乎无法想象了。那样子就好像死了一个直系亲属似的。"这个专制独裁者的魔力所产生的影响超越了死亡。

这是一种至少在德国历史上没有过的现象：对事实的感受在相当大的一部分民众中是扭曲的，以至于国防军的全面崩溃、家庭成员和朋友们的相继死去都无法令他们产生怀疑。"对于我来说，确实是天塌下来了。"多丽斯·施密特－格温内尔描述了在毁灭的那一

103

刻她的感觉，她曾经是一个非常骄傲的德国少女联盟成员。集体自我欺骗笼罩着社会的各个阶层，姑娘们也不例外。

人们对今天的祖母一代千百万次地提出同一个问题："怎么可能出现这种情况呢？"后者也千百万次地努力给予答复——尽管长时间地沉默和不予回答，最终还是做出了反应。然而在几百份自述和询问中有一点是明确的：在纳粹青年团里的经历是丰富多彩的。德国少女联盟跟德国少女联盟也不完全一样。命令和口令一年一年地变化。从农村天主教地区来的一个小姑娘可能会认为"俱乐部"完全是对父母家困境的一种令人喜悦的调剂，她们在"俱乐部"里念经似地重复着希特勒的生平；而在柏林工人居住区里，很多人明显地逃避德国少女联盟举办的活动。在一些年轻的姑娘对希特勒产生了荒谬的爱慕情感时，另一些人则不受惩罚地拿希特勒开心。然而，即便是德国少女联盟里的现实情况这样截然不同，在希特勒青年团里的这些日子在一代人的意识里还是留下了痕迹。同年生的小姑娘（跟男孩子一样）第一次被有计划地控制起来，接受了以近乎犯罪的方式进行的教育。

开始的时候情况并不乐观。1933 年以前，只有很少的姑娘参加希特勒青年团。在希特勒青年团的"护士协会"里，她们学习使用带颤音的哨子，缝制褐色的衬衫，散发传单，照料大厅里群殴时受伤的人员——这是一些遭人讥讽的"碎片"小分队[1]。"护士协会"这个名字来源于"病人的姐妹"[2]，即为那些身穿褐色衬衫、因打架斗殴而受伤的人治疗伤口，充当"姐妹"——至少国社党官方的解释是这么说的。也许更是因为她们是较早一批希特勒青年团团员的亲姐妹，她们也想"参与"。其中最著名、最大的一个护士协会是在开姆尼茨的那个，只有15个成员。

玛尔塔·阿斯曼是第一任护士协会全国会长，1930年她在《人民观察家报》上宣布：护士协会更名为希特勒青年团德国少女联盟。但是，因为党内派系斗争也涉及了女性青年，直到1932年，所有的国社党少女组织才统一在德国少女联盟名下。在希特勒青年团中的男性成员越来越成为党的助手的同时，女孩子几乎还不受重视。在1932年的"国社党青年日历"上甚至连德国少女联盟的名字都没有提到。这年的年初，希特勒青军团中的女性团员一共有1735个。

希特勒少女组织开始引起人们注意很可能是源于

1　指接受照料的人因打架斗殴给碎片碎渣弄伤。

2　如按字面翻译，德语中"护士"一词即为"病人的姐妹"的意思。

一场关于服饰规定的激烈争吵。问题是：蓝色衣服还是褐色衣服？希特勒青年团少女问题负责人赞成那种在石勒苏益格－荷尔斯泰因州穿的"褐色服装"，她说："这种褐色衣裙不是为了与冲锋队的褐衫相称。我们正是想避免跟各种男式服装一样，一定要跟男式服装相称的主张表达的只不过是妇女要在精神上依靠男人。在我们的组织里，那些想为阿道夫·希特勒的思想进行宣传并为之奋斗的姑娘们要穿着真正的德国姑娘的服装，她们将自豪而又行为得体地来显示自己的勇敢和牺牲精神。"尽管极力地呼吁，最后还是通过了蓝裙子和白衬衫的方案。

人们会怎样设想在希特勒骗取政权之前德国少女联盟的基层组织呢？作为一个沙文主义的男人同盟的憔悴而又狂热的追随者？作为褐衫党干部的狂热的爱慕者？实际上也没什么特别的，与德国少女联盟后来的作用——使半数年轻人与政府保持一致的工具——没有关系。事实上姊妹团只是日趋没落的魏玛共和国的女孩子当中某种形式上的先驱者——跟其他的青年联盟组织一模一样，比方说"徒步旅行小姐妹"或女童子军。没有父母跟随就乘车出发了，跟男孩子一起坐在篝火旁，甚至夏夜里在一片森林空地上跳舞——这就像是对市民社会的挑衅，就像是对传统的家庭道德观念的示威。

在德国第一个民主的资产阶级社会里，女性仍旧是二等人。虽然自1919年以来她们有了选举权，然而在公众社会里——无论是政治、艺术，还是科学方面——身处重要岗位的妇女还是非常罕见的。女大学生在大学里悄无声息，少得可怜。女子运动被认为是伤风败俗的。那时德国少女联盟的姑娘们的母亲，其生活现状往往就是那著名的三方面："孩子，厨房，有时去教堂。"

年轻的女先锋们想尽办法，利用每一个机会逃避这些约束。无论是候鸟协会还是护士协会，每周能有几小时经历"自由的感觉"，对一些年轻姑娘产生了极大的吸引力。追求"社会解放"是早期德国少女联盟最有力的口号，尽管希特勒本人并不隐瞒他对妇女作用的观点："女人的天地就是男人，其他方面她不必多想。"党的机关报《人民观察家报》绝不放过一个机会来强调妇女们应远离社会的各个方面。于是德国少女联盟在创建的最初阶段便产生了独特的矛盾：一方面，它想要成为一个返祖的男人社会不可缺少的组成部分，另一方面，它又想追求妇女解放。

1933年1月30日以后，那种处于少数的状况结束了。由于其他青年组织遭到排挤，女孩子们蜂拥着加入德国少女联盟，于是德国少女联盟在很短的时间里发展成为当时世界上成员最多的少女组织。在国社党进行统治的第一年里，"少女"的人数从 23900 快速增长到 593000。10 到 14 岁的更小一些的女孩被组织进"少女队"，这是德国少女联盟的一个下属组织，有自己的领导。德国少女联盟本身又是整个希特勒青年团的一部分。德国少女联盟的全国负责人事实上听命于帝国青年领袖巴尔杜尔·冯·席拉赫。

其他青年组织的解体与时代精神相应，只是偶尔遇到阻力和抗议。格特鲁德·霍克后来变成了德国少女联盟中少女队的二级领导，她回忆道："我们的组织叫'年轻国家的自由小分队'，当各个组织解散时，我虽然很伤心，但是也像大多数人那样想：我们具有现在正需要的能力。我会唱歌，还会演奏。现在我想继续干下去。"

德国少女联盟成员的数目迅猛增长当然不完全归因于其他青年组织遭到排挤。"简直就像是一个旋涡，"玛丽安妮·龙根回忆说，她是 1917 年生人，"一场真正的群众运动。"共同建设一个更加美好的德国，这种崇高的感觉尤其令青年人激动。"新时代与我们一同前进"，这句蛊惑人心的歌词出自一首旧日的工人歌曲，如今被冲锋队和希特勒青年团热情传唱，它大概最好地描写了希特勒"夺取政权"之后那几个月的气氛。"有谁不想一同前进呢？"当时的德国少女联盟领导人埃娃·施特恩海姆－彼得斯如今还自问道。她亲身感受了在平静的帕德博恩市里运动开始时的那股巨大的吸引力。

当然，大多数青年人还被另一点所吸引："新时代"就是自觉地离开父母的环境，抛弃共和国以及它的一切问题，也要抛弃市民文化的陈腐的约束。就这方面来说，国家社会主义奇怪地也具有青年运动的特征。它那些具有权威的主角们的年龄也说明了这一点。希姆莱32岁，戈培尔35岁，席拉赫刚刚25岁，希特勒当总理的时候43岁，是国社党领导班子里年纪最大的人。

梅莉塔·马施曼在德国少女联盟中的职位最高升到了帝国青年领导层里的新闻负责人，她这样描述她第一次有意识地跟国社党人接触时的感受："从这天夜里起，我总觉得到现在我还有些害怕：咂啷咂啷的脚步声，红黑色的旗帜呈现一派阴森森的庄重气氛，火把照在人的脸上反射出抖动不停的光，还有那些歌曲，它们的曲调听上去非常刺激，同时又很感伤。一连好几个小时，我身边一直有队伍经过，其中都是一组一组的少男少女，他们的年龄不比我们大。他们的表情和举止十分严肃，这使我感到羞愧。我是什么？我只会站在马路边上看着？我突然渴望投身到这个洪流里去，消失在它之中，任它带我远去。"

几十万人想投身到这个"洪流"中去。每当人们回忆起这些情景，心里都很激动。"夜色朦胧中，到处都是火把。我慢慢地、很有意识地跟着念誓词。我已将它记牢，无须多想，就背了出来，"雷娜特·芬克回忆她获许加入希特勒青年团时说，"我们要成为少女队的成员。我们要有明亮的眼睛和勤劳的双手。我们要变得坚强而又骄傲。这是我一生中第一个重要的纪念会，它永远在我心中。我那年 10 岁半，我知道，我的生活即将改变。"

当然，除了这样一心一意要参加的人，也有比较世俗的：集体的推动，比如整个班都自愿加入德国少女联盟；或者好奇的人听到最好的朋友激动地讲述"俱乐部"或者外出漫游的事情而被鼓动。从雷根斯堡来的一个当时 11 岁的小姑娘解释了是什么简单的理由使她成了少女队的一员："我的女同学穿着蓝色编织裙，我非常喜欢。她们是圣母联合会的。我也很想要这样一条裙子（仅仅就为了这件事），于是小学同学就带着我去了她们的'俱乐部'，在一个小果园里。那天下午'俱乐部'关门，我特别伤心，这时一个同学安慰我，她对我说，她知道穿褐色裙子的女孩子在哪儿玩。"

政治动机在这种事情上几乎没有。在德国少女联盟成立初期，年轻姑娘们的主观经历中很少有消极的东西。"在我的记忆里都是阳光明媚的。"一个被问到的人回答说。大多数人回首往事时也都觉得那是一段"美好的时光"，不少人甚至说，那是她们"一生中最美好的时光"。只有联系到希特勒帝国末期暴露出来的恐怖和犯罪时，才引起了反省。"那些完全是另一回事，"谈到回忆青年时代有什么困难时，来自斯图加特的多丽斯·施密特－格温内尔说，"我从来没弄明白这一切到底是怎么一回事。"

当然这里还没有解决的问题是，孩子们如何对待已经暴露的日益明显的不公正。犹太姑娘们不能参加德国少女联盟，至少大城市里是这样。德国犹太人艾沃林·埃根曼这样回忆她在这些非人道事件开始时的经历："我当时也想参加德国少女联盟。我羡慕那些可以身穿蓝色裙子和白衬衫的女孩子。为此我很难受。我们班上有几个女同学对此觉得很遗憾，其他人无所谓。有几个人说：'我们现在是德国少女联盟的人，你不是，你是一个犹太猪。我对你个人没有什么过不去的，只是你们犹太人，一切都是你们的过错。'"

孩子们也会无数次地看见不受欢迎的老师被解雇，这是学校里"一体化"的结果。格达·措恩，1920年生人，回忆起他们非常尊重的可尼夫老师上最后一堂课时说："他看上去生病了。我们很奇怪，他为什么不坐下开始上课呢？这时，门一下子打开了，一个穿着冲锋队制服的男人趾高气扬地走了进来。皮靴子踏在地上橐橐响，他吼叫着：'希特勒万岁！'我们没说话。他傲慢地说：'好了，可尼夫先生，您跟您班上的学生告别完了吗？那我就请您走吧——我想开始上课了。'我们握紧拳头，只想说一句话——我们差点儿站起来，但是什么也没说——门砰的一声在他背后关上了。"

我们采访的大多数人对这样不公正的事例只能说一点点。是什么原因呢？是当时孩子们天真，感觉不到呢，还是事后想驱散这些回忆？他们记得清清楚楚的是那些正面的回忆，如典型的对 5 月外出旅游的回忆："那时白色的衬衫耀眼极了，眼睛闪闪发光，春风吹在脸上热辣辣的。"或者如埃娃·施特恩海姆–彼得斯说的："这是我生命中的春天。"

德国少女联盟里那种"快乐"的生活对孩子们具有这么大的诱惑力，它到底是什么样的呢？它特有的标志在什么地方？方法又是怎样的呢？星期三是"俱乐部"活动，不管是在亚琛还是在茨维考，不管是在普法尔茨的乡村还是在东普鲁士地区——大多在一个房间里，这个房间要小干部自己去想办法解决，一个不比被她领导的人年纪大多少的干部。"我们唱很多歌，"格特鲁德·霍克讲道，"还讲很多传说和故事。"尤其是那些歌词，重复了几百遍之后，深深地印在了孩子们的心里，我们采访的大多数人今天至少还能唱出几段来。"太棒了，"路易丝·菲舍尔说，"有时我都想再这么大声地好好喊几嗓子。"人们是怎么引诱这一代年轻人的呢？用几段充满激情、旋律优美的歌曲。"人们经历这些时仿佛心都醉了，"女作家古德伦·保泽旺回忆她在德国少女联盟的那段时间时说，"当人们唱这样一首歌并且完全进入了角色的时候。作为年轻的姑娘，那时我常常热泪盈眶，因为我这才感觉到我是这个美好的德国的一员。"

一些当年的歌手今天才意识到这些旧歌词传递的是更为深刻的信息。"我们年轻人朝着太阳前进，深信不疑""德国，即使我们毁灭，你也光辉照耀大地""我们的旗帜比生命更重要"：歌词成了使思想"一体化"的锐利武器。"我们没有经过思考就接受了那些话，"英格博格·泽尔特说，"我们就像鹦鹉学舌似的，人家怎么说，我们就怎么说，因为大家相信，这肯定是对的。"在"俱乐部"的保留歌曲里，除了那些为"祖国"而牺牲的赞歌，也有一些无害的民歌，这有助于对演出的理解。

在时代的女证人中，对德国少女联盟时期回忆最多的是跟着少女中队或者少女小队去旅行，这是德国少女联盟中等级最小的两个组织。"在一个几乎不知道什么叫休假、什么叫郊游的年代，到大自然中去就是一件不得了的经历。"这是一种很典型的描述。大多数情况下，住得很简单，吃的是野炊做出来的，这一切加强了浪漫的感受。"有一点儿冒险，还可以享受大自然的情调。"古德伦·保泽旺说道，"外出旅行对青年人总是起作用的。这不仅仅影响人的理智，而且也影响人的感情。纳粹分子很狡猾，他们把童子军和青年联盟那里的东西全都接了过来。"

德国少女联盟活动的吸引力跟各个领导人的能力和热情有很密切的关系，埃娃·施特恩海姆－彼得斯做了仔细的观察：她们在第一个队领导那儿失望地参加了"蠢姑娘俱乐部"，这个"俱乐部"给她们朗读关于赫尔曼·戈林已经去世的第一个妻子的书，无聊极了。后来她们争先恐后地跑到第二个队长的俱乐部去。第二个队长给大家报告"运动英雄"的事迹，给大家讲关于"流血的边境线上部族斗争"的令人兴奋的故事。哪儿的气氛吸引人，姑娘们就会去哪儿，但是哪儿都得无数遍地重复官方美化过的元首生平。"我一再发现，"从前的德国少女联盟领导人安妮玛丽补充说，"只要通知上课，哪儿又得背党的文章，直到背昏了头，哪儿得把希特勒的全部生平像念祷告似的背下来，哪儿缺席的人就多。但是，如果通知是一次有趣的俱乐部活动，集体做游戏、唱歌，到时整个房子里挤得满满的都是人。"

"青年人必须由青年人来领导"——希特勒青年团的这个指导思想不可避免地导致在德国少女联盟日常工

作中出现上面提到的个别现象，但是另一方面也引发了一定要参加不受成年人约束的"为之献身的青年人团体"的热情。"人们觉得自己受到了重视，"古德伦·保泽旺说，"觉得自己是这个群众团体的一分子，可以与他人得到同样的评价。这真的是一种令人振奋的感觉——这也是给孩子们留下深刻印象的东西：人们相信自己能够取得不可思议的成就。"特别是以这种方式成功地招募了一大批领导人员。这些领导人员被派到7级组织中，从大约12个女孩组成的少女小队，一直到拥有几万个姑娘的36个上级大区队中的一个，一共几千个青年领导人，而且她们肯定是"新国家"的一部分。在学校里对这些新位置当然争夺得很厉害。"如果您是一个学生，"居比尔－格拉芬·舍恩费尔德说道，"就可以到校长那儿去，说：'希特勒万岁，迈耶尔先生，米勒先生或者施密特先生，很抱歉，哪堂哪堂课我不能来。我值勤！'这时候的感觉那才叫绝了呢。"

"三分之一的世界观教育，三分之二的体育训练"——1934年席拉赫就给德国少女联盟的工作内容做了规定，从而阐明了国社党对女性培养的观点。一年以后，帝国青年领导层的一个女负责人根据这个精神下了定义："我们的目标是：使全体姑娘们可以健康地明确地把她们的聪明才干投入到为人民和国家的服务中去。所以对于我们来说，重要的不是什么知识的积累，而是集体和姑娘们的举止行为。"

事实上，身体训练的大部分是训练"姑娘们的举止行为"。德国少女联盟的成员在跳舞、做团体操或练习棒操和球操时，被拍了几千米的胶片，通过摄影机的宣传，她们给人们留下了深刻的印象。特别是有时1000多名演员进行群众表演，就像奥林匹克运动会开幕式表演或者帝国党代会上的表演，这样的策划就有"教育"背景。"你是微不足道的，你的人民才是一切。"这个纳粹问答手册中的口号在姑娘们那里，任何时候都没有像在集体练习时用起来这么方便——不仅仅给观看者留下很深的印象。"在这个年龄，人本来还没有成型，"英格博格·泽尔特解释说，她参加了1936年奥林匹克运动会的团体操表演，"作为一大群人中的一员给人的感觉非常美好，想着同样的事情，感觉着同样的事情，做着同样的事情。"

在那样的时刻，一个"新时代"要求的极权主义的核心问题特别明显地表露出来了：消除个性，以利于一个模糊不清的"民族的"同一性。埃娃·施特恩海姆－彼得斯说："这个用语的意思就是，不要想你的民族能为你做什么，而是想一想，你能为你的民族做些什么——这一点在当时对很多青少年的影响是巨大的。"想了想，她又补充道："是啊，人们就把这叫作理想主义。"在党代会和群众游行时，这种人为制定的献身精神通过穿制服群众的表演表现出外在形式来。整个足球体育馆里坐满了穿着褐色制服的希特勒青年团团员和身穿蓝白色制服的德国少女联盟的姑娘。当然，在所有欢呼的人群中，也有很多人是奉命来的。"他们在下边走的时候，我们必须整个时段都举着胳膊，"汉内·贝尔－帕格回忆希特勒参加这样的一次群众集会时说，"大约半个小时。其间每排的左右各有一个人，他们总是从他们的位置走到中间，然后再走回去，每次看见有胳膊下来了，他们就把它打上去。"姑娘们的群众游行和团体操练习也与理解纳粹主义的两大关键概念有关：吸引力和权力。

在团体操表演中，稍微大一点儿的18岁到21岁的姑娘被组织进了德国少女联盟下属的"信仰与美丽"小组。一共有30多个这样的"工作小组"，课题从舞蹈到时装到儿童教育，参加"工作小组"是自愿的。与年纪较小的女孩子参加的缺少青春活力的德国少女联盟的其他小组不同，这里的活动主要围绕女性的事情，特别是如何准备担当未来母亲的角色。安妮玛丽·施特拉索斯基说："我也在'信仰与美丽'里，人们今天还在津津有味地谈论着它。几百个姑娘身着当时还是很漂亮的也很性感的短体操服，大家同时做着那些动作，真是一种美的享受。你看，这本身有什么不好的呢？"

这里说的不仅仅是她的观察，这种观察与很多人对年轻时的回忆是一致的。对过去经历的片面、肯定的描述可以说是对个人的无奈的开脱。当然，在绿地上练习圈操和表演舞蹈都没有什么"不好的"。不好的只是那个藏在政权当局一切努力背后的伟大目标："把青年人的心占为己有"，如戈培尔所要求的那样。

行军、夜行军、练习行军、辨认方向行军——也让姑娘们忙个不停——是很少被拍成电影的，但在德国少女联盟的日常生活中，这些操练还是比表演姿势优美的火棒体操更经常。我们的时代见证人中有很多人还能详细讲出那种强行军的辛苦，脚上起了水泡，擦伤了脚腕子。此外还有技巧练习和胆量考验。谁身体上达不到要求，谁就被作为"失败者"对待。"她们可被折磨得够呛，"多丽斯·施密特－格温内尔今天还记得一清二楚，"哪儿要是有一个人说，她不会游泳，干脆就把她扔到水里去。很残忍，我今天想起来，还觉得真是残忍得很。"

"不停地经受考验"的要求影响到希特勒时期儿童们的每一项工作，无论是行军还是手工课，无论是绘画还是领唱，无论是演戏还是朗诵诗歌。最好的人受到表扬和奖励，甚至被提议当领导。希特勒帝国是一个冷酷无情的效率社会——对女孩子也一样。"每天早晨点名，"

玛丽亚·艾森埃克讲到德国少女联盟的营地时说，"早饭后通知说，今天查铺。第二天早晨查鞋、查手、查耳朵。必须什么都做到井井有条，像在军队里一样。"高于一切的是作为中心思想的"否定自己"。"你活着不是必要的，"《青年教育》上的一个口号就是这么说的，"如果你为你的人民完成了你的义务，那也许还有必要。"

至于另一方面纳粹国家多么无情地对待那些不能或不想完成他们的"义务"的人，似乎在大多数人的回忆中奇怪地渐渐消失了。关于对那些通不过"胆量考验"的姑娘们家常便饭般的尖酸刻薄，关于对"非雅利安人"的歧视，以及关于对残障人的谋杀计划——直到重复询问以后，从前的德国少女联盟的姑娘中有些人才承认，她们无意间也听到了一些这样的情况。然而，这些方面被姑娘们列入了被排除之列。采亚·施托伊卡作为吉卜赛人差一点儿就死在集中营里，她描述德国少女联盟中同龄女孩子们的日常生活情景时说："她们从我的花裙子上认出来，这是一个吉卜赛人的孩子。这样一来我肯定就害怕了。她们吐唾沫，甚至吐到我的脸上，大声吼叫：'吉卜赛流氓！'"

甚至在自己的父母面前，孩子们都能够成为恐怖活动的秘密信使。特别不幸的是家庭内部互相谴责和告密。

大多数情况是，父亲或母亲不由自主地谈了一些对希特勒不赞同的观点，或者在战争期间收听了被禁止的英国广播电台的播音。"他们在家庭以外也受到了教育，而且影响是如此巨大，"格特劳德·沃尔特曼解释说，"有些孩子会暗中侦察自己的父母。不是因为恶意，而是因为他们天真地认为，不这样做他们对元首就不尽责了。"安妮玛丽·施特拉索斯基就曾当场抓住她妈妈偷听"敌台"，但是她没有去报告，她这样描述自己内心深处的矛盾心理："当我从那个鬼地方回来的时候，被灌了一脑子的口号，而我妈妈坐在大众收音机前，听英国电台——这实在让我感到极端不愉快。"

多丽斯·施密特-格温内尔在她家里经历了一次告密事件："我姐姐要当头儿了，为此她需要我母亲的同意。我父亲在前线。然后我母亲就大声并且明确地说：'我的女儿们不会去给军官们当床垫子。'几天以后，母亲被叫走了，被罚做义务劳动。有人把她检举了。从那时起，我们家里大人之间只说法语，因为告密的肯定是家里的一个人。"

在德国少女联盟内部，恐怖不仅仅表现在"人种学"理论和政治灌输上。倔强和漠不关心要受到惩罚。谁不顺从，谁就要被拿掉那个"结"，就是那个跟制服配套的领巾。"如果有人表现不好，"从前的德国少女联盟头头玛卡蕾特·卡森还清楚地记得，"她就得脱下制服去服役，或者在集合在一起的全体成员面前挨一顿训斥。"有几个时代见证人甚至还谈到了长达几个小时的"惩罚训练"，即对大多数情况下并无恶意的违法行为的处罚。1936年的希特勒青年团法和1939年的一个补充的执行规定将参加国家青年团变成一种义务之后，甚至还动用了警察手段。"如果他们缺席时间过长或没请假，"安妮玛丽·施特拉索斯基说，"有些人也被拉去服役。"

对现有纪律要求的这种强调说明了希特勒青年团肯定不会让少男少女百分之百地感到欢欣鼓舞。与那个时代的宣传文章以及不少辩护性的"青年回忆"所描述的不同的是，内心的拒绝是大量存在的。"这么多的集合，"一个被问者说，"迫不得已，因为一切都是组织好的。在长途行军时我大多设法逃跑。这样的集体行军不合我的胃口。有一次我对头头说：'我头晕。'于是我真的可以坐下了，然后还得到了柠檬茶。"

类似这样的人被那些更为狂热的同伴们轻蔑地称为"逃避工作的人"或者"爱发牢骚的人"。她们这么做的原因是纯粹地感到无聊，或者强烈地感觉到，不想做不公正的大机械装置上的小轮子。由于坚定的宗教立场或者受持批评态度的家庭的影响，一些人对"新时代"有保留意见，他们必须设法采取掩饰的策略。"你知道，"伊丽莎白·齐默尔解释她用什么理由去拒绝，"我倾听一切。吼叫声，总是同样的口号，同样的思路。然后我就干脆坐着，什么也不干。或者我一直就这么蹲在那儿，像个木头人似的。"

　　即使在这个想象中如此大面积地笼罩着恐怖活动的"元首国家"里，也还是存在着小的生存环境，人们可以不受阻碍地回避社会的一致步伐。一个当时 16 岁的高中女生证实道："我们在分部提出申请成立一个音乐小组，希望用练习音乐代替德国少女联盟的操练。一个老师说他愿意帮助我们。三个星期以后，我们对他说，现在我们自己办完了，全都解决了。没有德国少女联盟的活动了，没有公务活动了——没有人发现我们消失了。"

　　这样的经历只是少数例外吗？只是献身精神洪流中的小岛吗？或者她们证明了，到底还是有相当多的一部分女孩子坚持以尽可能沉默的方式表示反对？没有一个数字能够说明当时的年轻人是按什么比例分成亢奋的、随大溜的、拒绝的和反抗的。甚至历史学家也很难以经验为依据来理解纳粹时期的德国现状。因战后掩盖事实，又因打上新闻审查和国家控制的烙印，那个时代的资料来源情况不明，所以通过数量来评价我们祖母（也包括祖父）这一代人始终不太可能。此外，当时人们在不同时段对于政权当局不同的支持程度还依赖于年龄和社会环境、地域和家庭的背景，以及在专政的后半阶段，依赖于战争的形势。

然而，我们采访的对象中有很多人承认了她们自己欢欣鼓舞的程度，这令人惊讶。格特劳德·沃尔特曼今天还在奇怪："我们笑啊，我们唱啊，我们甚至把花环结在头发里，庆祝收获感恩节，因为大家都吃饱了。"在整整三年里，政权当局所取得的"成就"——充分就业、解除"耻辱"的《凡尔赛和约》——中还有一件，那就是让青年人相信"新时代"的优越性。严格说来，消除失业是以高额的国家债务为代价的，《凡尔赛和约》中规定的赔款数额事实上已经由共和国政府大大减少了，大多数人在当时的德国这个信息荒漠中当然无从知晓这一切。这种手段多么卓有成效，以至于今天有些谈话中还不时地提到："可是修了高速公路！"或者："人们夜里还敢上街呢！"

把一些不可比较的东西相互进行比较，这有意义吗？这些"从前的人"中的大多数总想方设法与"今天的青年"进行比较。我们多次听到暗示，希特勒登场时的歇斯底里"跟迈克尔·杰克逊没什么两样"；也多次听到说，我们今天的儿童完全缺乏当时的一些"价值"。

如果问哪些"好的"方面是德国少女联盟年代遗留下来的，一些人会毫不犹豫地回答："友谊""义务"或者"纪律"——全部是德国美德书中的价值规范。但是另一面也不能隐瞒不说，"个人的看法是不受欢迎的，"一位被采访的对象承认道，"批评甚至讨论是禁止的。只有命令与服从。"

怎么让这些正在青春发育期的孩子们步调一致呢？在我们收集到的所有关于青年时代的回忆中，一个关键的元素是德国少女联盟日常生活与工作中的无数仪式。升旗、纪念活动或者庄严的致辞会把个体聚合起来，将其塑造成为"盟誓的集体"。在希特勒年代，日历上全都是关于"运动"的节假日。从1月24日"希特勒青年团烈士纪念日"开始，第一个高潮是6天之后的"夺取政权"周年纪念日，再过几个月，4月20日是"元首生日"，5月1日是"劳动节"，然后是"母亲节"和"夏至节"，然后11月9日就到了那阴森恐怖的高潮——希特勒在慕尼黑发动政变失败的纪念日。当时的人就已经知道了，这一连串"节假日"完全是针对教会的年度固定节假日的。国家社会主义的伪宗教特征在这里明显地是在攻击基督教信仰的根本。希特勒与罗马教皇的协定以及德国主教们致新元首的全部贺信也未使这一点有丝毫改变，独裁者在最密切的圈子里已经公开宣布过，战争胜利后再跟教会"彻底清算"。

所有节日中最令人激动的高潮是对新一批同龄人的接纳——即刻会令人想起原始时代的成年仪式和宗教仪式。自 1936 年起，这一必须庆祝的活动集中在但泽市附近的马林堡举行。马林堡是条顿骑士团首领住过的古老的城堡。在这座年久失修的古老砖石建筑物的中间，在当时可以提供的火炬的照耀下，人们激情洋溢地唱歌、许诺、宣誓。广播电台向全帝国转播这一引人注目的活动，同时在无数的小型庆祝活动上，人们念着同样的誓词："我宣誓，忠于元首阿道夫·希特勒。我宣誓，全心全意在希特勒青年团里服务。我宣誓，时刻准备为德国青年的统一和友谊效力。我宣誓，服从国社党帝国青年领袖和希特勒青年团各位负责人的领导。我在我们神圣的旗帜下宣誓，我要始终不辜负它的信任，句句千真万确！"

全国范围内的宣誓总是在 4 月 19 日晚上举行，也就是希特勒生日的前一天，当然它的意图是：把同年出生的所有人作为生日礼物送给希特勒！回过头来看，在这样的晚上，"那被姑娘们隆重地"像佩戴"勋章"似的头一次佩戴的德国少女联盟的黑领巾就好像是被强行占有的一个标志，我们的一个采访对象如是说。一个联盟在这里被加盖了封章——而大多数姑娘们却欢欣鼓舞地表示同意。

这些庆祝活动的录音有几盘完整地保存了下来，其中一部分甚至长达几个小时。今天的听众肯定不会觉得它们有什么吸引力，顶多是感到好奇。妇女们尖锐刺耳的喊叫声犹如"冲天的怒火"爆发出来的咒语，毫无抑扬顿挫的故作激动万分的演讲几乎无休止地重复着赞美元首，合唱着如"上帝将元首恩赐给我们"的歌词——这些夜间实况转播没能影响到今天。

少男少女们激动地盼望着可以"属于其中一分子"，这一时刻到来时，那些话语对他们来说就像咒语一般。哪里情感被蓄意唤醒，理智遭到扭曲，哪里的儿童就是容易到手的猎物。时代见证人至今还觉得难以解释这一影响。格特劳德·沃尔特曼相信："今天是无法理解的。"

确实有一大部分年轻人完全陶醉了，集体狂热得说胡话。如果成年人早已沉溺于此，人们还能谴责年轻人吗？柏林奥林匹克体育馆里成千上万的德国少女联盟成员高呼："我们是属于你的！"这句话并非宣传宝库中空洞的言辞。"我很高兴，年轻人今天能够讥笑这些，"古德伦·保泽旺说，"但那个时候我们是极为当真的。"

在战争爆发前夕，这种感情诱惑已经达到了登峰造极的地步。在一次史无前例的宣传活动之后，1926年出生的女孩几乎全部参加了德国少女联盟下的少女队。1937年，希特勒青年团已经有了280万个姑娘。不仅仅是接纳少女队成员时需要举行很多种仪式。不管是在新的领导就职宣誓时，还是全体同龄人从少女队转入"真正"的德国少女联盟时，希特勒青年团的仪式主持人利用每一个机会来更新感情魅力，这种魅力会诱导他人服从，同时传递郑重的感受。比如在慕尼黑，姑娘们进入德国少女联盟时必须通过考试。其中一个科目是"世界观"知识，比如问题是："帝国党代会是在哪座城市举行的？"或者"我们的元首是在什么时候什么地方诞生的？"同时还考歌曲，至少得从《霍斯特－韦塞尔之歌》中选唱一段——当了4年的少女队成员之后一般是不成问题的。最后是"规定练习"，如按照规定行军或者分角色演一小段话剧。"14点你们集合去演出。"党部领导发出的有关指示里就是这样说的。

党和国家如此深入地渗透哪里的公众生活，哪里立刻就可以看见发生了变化。在并非出自宣传目的的、为那个年代而拍摄的少得可怜的电影中，政权的象征随处可见。除卐字符和褐色的制服外，德国少女联盟的白衬衫和蓝裙子特别引人注目。虽然不参加"活动"时可以不穿制服，但是很多姑娘显然非常愿意穿她们的制服，而且也常常穿着。"人们总是穿得很得体，不管是受洗礼，还是参加婚礼或者葬礼的时候。"这是我们听到的解释。另外一个时代见证人补充说："我们有一个老师，他用藤条打我们。很快我们就发现，如果哪个男孩子穿希特勒青年团制服，或者哪个姑娘穿蓝白色制服，那就不挨打了。因为那样的话，他打的可就是这个新国家了。"

当然，比害怕挨老师打更重要的可能是为身穿女孩子制服再戴上"新时代"的象征物而自豪。可这制服一点儿也不实用——夏天太热，冬天又太冷。"下边还总是挨冻，"埃娃·施特恩海姆－彼得斯微笑着回忆道。当然，什么都不能阻拦这些最热衷的人在隆冬季节也竭力符合自己德国少女联盟成员的身份——要"坚强"。"也就是说，我们有志气，尽可能在冬天也穿齐膝的白色半统袜，"克里丝蒂讷·舍曼回忆说，"我们的母亲自然也没有办法。后来我们在家里就穿上长统袜，到了走廊里再脱下来，穿上半统袜。"

夏天还提供紧身运动服，供练习各种身体"技能"使用。"一件无吊带的棉布小背心，上边印着希特勒青年团标志，此外还有一条黑色棉贡缎裤子，短的，有松紧带，"埃娃·施特恩海姆－彼得斯描述衣服的样子时说，

"看上去已经非常漂亮了，这在我当时上的那所学校里是被禁止的。"在许多偏僻的地方，神甫们则设法让人们做体操时多穿一些织物，少穿暴露的、官方认可的紧身运动衣。以今天的观点来看，那时髦又大方的小裤子没有什么不好的地方。在性爱这方面，德国少女联盟完全继承了旧有的狭隘的传统。口号是"性的自我教育"，少女应该像"新鲜、明澈、清洁的德国空气"。"有一句警言让我们至今不忘，"玛卡蕾特·卡森说，"保持你的血液的纯洁，它不仅仅是你的。它从远处来，向远处流去，未来的一切全在于此。保持令你永生的制服的洁净。这说得再清楚不过了！"

一队队身穿制服的德国少女联盟体操运动员当然在同时代的男性中引起了其他的联想，尽管她们有着关于贞洁的自我意识。一系列对缩略词 BDM[1] 意义的篡改明确无误地暴露了隐念："Bubi drück Mich"[2]，"Bald deutsche Mutter"[3]，"Bedarfsartikel deutscher Männer"[4]。然而事实上大多数姑娘是贞洁的。"我还知道，当一个希特勒青年团的头头爱上了我们当中的一个时，我们是多么的骄傲。"

---

1 BDM 是"德国少女联盟"的缩写，见第 6 页注释 1。
2 见第 6 页注释 3。
3 见第 6 页注释 2。
4 "德国男人的必需品"的意思。

多丽斯·施密特–格温内尔说，"可是后来有人耸耸肩膀，说：'我是一个德国姑娘。'一个德国姑娘是贞洁的、庄重的，结婚以后才会当母亲。但是结婚以后很快就当母亲。"埃娃·施特恩海姆证实说："跟今天相比，那是完全不同的青春。今天第一次性经历的平均年龄是 15 岁，我们那时候是 20 岁。"

当然，如果因为性违反了规章制度，那就可能要受惩罚。"16 至 18 岁的姑娘，您根本没有办法再阻止她们了，"从前的德国少女联盟头目玛卡蕾特·卡森说，"如果有的姑娘像疯丫头似的，到处招人，那就受到警告，警告她举止行为要正派。"但是，假如所有的警告都是白费口舌，一个姑娘怀孕了，那她在德国少女联盟的成员资格立刻就被终止了——只有少数例外。

对于大多数人来说，必须恪守道德准则的规定还是有效果的，初恋大多保持克制。贞洁作为理想是在思想意识上提倡的，外表上也显示出几乎医院般的干净。我们的一个采访对象说，穿着脏衬衫的姑娘会被送回家去。不管化什么妆、戴什么首饰，都被看作不光彩的——手表例外。穿着制服吸烟同样是被禁止的。一个"德国姑娘"的标准形象再配上正确的发型才是完美无缺的：长辫子或者 1936 年奥林匹克运动会之后的"奥林匹克发卷"成了忠于纳粹路线的发型。

独裁者喜欢身边围绕着身穿这类衣服、举止行为整齐划一的姑娘。满满几火车车厢的德国少女联盟的欢呼者被运往贝希特斯加登，从那里她们可以像香客似的去"山庄"朝圣。希特勒和他周围的人在上边等候，然后这位"令人喜爱的元首"会在不停转动的新闻影片的摄影机前出尽风头。这样产生出来的照片不费吹灰之力便进入了独裁者画廊——独裁者们拍照时都特别喜欢被他们年轻的崇拜者所围绕。

希特勒对青少年的喜爱不是装出来的。在他那本监狱里写的小册子《我的奋斗》里，为"青年"这个题目他就写了无数个表述拉杂无序的段落，要求"培养健康的体魄"作为"延续日耳曼血统的保证"，他同意少女和妇女们首要的角色是生育者。"妇女也有她的战场，"在纽伦堡全国党代会上，他在"妇女界"面前如此赞美这一角色的分配，"她每为我们民族生下一个孩子，就是进行了一场斗争。男人有男人的斗争。男人代表全体人民，跟妇女代表家庭一样。男人代表的是全体人民，正如妇女代表的是她送其生命的全体儿童。"在德国电台档案馆保存的这个讲话录音里，还响着大部分女性听众的掌声。

很多兴奋不已的姑娘本来是想逃脱资产阶级生活圈子的束缚，为什么现在却毫无怨言地接受扮演这种严格说来跟她们母亲所扮演的角色一模一样的传统角色呢？——也就是已经在逐渐削弱的妇女生儿育女操持家务的角色。这个问题属于纳粹时代的心理学谜团之一。"这一切都还是那么的遥远，"这是我们从采访中听来的——而且，姑娘们毕竟也在"悄悄地"反对这个由"上边"规定的角色。

在德国少女联盟和纳粹"妇女界"里当然找不到公开拒绝希特勒帝国男性支配地位的例证。在没有重要反对意见的情况下，姑娘们接受了官方污蔑"妇女解放"是"犹太人的发明"的观点，同时也接受了国社党里自1921年起妇女就被排除在党领导团之外，所有的领导岗位留给男人的事实。在我们的被采访人中只有不到一半的人能至少说出一个德国少女联盟女负责人的名字——比如尤塔·吕迪格尔，此人战后发表了很多为德国少女联盟辩解的文章，与此同时，所有的人都知道席拉赫和阿克斯曼——帝国男性青年领导人的名字。

甘于接受一个落后的妇女形象大概与德国少女联盟的能力有关，它能诱使人产生正好相反的观点。尤其是比较年轻的人主观地认为，她们在国家青年团里的这段经历是通向自由的阶梯，因为所宣传的理想形象是从"浪漫的资产阶级黄毛丫头"变成的经过训练的美丽少女，以后还会成熟为"勇敢的"妇女。"坚强、自信、独立，"埃娃·施特恩海姆 – 彼得斯回忆起当时她对未来的幻想时说，"如果有了丈夫，那我就是一个能力不相上下的战友和伙伴，就像冰岛传说中的榜样那样。"古德伦·保泽旺也意识到，在德国少女联盟中追寻的是一种新的理想："她应该是健康的，她应该是优秀的，她应该是丈夫的战友。这是第一次世界大战以来的一个巨大变化：那时她不是战友，她还只是一个钦佩丈夫的夫人——无论如何也比他低那么一个小台阶吧。"

"挺挺的，但不是紧紧的；有点儿傲慢，但不是粗野的"——帝国青年领导人最喜欢这样设想他们的姑娘。特别是在少女队成员和年纪还不够参加德国少女联盟的姑娘当中，这样的设想确实也得到了赞同。"母职是最高的义务履行"这个口号在她们那里更加响亮，而她们自己的青春期常常还没有开始。随着她们的成熟，兴趣才会渐渐地转移。等到少女们开始思考未来的职业时，她们那模糊不清的受青年运动影响的想法仍然都是幻想。"更高的任务"留待那些少男们去完成。1933年就采用了一种特殊的限制招生名额的方法，其目的在于使大学生中女性所占比例维持在百分之十以下。

那么，在希特勒青年团的文献资料里找到下述段落也就合乎逻辑了："为了女孩子们的健康成长，必须制止大量知识的堆积。"另外一段是："我们希望姑娘们无条件地相信德国，相信元首，有朝一日再把这种信仰播种到她们孩子的心里，那时纳粹主义将永远存在下去，从而德国也将永远存在下去。"

生育符合现存社会制度规范的孩子是终生的使命，希特勒在帝国青年领导层的助手们也这样为姑娘们计划未来——关于传统中的北欧女神女英雄，一个字也不提了。这时一些曾经欢欣鼓舞的人痛苦地明白了，在希特勒的统治下，妇女是二等人。"我觉得，身为女人、身为姑娘的命运太惨了，"古德伦·保泽旺坦率地说，"我无法用我的生命为祖国效劳。"

有人说希特勒的政权敌视妇女，希特勒本人以辛辣的嘲讽应对这种谴责。"外国人说，"他在妇女面前讲话时嘲讽到，"他们说，看啊，男人！妇女们在你们这儿可不乐观，她们受压迫、受束缚、受奴役。你们把妇女简直变成了家畜。你们不想给她们自由，不想给她们平等的权利。但是在我看来，一些人看作枷锁的，另一些人则认为是恩赐；对一些人来说是天堂的地方，对另一些人来说则可能是地狱。当然反过来也如此。"事实上，独裁者根本不必为他的女子民们可能会提出妇女解放的要求而担心。"战后有人对我们说，"安妮玛丽·施特拉索斯基说，"说这些年我们完全生活在不自由之中。这对我来说是一个全新的观点。我根本没发现我不自由，因为我对现在的自由概念根本不知道。"

整整一代年轻的姑娘又回到一种关于女性角色的陈腐观念中，她们似乎甘愿处于从属地位。对这一点的另外一个解释可以从她们跟希特勒的"关系"中去寻找。我们的不少时代见证人证实道，这一切全源自——从今天的眼光来看——这个"魅力十足"的男人的吸引力，这个吸引力跟政治没有任何关系。从前的"姑娘"中很大一部分今天承认，这中间存在着与希特勒的一种情感上的联系。一些受访者的回答可以说明问题："他是超级父亲。我知道，这是今天无法理解的，但是事实就是这样。""这是一种深沉的发自内心的爱，这一点我无法用其他的字眼来表达。""就像上帝一样。我也完全是这么感觉的，就像上帝一样。"

埃娃·施特恩海姆－彼得斯描述了学校和德国少女联盟如何将她们心目中的希特勒形象进行加工，使之具有了一定的色彩："这是历史上绝无仅有的；这话今天听起来令人起鸡皮疙瘩，然而当时他对我和很多人来说就是这样。这几乎像神话一般。在我看来他这么像屈夫霍伊泽的红胡子大帝，或者类似的什么人。——这就是说，恰好能够生活在这个时代，与这个无与伦比的希特勒生活在一个时代，我们感到幸福极了。"

观察纳粹时期泛滥成灾的欢呼场面，诸如希特勒出席1938年在布雷斯劳举行的"德国体操节"的场面，同一年进军苏台德高地时，或者法国战役之后庆祝胜利时，引人注意的是，摄像机捕捉的是妇女和姑娘们最强烈的感情。有些镜头表现的是那种极度的兴奋，以至于人们不得不怀疑其中有生理上的快感。

希特勒成为性爱幻想的对象？在采访中找不到这方面的例证，这是可以理解的。然而另有一条线索，是一些最狂热的崇拜者留下来的：给这位独裁者的情书。这些情书之所以能够留传后世，我们要感谢当时一个德国共产党人的秘密收藏，他于 1945 年穿着美军制服回到德国。他叫维利·欧克尔，当时他叫 W.C.埃姆克尔，在柏林美国军事当局服务。"当然我们参观了希特勒的总理府，"他说，"穿过了天花板上到处都是巨大弹孔的房间，里面到处散落着山一般的纸张。我从一堆纸中捡了几封信，上边写着'致我们亲爱的元首'。离开这座建筑物之前，我往口袋里装了几封信。"

此后，埃姆克尔通过一个侧门悄悄进入总理府废墟几十次，往他的口袋里装那些苏联显然不感兴趣的东西。几千封"元首和总理"的"私人信件"就这样落入了美国手里，不久前这些请求书、请求签名的信件以及女性崇拜者的信件的摘要才被公开。虽然这很可能只涉及"希特勒迷"的信件的零头，但从这些部分褪色严重的信件足以看到在那黑暗年代里德国人灵魂的深处。那些保留下来的妇女和姑娘们的情书装了满满一大公文夹。内容从坚决保证"真正的爱情"，到愿意结婚，到"一位萨克森女人"的愿望，即为希特勒怀一个孩子，理由是："听说您没有孩子，这令我难以平静。"上边写着"我亲爱的宝贝""最甜蜜的、最动人的爱"，或者"最可爱的、热烈盼望的小狼崽"等等，这些信件希特勒本人极有可能一封也没有收到。一般来说，总理府使用官方信笺（上边印着"衷心感谢"）回复来信。当然，如果哪个崇拜者特别顽固，一再地写信，就会有人通知当地警察，不少写信者因此被宣布为"精神有障碍"，然后被送进所谓的"疗养院"。

当然，写信的这些人是极端的例外——但是她们也示范性地表明了，希特勒能对妇女产生什么样的吸引力。每个真正接近过他的人都最终为此而毁灭，这是历史事实。他的外甥女格莉·劳巴尔对他崇拜得五体投地，最后自杀了，因为他没有将她所要求的馈赠送给她。爱娃·布劳恩多年来一直忍受着受压抑的秘密情人的角色，她多次试图自杀，在死亡的前一天她才令人怀疑地获幸，可以自称"希特勒太太"了。英国女人尤尼蒂·米尔福德是所有"希特勒迷"中最为顽固不化的，而且总算成功地被请到了这位独裁者的桌旁，最后自己开枪击中头部，纯粹出于不如意。对希特勒的爱成为致死的陷阱。

我们的时代见证人也"有限地"透露了她们是如何感知这个男人的魅力的。"希特勒看着我的眼睛，抚摩着我的脸蛋，"汉堡女人罗勒·沙夫说，"这对我来说是一件无法用语言来描述的事情。我感觉太美妙了，我不想再洗脸。我母亲说：'你疯了。'我也许真的疯了。"伊尔莎·霍尔在一次党代会上参加了德国少女联盟的集体舞表演，她这样描述当时希特勒的反应："他笔直地站起来，说：'我的姑娘们，当我这样看着这些的时候，我的一切忧虑都消失得不见踪影。'我们做什么了呢？我们互相拥抱着，高兴地大声欢呼起来。我们是在为元首跳舞。不得了，是吧？"

安妮玛丽·安米勒讲述了一次希特勒访问柯尼斯堡的情景，那天晚上，希特勒青年团和德国少女联盟的人持续不断地欢呼："我们一再齐声高喊：'亲爱的元首，请您在窗台旁露露面吧。'我们喊得足够久的时候，他就让我们看看他，然后我们又像疯了似地狂喊'希特勒万岁'。这么来来回回好几个小时，第二天早晨我们在学校真的说不出话来了，于是就尽量不说话。"

是什么使得希特勒作为男人对同时代的女人如此具

有吸引力？也许首先是因为：他利用一切宣传手段把自己包装成为一个可望而不可即的离群索居者。群众完全不熟悉元首的私生活。关于爱娃·布劳恩的事，德国人也是战争结束以后才知道的。没有一个"普通的德国人"知道，希特勒习惯中午才起床，在他那"山庄"上他更愿意无所事事，而不是研究文件。向新闻影片提供的照片虚构了一个事实上从来就没有过的元首——一个忠于职守、似乎每一分钟都是在为人民服务中度过的人。

此外，这个人造形象还迷人至极，他身边总是围着很多人，光芒环绕着他，于是便引起了女性内心最深处的渴望：帮助、支持并欣赏他。不管是在情书里，还是在女性见证人的陈述里，都带有一种同时扮演着情人和母亲角色的感情，想把他从那几乎是神秘莫测的远方接来，接到家里，接到灶台旁，接到床上。这里的核心就是希特勒对姑娘和妇女们谜一般的吸引力。"真遗憾，他没有老婆，我们总是这么说，"希尔德加德·申德勒尔说到了点子上，"这么一个和蔼可亲的人，他真该有一个老婆。那样一来，也许他的一切就好得多了。"

对希特勒跟从前姑娘们的"关系"的描述，某种程度上接近这样一种看问题的方式，即把独裁者看作行为的主体，姑娘们只被看作"被引诱的"客体。这符合一种占统治地位的评价：作为为政权的罪恶目的而出力的执行者，无论过去还是现在，男人始终处在围绕着罪恶和受牵连而展开的历史辩论的中心，而后代则更喜欢赋予妇女跟从的角色：她们为她们的男人哀悼，在防空洞里为自己的性命而发抖，重建时则成为"清除废墟的女工"[1]。

也许在这方面女性得到了太多的宽容，因为她们同样参加了表决，同样干了，同样掉转了目光，也许她们喊"万岁"的声音甚至比男人的声音还大。不管情况如何，对于少女队这一代人——纳粹少年队一代也如此——来说，在进行历史的评价时要考虑年龄，类似于今天我们的法典认为青少年作案人"不具有责任能力"。"我们作为儿童受到了滥用，"古德伦·保泽旺回忆道，"我们曾经以为，让我们习惯于信仰的一切都是正确的。"

"信仰"的核心信息在姑娘们那里当然也是"人种学"——关于"优良血统"与"劣质血统"的思想。跟学校里的教材一样，德国少女联盟的教材同样教授"雅利安"人种的优越性——尤其是相对犹太人而言。甚至

1　第二次世界大战以后，由于男劳动力在战争中大量死亡，妇女在战后重建中承担了主要的角色，因而出现了"清除废墟的女工"一词。

在儿童读物里也埋下了不公正的种子。这是见证人常常引用的小册子《毒蘑菇》中的一句话："有好蘑菇，也有坏蘑菇。有好人，也有坏人。坏人就是犹太人。但是区分好人与坏人往往是相当困难的。"古德伦·保泽旺回忆起这本卑鄙的煽动性册子中的另一章节："《毒蘑菇》中有一个故事，这个故事是我整个青年时代的噩梦。故事说的是有一个女孩子，妈妈让她到牙科医生那里去，她便跟另外一个女孩子一起坐在候诊室里。医生先叫另外那个女孩子进诊室去。医生当然是长着一张犹太人的脸，弯钩鼻子，突出的嘴唇，大眼袋。那个女孩子，就是排第二的那个，单独一个人坐在候诊室里，突然她听见诊室里传出喊叫声：'不，医生，请不要这样，医生！'然后就一点儿声音也没有了。后来医生出来了，示意她进去。这时她跑掉了。那时我作为孩子一直在想这个问题，犹太人到底在房间里对那个姑娘做了些什么？这当然引起了我极大的联想。"

当然，在我们询问的人当中大约只有一半人表示，她们还能回忆起在德国少女联盟或课堂上所进行的反对犹太人的煽动。在这方面，地域的特殊性和人的大脑特有的抑制防护机制可能起了作用。今天还能回忆起那些阴谋诡计的人，如伊姆嘎特·罗格说："我们是世界上最优秀的人，我们是世界上最能干的人，我们是世界上最美丽的人，犹太人正好相反——就是这样向我们解释的。有这样一句成语：水滴石穿。我们就像一块岩石，水滴慢慢地击打着它，然后人们就相信，一切都没问题了。"玛卡蕾特·卡森甚至承认："种族是我们生活中最重要的词。"

诋毁他人的另一方面，是炫示典型"日耳曼人"的特征，这在某种程度上可以说是制造种族的美丽幻象：他们当然应该是金黄色的头发，北欧人种理想的妇女是蓝眼睛，身材高大，皮肤白皙。有办法的人可以在这方面做一些补救。"有一次，我买了一大瓶双氧水，"来自柏林的乌尔苏拉·泽姆普夫讲道，"用它洗了头发，漂洗干净，然后弄干。当我妈妈看见的时候，当然先左右给了我几巴掌，然后骂道：'你拿你的头发干什么了？'但是已经来不及了。我一下子变得非常像北欧人的样子了，金黄色的头发，甚至黄得过了分。另外，同样的事也曾发生在我要去值班之前，于是我在领导们那里得到了极大的赞赏，因为我的头发金黄得太漂亮了。"对美丽的追求无处不在，不管是男人还是女人。

玛丽亚·艾森埃克辩解的理由是，儿童和青年人几乎无法抵抗阴谋诡计的毒害："就这些问题没有人问过我们。我们只可以重复，表示我们理解了。我们自己的观点是不受欢迎的。"在此可以思索的是，突然被禁止与犹太小伙伴来往，或者正如一个见证人所讲述的，1941年，她母亲把照片上的犹太朋友剪下来时，会引起什么样的内心矛盾。肉体消灭之前，先开始了精神上的清算。

对待这种不公正，办法是极不相同的。最坏的是一些姑娘和妇女们所采取的办法，她们自愿声明愿在集中营作为值勤人员"为祖国效劳"。最值得颂扬的是那些建议与政权进行公开斗争的少数人。英格·朔尔是被捕后被处死的"白玫瑰"抵抗小组成员索菲的姐妹，她说："我想起一次骑自行车出游的事。晚上，十五岁的索菲突然说：'假如没有犹太人这回事，那一切该有多好啊。'索菲班上有两个女学生是犹太人：路易丝·纳旦和安内莉泽·瓦勒尔施泰勒尔。索菲为此十分不安。"

"我需要的是强悍、专横、无所畏惧、残酷无情的青年。青春就应该是这一切。他们必须忍受疼痛。他们身上不能有丝毫的软弱和温情。"当政权当局杀气腾腾的驱逐行为不可能再为人视而不见时，希特勒的这个要求越来越受到考验。我们询问的人当中大部分在战争开始时就已经知道烧毁犹太教会堂以及驱逐犹太人的事情，绝大多数人却几乎不知道在后方和集中营里进行的大屠杀。来自科布伦茨的巴尔巴拉·勒泼尔说："我已经知道达豪[1]了，当然不是那里发生的详细情况都知道，但是人们有时对我说：闭上你的嘴，否则你就去达豪。"

1938 年 11 月 9 日的大屠杀夜，给我们的时代见证人留下了深刻的印象。官方对这个大屠杀的辩白是："人民的感情沸腾"了。其实在无数的乡镇中，党的干部们好多天以后才开始行动，这一点就驳倒了官方的辩白。"他们把一个老年妇女从楼梯上拽下来，拽着头发，"今天格特劳德·沃尔特曼还觉得毛骨悚然，"我站在旁边，心里想：他们干什么？他们做什么？这是什么？最后我想什么呢，我想：她肯定做了什么坏事，她是一个罪犯。后来我就要吐了。"古德伦·保泽旺 1938 年住在西里西亚的一个小村庄，她也谈到了日渐暴露出来的恐怖活动进入儿童的视野时感情上的大问题："在一个小百货店被毁坏的橱窗前，老犹太店主把碎片扫在一起，在这个小百货店四周围了半圈儿爱看热闹的人。我印象最深的是，周围一片寂静，静得让人不敢相信。没有人喊'你这个犹太猪！'，因为人们认识这个男人，我猜，他从来没对什么人做过什么可恶的事。后来发生了今天我还在琢磨的事。作为 10 岁的小姑娘，我对这个男人感到深深的同情。后来我想：天啊，我不可以同情一个犹太人。我心

1　指达豪集中营。

里紧张极了。"

德国少女联盟的姑娘们也体验到了德国民众在纳粹时期典型的两难选择：谁认识犹太人，甚至跟他们交了朋友，谁就必须在听从煽动性口号与对个别人同情之间进行选择。当然选择性很小。或者决定对抗煽动，帮助被波及的人，或者朝犹太熟人背过身去。很少有妥协。几千个"潜水艇"，即在德国境内藏匿，成功躲过艾希曼[1]的密探的犹太人，他们证明了，有时候人们会选择第一种做法——尽管有生命危险。

然而在德国少女联盟里，已经开始另有做法了。梅莉塔·马施曼讲述了她们的"党部小头目"喜欢的一种训练。"她有时让我们三人一排地在选帝侯大街上行进，其中一段路要跑步。行进的时候我们要尽可能重地跺着脚。'这里住着有钱的犹太人，'她说，'他们睡午觉时得吵吵他们。'"

安妮玛丽·施特拉索斯基在德国少女联盟的一个服务站工作，她在办公室就能感受到恐怖氛围："我们下边就是安全部。这是唯一用帘栅隔开的部门，不像我们这

1　艾希曼在第二次世界大战期间负责组织运送犹太人进入焚毁营。1945 年后他生活在阿根廷，1960 年被以色列秘密警察劫持回以色列，后被法庭以反对犹太人罪和战争罪宣判死刑。

里似的随便可以到达办公房间。我们有时能听到喊叫声。这给我们的印象太深了，使我感到非常害怕。"

当开始驱逐犹太人这德国历史上最黑暗的一章在东方不可遏止地开始的时候，民众心里产生了一种模模糊糊的感觉：一些阴森恐怖的事情正在进行之中。虽然焚毁营是"秘密的国家事物"，但是回家乡休假的士兵报告的后方枪杀事件，以及在东方被驱逐的犹太人处境的不妙令人极其忧虑。多丽斯·施密特－格温内尔在战争期间是德国少女联盟成员，她甚至能回忆起来：当时就"什么都知道了"，从"人皮灯"到"拔出来的金牙"——能像她这么说的肯定只是个别人，她也是一个坦率得令人惊讶的例子，而且面对这么多人，这些人大概当时就已经知道得够多了，所以不想再知道什么了。

一些时代的见证人说，他们战后才获知对犹太人的大屠杀。我们没有理由不信任他们。孤独地长大或者受到特别保护的人可能完全不会受到犯罪事实的困扰，否则，当胜利者给德国人放映在集中营里拍摄的电影时所产生的激烈反应该怎么解释呢？当然，人是能够忘记那些认为可能不符合事实的东西的，因此关于是否知情的问题我们也就有所保留了。罗蕾·瓦尔普也是从前德国少女联盟的成员，她在日记中极具说服力地深入探讨了纳粹时代，同时以自己为例来说明当时的压抑。"可以证实的事实紧紧地缠住我不放，"她自我批评地写道，"'忘记'的借口是行不通的。我不再回忆了，在记忆里只有防卫的直觉，不去看！这证明我意识到了这是不公正的，并且害怕看见这些不公正的事情。假如我了解了这种恐怖活动，这种不人道，那我的全部辨识系统就要崩溃了。"

一些时代见证人在谈话中还讲述了她们具体的经历，这些经历说明了恐怖活动的蔓延。比如说巴尔巴拉·勒泼尔，她从 1943 年到 1944 年从事"战时服务"工作，在科布伦茨当电车售票员。"我们在莱茵河对岸开过一趟专车，"她回忆道，"这时有人对我们说：这一次你们就不要收那两节车厢的钱了，只要把他们送到火车站就行了。"更确切的情况她就不知道了，但是开这趟车的目的她当时就看出来了："也许他们把这些人运到什么地方去处决。要是当时有人恍然大悟，也许会和我一样明白。"就像巴尔巴拉·勒泼尔这样，几十万人迫不得已接触了这种令人难以置信的事情——不管是警察还是铁路值勤人员，作为见证人或者只是偶然的目击者。

但是，恐怖活动对那些尚不能理解这可怕的现实的孩子们会产生什么样的影响呢？瓦尔特劳德·京特讲述了她经历的女友被驱逐的事情，当时她不知所措且毫无预感，今天讲到这件事时她的心情还是极不平静："我早晨想叫她一块儿去上学——那时我们还不到 10 岁。这时在她家门前停着一辆货车，有人往上扔家具。我作为一个小孩感到非常震惊。我想：真不像话，她都不告诉我她要搬家。"直到很久以后，瓦尔特劳德·京特说，她才明白女友到底发生了什么事情。

一直对整整一代人提出的中心问题是：那个时候你们知道什么？你们又做了什么？回答必然只是个人的。但是也有集体的应对内心矛盾的模式。从今天的视角来看，最令人感到诧异的大概是，人们荒谬地在他们"亲爱的元首"身边寻找有罪过的人。正如伊尔默所说的："总是这么说——如果元首知道这事的话。当又有人说起，什么人在集中营里，或者又发生了什么糟糕的事情时，人们就说，如果元首知道这事的话，一切都不会发生的。"犯罪者自己也是卑鄙的幕后操纵者的牺牲品——一种古怪离奇的想法，然而它说明了，为什么1944年7月20日发生暗杀事件[1]之后，那么多的德国人因为希特勒活了下来而松了一口气。

因此，这位独裁者和他的支持者们宣布杀气腾腾的

---

1 1944年7月20日，以施陶芬贝格上校为首的将军们利用在元首大本营举行军事汇报会的机会，在会议桌下安放了定时炸弹，企图暗杀希特勒。在这次暗杀事件中希特勒幸免于难，此后他加紧实施了报复行动。

计划时也就直言不讳——1939年希特勒脱口而出：一场战争将会让欧洲的犹太种族灭绝；戈培尔在"人民宫"说漏了嘴，他用"彻底消灭"一语道破了真相；德军在斯大林格勒惨败之后，戈林发表臭名昭著的讲话时威胁说，如果犹太人要对"德国妇女和儿童报复"的话，他发誓也要报复。——报复，为什么而报复呢？

事实上，随着战争获胜的可能性越来越小，为使不管在什么情况下都不得不与纳粹标志卐字符联系在一起的德国人变成帮凶，所进行的宣传越来越清楚地暗示"最后解决"[1]的真正含义。许多被访者还能清楚地回忆起，当战胜者的军队开进来的时候，他们担心最后要遭到惩罚："我们以为，我们大家都要去西伯利亚劳改营了。"

与希特勒时代的姑娘们谈话使我们明白了，这一代人中的很多人大概将永远忍受精神创伤的折磨。她们大多是坐在舒适的、散发着资产阶级富裕社会魅力的客厅里讲述这些人类悲剧，其中最令人激动的来自蒙难民族。采亚·施托伊卡非常看重"吉卜赛人"这个称呼，她饱尝了极大的苦难：从她收到集中营邮寄的她父亲的骨灰坛，到她自己被关押在各个集中营，从拉文斯布吕克到

1　1942—1945年希特勒纳粹分子灭绝犹太人的代用语。

奥斯维辛。拉文斯布吕克女集中营里的女看守们尤其留在了她的记忆里："如果她们当中一个人说'打'，她们立刻就用靴子和马鞭使劲儿地打，然后就流血了，这是不言而喻的。而且一再往头上打。让一个女人这么打简直是奇耻大辱。"

战争结束以后，对拉文斯布吕克集中营的女看守们提起了诉讼。从审判案卷中可以看出，这些年轻的女看守在德国少女联盟里都有过"飞黄腾达的生涯"。她们当中表现最残忍的被处死了，例如臭名昭著的多罗特娅·宾茨，她以变态的兴致来折磨囚犯。然而在评价这些刽子手的帮凶时，区别是绝对必要的：曾经有两个女看守把囚犯的信件偷偷地带到了"外边"，她们自己也因此成了囚犯。不管这种事会产生多么严重的后果，人性有时也可能在党卫队的制服下存活下来。尤其是在战争的最后几年里，越来越多的女看守被迫应征入伍，这对这类年轻女性意味着什么呢？埃沃里斯·海策林说，她在高炮部队当炮兵连长时，有一次她那里新分配来一个帝国青年义务劳动军的姑娘："这之前她是拉文斯布吕克集中营的女看守，她只讲了，她父亲把她从那里接了出来，因为她受不了了。她让我非常同情，她完全自我封闭，集中营里的情况她一个字也没对我们讲。"

这些被调往杀人机构中心的姑娘们表明，最初的极端欢欣鼓舞在战争年代里发生了什么样的变化。自愿变成了服务，服务变成了义务，义务最后变成了被迫。几百万女孩被迫在农业和工业领域劳动，以替代被征召入伍的男人。在战争开始前似乎是游戏一般的行为，现在对每个年龄段的人来说都变成重大的事情了。从前收集旧衣服，捉马铃薯瓢虫，采摘药茶，每年号召一次"寒冬赈济行动"，星期日有杂烩餐，还有下乡服务，现在则在军工厂和弹药厂里平平淡淡地干着。几乎我们的所有时代见证人在战争年代里都被紧急征召过，而且大多数人都意识到，她们提供的劳动使战争的继续成为可能。当然，拒绝是要受到惩罚的。"我们的母亲总是对我们说，"多丽斯·施密特－格温内尔回忆道，"要求你们做什么就做什么，否则你们会进集中营的。每个错误都会让人丧命。"

在很多"劳动少女"的回忆中当然也有积极的一面，尤其是参加农业生产，对于那些从大城市来的女孩子们来说，在农民那里的劳动常常给予她们第一次与大自然亲密接触的机会。被赞美为"生产者大会战"的1942年秋天的收割，有200多万德国少女联盟的姑娘们和希特勒青年团团员参加。吉泽拉·马施曼描述了这种劳动如何引发她有了新的觉悟："在这几个星期里，我经历了非常不可思议的事情：身体上的筋疲力尽，突变为一种持久的劳动乐趣。快要倒下去的时候，几乎要倒下去的时候，最后一个办法是：看一眼我们的营旗。"

成为为生存而斗争的"人民团体"的一员，这一幻想调动了巨大的劳动热情。那些年纪比较小的姑娘们甚至还觉得为"最后的胜利"做准备是她们的义务。"我们晚上在俱乐部，真的为士兵们做了一切可能的事情，"多丽斯·施密特－格温内尔回忆说，"我们为他们编织，我们给他们写信。只因为：他们为我们而战斗，我们就必须为他们做些什么！"伊姆嘎特·罗格讲到，把阵亡看作为祖国的最大牺牲，这种幻想也能使女孩子们十分激动："我还记得，我这样一个年轻的姑娘，有时站到镜子前面，摆出一副英雄般的姿态，设想我现在可以为元首、为人民、为祖国贡献我的生命，然后所有其他的人可以在和平中生活。我心里有这样一种心血来潮的奇怪念头。"

1944 年，当前线越来越向帝国边境推进的时候，这种"心血来潮的奇怪念头"就变成了悲惨的现实。这以前，希特勒本人顶住了追随者催逼他征召妇女参加国防军的要求，这基于的是他作为保守的沙文主义者对妇女角色的理解。"我为我是一个德国男人而感到羞愧，"在战争开始以前他就宣布过，"假如有朝一日女人也要上前线的话。如果男人们如此可怜，如此胆怯，以至于竟用男女平等这个词来原谅这样一种违法行为，不，这不是平等，因为大自然不是为此创造妇女的。它创造了她们，是为了让她们抚平男人的伤痛，这是她们的任务。"然而，战争需要更多的"人力资源"，这使得独裁者违背了自己的诺言。

1943年，妇女和少女还作为空军和通讯兵的辅助人员，在办公室里工作，从1944年起便完全正式地在高射炮部队的炮兵连里服务了，也就是投入了战斗——而且是"优先照顾自愿"的，如一份官方文件里注明的那样。"为了赢得战争的胜利，我还真的自愿报名参加了，"英格博格·泽尔特说，"因为我认为，我必须这样做，我必须提供帮助。"到战争结束时，大约5万名女兵投入了战斗，并且大批地牺牲了。没有一项统计能够计算出多少探照灯操作员、多少炮手在轰炸的日日夜夜里送了命，又有多少德国国防军辅助人员在低空飞行攻击中成了牺牲品。埃沃里斯·海策林是帝国青年义务劳动军炮兵连连长，手下有100多个姑娘，她回忆起真上前线打起仗来有多么可怕："一次低空飞行攻击后，我们一个小组里就有7个死的，17个受伤的。姑娘们非常害怕，她们说，我们不想再干了。她们干脆说，我们再也不出去了。"伊丽莎白·齐默尔也在一次高炮战斗中观察到，姑娘们再也经受不住这种结果如此惨重的精神压力了："我们相邻的一个探照灯阵地遭遇了一次非常严重的攻击。当不计其数的炸弹落下时，操作探照灯的姑娘们跑进了掩体。事后人们开枪把她们打死了，因为她们在敌人面前胆怯。"

然而不仅仅是害怕被杀死让年轻的妇女们感到心情沉重，她们也疑虑杀人是否符合道德准则。"很是不愉快，我回想起有那么一次，我真的在十字瞄准线中看到了一个敌人，"伊丽莎白·齐默尔说，"假如我服从了必须执行的命令，我肯定也就按了按钮。但是我没有这么做。我不能做。"

在战争的头几年，对于大多数少女和妇女们来说，主要是通过国防军的报道、阵亡通知书和食品配给量获知战争的实际情况，而现在是通过残酷的现实。在野战医院工作对战争的印象大概最为糟糕。玛丽亚·艾森埃克当时的工作是护士，她说："这已经让人心情十分沉重了，尤其是这样的事情就发生在我身边，受了枪伤没有腿的年轻男人躺在那儿，活不成，也死不了。有些人疼得整夜睡不了觉，甚至连像吗啡这样厉害的药都没有用。"面对这样的现实，《青年世界》（希特勒青年团的帝国机关报）喊出的口号听上去就像是纯粹的嘲弄："最美好、与姑娘们的情感最匹配的工作是在野战医院红十字会的工作。在这里，德国少女联盟的姑娘们找到了最美好的任务，她们事实上成了'祖国的助理母亲'。"在大城市遭受轰炸的日日夜夜里，从前激动万分的姑娘们最后的幻想终于消失得无影无踪了。面对着一排排的尸体和变成了瓦砾堆的居民区，就剩下少数人还在相信"新时代"，很多人则感到一种无力的愤怒。多丽斯·施密特－格温内尔当时是斯图加特的一个14岁的小姑娘，她必须给被炸死的人做上标记，1945年她还受过反坦克火箭筒训练，她这样描述自己的感情："我不相信我曾经想过：我为希特勒而死。不，我们必须跟那些给我们带来痛苦的人斗争。您想一想，我当时多么仇恨扔炸弹的人。现在让他们来吧，来斯图加特。我真想把每个反坦克火箭筒都朝他们掷过去。"

因为缺少信息而盲目信仰，这也可能是每个独裁政权最强有力的支柱之一。然而哪里也比不过1944年至1945年战争最后几个月里的德国，在那里，现实与假象之间的反差如此之大。战争局势前途无望，但越来越多的人准备为"元首、人民和祖国"而牺牲，这让人既困惑又沮丧。然而如果客观地看这一点，民众使政权有了继续进行种族屠杀的可能，这一点使得大部分民众的献身精神成为20世纪德国的不祥之兆。"我们并没有怀疑这一切的正确性，"伊姆嘎特·罗格解释他们"坚持到最后的决心"时说，"我们是通过我们的士兵、我们的国防军和我们的空袭获取信息的，此外我们几乎什么都不想——只想到了我们所遭遇的不幸，以及我们一定要为此报仇。"

许多与战前德国少女联盟有关的事物在战争年代里似乎只是遥远的回忆。在我们的时代见证人的记忆中，战争年代是"浑浊的""贫乏的"，甚至是"黑暗的"，跟战争爆发前那些"阳光灿烂的"日子相比暗淡无光。她们不再描述那些令人兴奋的徒步旅行经历——替代的是日复一日的残酷战争。甚至从前恪守的道德准则也不复存在了，主要由党卫队头目希姆莱和希特勒身边影子一样的人物马丁·鲍曼所推行的新方针是：不惜一切代价生孩子，作为几百万阵亡者和被俘者的后备补充力量。已婚的党卫队男人每新生一个孩子都会获得奖金作为奖励。单身妇女和士兵的寡妇要与"经过战斗考验和遗传上健康的"男子结成所谓的"民族应急婚姻"。单身母亲可以在党卫队的注册协会"生命之泉"里匿名生孩子，这样就减少了堕胎。

对"生命之泉"新地址的几乎完全保密，加上几个有关的战后出版物，导致这个协会直到今天在公众眼里还是一种"雅利安人妓院"，但这种看法是不符合事实的。她们在"生命之泉"里只是生下小孩，而不是怀上小孩。被母亲送人的小孩应先由党卫队的男人抚养，以后交给忠实于党的路线的养父母。当然，党卫队的男人们在被占领国里掠夺婴儿的行径使"生命之泉"变成了罪恶的机构。为了"优化"德意志民族，几万个常常是由波兰、法国或者挪威的母亲所生育的金黄色头发的孩子被裹胁到德国。不少这样的孩子再未找到他们的父母。

在德国少女联盟里有时也能感受到政权"为元首多生孩子"要求的影响。伊尔莎·布尔希·莱纳尔茨说："我姐姐被带到一个女子营地，旁边紧挨着的就是男子营地。有一天夜里，当姑娘去睡觉的时候，两个营地的领导打开了门窗，并把小伙子们送到女子营房里。他们当然都朝姑娘们扑了过去。我姐姐喊叫着逃跑了。"

当战争最后在德国的领土上肆虐时，不管是在东边还是在西边，几十万姑娘和妇女成了胜利者的战利品——被强奸，在德国毁灭性远征的年代里产生的仇恨爆发了。几乎所有的女性时代见证人都能讲述在同盟国进军时她们心里的极度恐惧，讲述她们如何通过往脸上抹脏东西、穿旧衣服，尽可能使自己丑陋不堪。"我就这么跑来跑去好几个月，这您根本无法想象，"格特劳德·沃尔特曼说，

"他们追捕我们，就像逮兔子似的，他们夜夜都来。他们打坏我们的门。我今天还能听见妇女们的喊叫声。但是他们没有弄到我。"对于所有那些不幸的人来说，受伤的心灵大概永远不会治愈。

人可以将自己所经受的苦难清晰地保留在自己的回忆里，这大概是人的本性。彻底失败的精神创伤——与极权主义的滥用连在一起——对原德国少女联盟的姑娘们来说，今天还鲜活地留在记忆中。古德伦·保泽旺说："不得不承认，人们相信了一个错误的理想，这是一场彻底的欺骗，人们被利用了。不得不承认这一点，令人感到十分痛苦。"

当然不是所有的人都能把主观感觉上的德国少女联盟年代的"美好时光"与奥斯维辛集中营的阴暗连在一起。"这一点我不明白，"埃沃里斯·海策林说，"这超出了我的理解能力。要是我真的一门心思去思考这个问题的话，那我可能会感到绝望。"埃娃·施特恩海姆－彼得斯把她的自我认识过程令人感动地以文学的形式记录了下来，她说："我与这个人物，与曾经的我，所有的相同点也许就只有这个名字。我也会问我自己：那真的是我吗？还是别的什么人？"格特劳德·沃尔特曼也同样严厉地谴责自己："一个人能够如此地失去理智，像我这样，能够如此地虔诚，如此地深信不疑，肯定与个人的素质有关。"

希特勒的"少女们"今天当了祖母、外祖母，有些甚至已经当了曾祖母、曾外祖母。战争结束后，她们一切从头开始，她们在两个德国的一片片废墟中，协力建设出我们今天生活的这个国家。她们常常遭到指责，说她们过于沉默了。我们的谈话对象们并没有沉默，更多的是极其坦率地回答那些敏感的提问。也许是时机终于成熟了。几乎所有的人都认为自己属于政治上被利用的一代——然而大多数人对自己的青年时代依旧感到困惑不解。"今天，每当我看见儿童和年轻人，也就是说 14 岁或者 16 岁的人时，"格特鲁德·霍克说道，"我就感到非常吃惊，他们完全不一样。于是我就觉得，好像我们当时睡了一场觉，好像我们做了一场噩梦。"

不管妇女的活动范围扩展得多么大，有机的、逻辑上的发展最终肯定还要有赖于家庭教育。

阿道夫·希特勒，1932

"妇女解放"是一个犹太人想出来的字眼，其内容也就打上了同样的思想烙印。

高贵的人体摆脱了压迫与枯萎。一个美丽的新世界就要来到了。

阿道夫·希特勒，1934

关于未来，最重要的是我们要有一大批孩子！普遍的说法是一个家庭至少有 4 个孩子，它才有保障；应该是 4 个儿子！

阿道夫·希特勒，1941

没有什么事情比为自己培养一个年轻的姑娘更美好：一个 18 岁或 20 岁的姑娘是可以弯曲的，像蜡一样。这对一个男人来说肯定是可行的，即在任何一个姑娘身上留下他的烙印。女人也不想要别的！

舞蹈艺术和音乐是民族文化最原始的表现。舞蹈演员首先要有感情，具有艺术才能，而不是善于思考。

与女人的天地相比，男人的天地很大。女人的天地就是男人，其他方面她不必多想。

女人插手政治对我来说简直就是恐怖的事。

当一个妇女开始思考存在的问题时，是很糟糕的，她会让人神经受不了的。

阿道夫·希特勒，1942

妇女跟男人完全同工同酬，这可能是对男人为人民所做成绩的不尊重。

阿道夫·希特勒，1944

德国姑娘是国民，结婚以后才成为公民。

阿道夫·希特勒，《我的奋斗》

妇女的任务是美丽和生育。雌鸟为它的丈夫打扮自己，为它孵蛋。丈夫寻找食物，平时它站岗，击退敌人。

约瑟夫·戈培尔，1929

纳粹运动就其本质来说是男人的运动。如果说我们把妇女排除在公众生活领域之外，不是因为我们不想要她们，而是因为我们想把她们原来的荣誉还给她们。她们最高尚最伟大的职业始终是妻子和母亲。

约瑟夫·戈培尔，1934

我呼吁，德国女性青年要始终想着，孩子最多的妇女所给予祖国的也最多。

现在有的不再只是对士兵的动员令，而是对每一个年满 16 岁的德国人的动员令，不分男孩还是女孩。

赫尔曼·戈林，1939

如果我们能够让北欧人种在德国和德国周围再次定居下来，安排他们成为农民，并使他们在这块苗床上生产 2 亿人口，那世界就属于我们了。

海因里希·希姆莱，1929

党卫队的男人们，德国期盼的孩子们的母亲们，你们表示，出自对元首的信赖，为了我们的血统和民族的永存，如为德国而战为德国而死一样坚定地为德国繁衍生命！

海因里希·希姆莱，1939

每个党卫队的男人在走上战场之前都要生一个孩子。

海因里希·希姆莱，1944

我们从来不为了原则而要求我们民族的妇女跟我们民族的男人权利平等，而是始终认为妇女合法的利益从属于我们民族的大业。

格特露特·朔尔茨－克林克，纳粹妇女联盟负责人，1935

不让那些极有天赋、有工作能力的妇女在工作中继续发展，不促使她们获得成就，只因为这些成就来自女人，这种倾向最近日益增强。

格特露特·朔尔茨－克林克，纳粹妇女联盟负责人，1938

德国少女联盟承担着一项明确而又不可质疑的建设性工作，其最终目的是将一代少女交给我们的国家，这一代人要成为纳粹世界观真正的载体，并能够让纳粹思想世代相传。

特鲁德·摩尔，德国少女联盟发言人，1935

在男人的眼里，大多数女人显然是愚蠢的母牛，人们用她们来育种，以免绝了种。当今的母亲们应该尽可能多地生孩子，其他的全是男人的事。

我在柏林的"大洋彼岸"通讯社工作，要把德国人变成"具有民族优越感的人"，把年轻男子变成"时刻准备为元首、为人民而死的英雄"，把姑娘们变成"生儿育女、做出牺牲的妇女"，把母亲们变成"为她们的丈夫、儿子和兄弟之死感到骄傲的寡妇"的宣传就是在那里制造出来的。

格达·措恩，1920 年生人

希特勒，他是伟大的孤独者，他只想着为了德国人民的幸福而领导德国。人们总是说，他是孤独一人，他思考的只是如何能够拯救德国。

我们跟希特勒青年团，跟旗手和鼓手们一起唱《青年之歌》，那是一种令人难忘的经历。

我在德国少女联盟里感觉真的很好。它是一个非常了不起的集体，它向我们传递了伙伴情谊、友谊和团结。它使我们青年人欢欣鼓舞。

我们学过，"KZ"这两个字母是集中营的意思。那里关的是反对现政府的人，他们在那里要重新接受教育，要将注意力集中在希特勒身上。

路易丝·菲舍尔，1920 年生人

假如想让一队人齐步走，就必须保持步调一致，这是不言而喻的事，否则就办不到。对于一个牧羊人来说，这时他需要的是狗。另外，步调一致也能培养人的纪律性。

玛卡蕾特·卡森，1920 年生人

在德国少女联盟里有集体关系和伙伴关系。这种伙伴关系维持到了战争的头几年。战争爆发的时候，我们彼此之间一直通过德国少女联盟的小组联系。

"保卫我们的祖国并使之更加完善，这是我们大家的神圣义务，因为我们周围的死敌一再试图使我们的花朵凋谢。"这是我们当时在作文里写的话。这就是我们受到的纳粹教育。

埃里卡·奥古斯廷，1921 年生人

妇女上大学根本没有意义。她们应该做母亲，看好家，为家庭繁衍人口。

体能是国社党人的头等大事。未来的德国母亲应该
精力充沛。

我 16 岁时在一个育婴堂里工作。那里有很多小孩是
从"生命之泉"来的，他们的爸爸是党卫队士兵，妈妈
们也经常来看看。很多小孩都被送给了元首。

扎比内·绍尔，1924 年生人

当然教育我们要爱希特勒。我们必须这样做。对于
我们来说，他是最伟大的，他很会讲话。作为小孩子，
我们被他的人格吸引住了。

多丽斯·布勒茨，1924 年生人

希特勒是上帝。如果在基督教徒那里有上帝、基督
和（三位一体中的）圣灵，那么我可以说，在我们这里
有元首、人民和祖国——这个神圣的三角，为首的当然
是元首。

萨利·佩雷尔，1925 年生人，《希特勒青年所罗
门》作者

希特勒是超级父亲。这一点今天是无法理解的。

格特劳德·沃尔特曼，1925 年生人

我听一个工作人员说："如果我身材高大，又有金黄色的头发，那对我来说最美好的就是能够送给元首一个孩子。"

通过这段时间我们变得完全独立了——我们在打仗，我们必须克服困难。我们几乎对付了每一个局面。

瓦尔特劳德·京特，1926 年生人

我有一个犹太朋友，她问："为什么我不能加入德国少女联盟？"我们不知道该怎么回答。

伊姆嘎特·高普 – 瓦格纳，1926 年生人

我们曾经开过党的那些大人物的玩笑，但是奇怪的是，从来没开过元首的玩笑。

赫尔塔·冯·贝尔格，1926 年生人

德国姑娘应该是金黄色的头发，蓝眼睛，像标语牌上宣传的那样。应生育尽可能多的健康的孩子。

擅长体育的姑娘获得各种形式的支持。体育不好的总是有些麻烦。

假如我是一个男孩子，我也想上前线。

对我们来说，妇女必须替代上前线的男人是理所当然的。我们不能选择我们想干的，这是上边的命令，我们毫不迟疑地服从。

居比尔·罗格，1927 年生人

她们想追求什么，想为什么而献身，想全身心投入到一个更伟大的事业中去，为此向她们提供了很多形式。

居比尔 – 格拉芬·舍恩费尔德，1927 年生人

我们经历过一种妇女解放。战争开始前，女孩子们和妇女们就得到了从前人们不可能相信她们会胜任的工作。

战争的结束是一场灾难。这是我们曾经相信的一切的破灭。

古德伦·保泽旺，1928 年生人

我们作为妇女从来没有自卑感。我们没有想过我们比男孩子差，而且我们也从来没有受到过这样的对待。

不是党员的男人都是脓包。只有优秀的国家社会党人才是男人。

伊丽莎白·齐默尔，1928年生人

我喜欢在德国少女联盟里。作为女孩子，大家终于可以一起做一些平时只有男孩子才能做的事情。我们受到认真的对待。

瓦尔特劳德·考尔曼–席恩，1928年生人

我们还在少女队时就要参加行军——齐步走，向右转，向后转。在大声斥责的命令下我吓得出错了左右脚，绊在了自己的脚上，眼泪都快流出来了。

伊尔莎·布尔希–莱纳尔茨，1929年生人

在"信仰与美丽"舞蹈小组里，我们穿着白色的裙子，系着紧身围腰，然后我们跳舞，高举起手臂，从一边弯向另一边。有的人跳得好一些，有的人差一些。我们叫它"信仰美丽"，而不是"信仰与美丽"。

当我 12 岁的时候，父亲给我讲了关于集中营的事情。他同时非常严厉地对我说，假如我说了出去，不仅他要降级，而且我们都会被关进去。

格达·冯·伊尔默，1929 年生人

我们 14 岁的时候干过很多苦活儿。对我们的要求非常多。但是我还不得不说，这是理所当然的事，而且我们愿意这么干。人们发现自己被派上了用场。

那是一段非常美好的时光。它曾经是我们生活的一部分，我们激动万分地经历了这一段时光。

我知道有两三个姑娘，她们都被从德国少女联盟里开除出去了，因为她们不准时，邋遢。那时要守纪律，爱清洁，有礼貌，做不到这些的人就被开除。

共同创建一个德意志民族和一个纯种的社会是我们的理想。

为元首、人民和祖国而付出，就必须竭尽全力，赴汤蹈火。

我们的青春被骗走了。

我始终这样想：无论我走到哪里，无论我做什么，元首总在注视着我。

希尔德·泽费尔特，1930 年生人

到处都在传言，集中营里有人被折磨死了。但是人们不能说这件事，否则自己就要进去了。当我值班的时候，恐惧就像被风吹跑了一样，代之而起的是一种内心深处的集体感。这两个极端我连不到一起，一方面是集中营和恐惧，另一方面是合作和愉快，它们不可能来自一个源头……

如果您发现，每个人的动作都一样，那我就非常骄傲自己是其中的一个。

多丽斯·施密特－格温内尔，1930 年生人

拉文斯布吕克集中营是由妇女管理的，她们比撒旦还要坏，比奥斯维辛集中营里的男管理人还要坏。这是难以描述的。

采亚·施托伊卡，1934 年生人，曾被关在集中营

第三章

教 育

穿着白色长罩衫的男人们坐在体操馆里。他们前边摆着一个长桌子，上边放着文件夹和记录簿，还有一个奇特的金属做的东西，大概是一个长长的测量仪器，它使人想起了一只超大型昆虫的触角。旁边是一个镶着玻璃眼睛的小盒子，那些玻璃眼睛毫无生气地从眼眶里向外张望着，每个眼睛的颜色都标上了一个号码，男人们把它称作"眼睛颜色表"。旁边是一个木条，上边挂着头发的样品——直的、拳曲的，褐色的、黑色的和金黄色的。男人们环视着四周，就像法官在寻找真相一样。而他们所寻找的被他们称为"种族的真相"。

男孩子们站在那里光着上身，只穿着短裤，被眼前这一队陌生的男人吓坏了。他们已经知道会发生什么事情。他们听说过这种情况，在生物课和所谓的"人种学"课上听说的，在这些课上，老师就像宣讲一门科学那样，兜售反犹太主义。那些男人要测量他们的头盖骨，审核他们是否是"良种"。只有"纯种青年"才能成为"具有民族优越感的新德意志青年"典型。他们是这样学习的，他们必须受到这样的教育。他们是国家政治教养院的优秀学生，不到 12 岁，还是孩子，但是他们有希望有朝一日作为"新一代领导"统治这个"千年帝国"，也许作为基辅或者明斯克的大区长官，即乌拉尔地区的军队司令官，也许作为印度的总督，或者在即将以卐字符号表明这是"大德意志帝国"主权的地方当最高司令官。但是在德意志帝国里当"领导人"，没有说明其种族身份的"绿色证书"是不可能的。因此身穿白色长罩衫的男人们来到了瑙姆堡。他们的雇主就是党卫队的种族与移民总部，他们的任务是对青年男学员进行"种族挑选"。

这是在瑙姆堡"寻找真相"的日子，对象包括学员汉斯－格奥尔格·巴尔托罗迈。他站到量体重的磅秤上量体重，量身高，然后一个男人打开一个钳子模样的长形量具，把这个冰凉的金属检测器放在巴尔托罗迈的颧骨上。他的头盖骨"标准"吗？跟扫描的一样吗？优秀学生应"主要是北欧人种"，医生的说明上写着，"费利人"[1] 或者"西部种族"也可以。这位学员巴尔托罗迈呢？

1　费利人，欧罗巴人的分支，主要分布在德国的威斯特法伦和北黑森地区。

其中一位医生说了一串莫名其妙的字母和数字。看来一切正常。那些男人们打量了一下巴尔托罗迈，显然他们很满意。"像大多数人一样，我作为'好的混血'离开了。"巴尔托罗迈回忆他接受"种族测定"那天的情况时说。他苦笑了一下，今天他觉得这种根据臆想的"种族特征"来评判人的做法是非常荒唐的！"我是雅利安人，"汉斯·明歇贝格笑着说，他当时是波茨坦国家政治教养院的学员，"可我那最好的朋友，他的脑袋跟老兴登堡一样，被定为费利人。我们就这样被分进了不同的等级：北欧人种、费利人、迪纳拉人、西部种族或东部种族。"

北欧人种成为这种混乱不清的种族与血缘关联学说的典型。未来领导人应全符合这一最高标准，但事实上只有少数人符合。汉斯－格奥尔格在他的学校里几乎没有找到一个合乎这个理想标准的人："教养院里400多男孩中只有8个人被认为是北欧—费利人种。"他们身材高大，金黄色的头发，蓝眼睛，鼻子和前额成一条直线。其余的"精英"们是像他那样的"混种"。一般来说，这种情况是没有什么问题的。在瑙姆堡，只有一个人经过党卫队医生的检查后不能再当优秀学生了。他们的诊断如同对一个重犯的判刑。据说，这个学员长着一个"东部种族的圆脑袋"。"我不想说出他的名字，"汉斯－格奥尔格·巴尔托罗迈说，他的语气听上去似乎这个判决今天还很重要，"他不得不离开这家教养院，仅仅因为他是东部种族。"

除了学校鉴定、政治态度和个人能力外，生物遗传学的标准也决定了谁能在第三帝国受到一种能使自己前途无量的教育。就像英国的伊顿公学一样，国社党的精英学校培养着德意志帝国的领导人、新贵族阶层，他们应该是残暴的、冷酷无情的，同时也要具备执掌政权的先进技术。但是从一开始便出现了矛盾：学校想把孩子们培养成有批判能力、有教养、谙达世情的领导人，但同时他们又必须宣誓无条件地服从希特勒，随时准备为希特勒而牺牲，至死忠于希特勒。具有批判能力的纳粹分子？"我们应该是元首的忠实追随者和虔诚的国家社会主义者，"汉斯－京特·策姆泼林说，当时他在奥拉宁施泰因的国家政治教养院学习，"我们希望能够独立思考，有自己的意志，能够实现自己的目的并独立做出判断。这些当然无法协调一致。不可能既是虔诚的国家社会主义者，忠于元首，同时又能批判地思考。"

矛盾也存在于希特勒的精英学校——培育德意志新人的场所——的日常生活之中。他们要把德国的这种学校变成像哈佛大学或者剑桥大学那样的精英学校，实际上却只不过是教育中心，培养的是忠于纳粹党和国家元首的政治斗士：卐字旗下飞黄腾达的军校学生，最终是当党的领导人或者军队指挥官。他们要符合希特勒关于一个残暴青年人的理想，世界要在他们面前感到恐惧：他们独断专横，毫无同情心，对不被看作属于德意志的东西充满仇恨。"我们领导人后备军的培训者希望的是，"一个党卫队的领导人1937年在奥尔登堡歌咏大会上说，"一个按照古希腊的城邦模式建立的现代化国家。人口的百分之十，也就是他们中最最优秀的分子来统治这个国家，其余的人进行劳动，听从命令。只有如此，我们对自己和德意志民族的最高期望才是可以实现的。"

假若希特勒帝国能够多存活一两年，第一批优秀学生——他们从小就知道：为他们的元首效劳，消灭他们的敌人——也许就能踏上具有权力的岗位。"至多一代人之后，"阿尔贝特·施佩尔战后说，"一种新型的人就会替代老一辈的领导人，占据这个阶层的位置。他们是按照新的教育原则，在阿道夫·希特勒学校以及奥尔登堡教养院里培养出来的，甚至在党内他们有时也被看作太毫无顾忌，过分狂妄自大。"

希特勒在《我的奋斗》一书中就已经建立了一种

军事化的、有战斗性的教育原则，在他执掌政权以后，这一原则变成了所有学校的教育标准。希特勒写道："民族国家的全部教育工作，首要的不是灌输单纯的知识，而是培养健全的体魄。其次是精神能力的培养。"在"锻炼身体与意志"的体育运动中，希特勒儿童要发展适宜战争的性格特征。学校应该少传授一些知识，而多宣传一些新的敌人的概念，如犹太人，或者灾难性的"强者法则"理论，或者在战争中锻炼出来的具有民族优越感的人物典型，他们同时具备所谓的日耳曼民族特有的道德：忠诚、勇敢、坚忍不拔、驯服和勇于牺牲。

通晓神话和传说不再被看作有见识、有知识。希特勒想创造一代"新人"：坚定、狂热、冷酷的青年，"制造阴谋"的头目。自从希特勒上台以后，学校的教科书和教学计划也做了相应的改动，强调了"种族的和民族的观点"。国社党的意识形态占领了课堂，排挤了教育改革方案等。学校彻底屈服了。作为教师，谁不想去理解"新时代"的信息，谁就得离开学校。现在要进行的是"身体和意识形态的教育"，对教师也是如此。在"教育科学院"和"教师培训所"，教师们应为了在教育战线实现"德意志学校的战斗目标"而努力：培养政治的人，"扎根于人民，为其服务，为其牺牲"，"精通人种学"的"政治家"。作家路德维希·哈里希当时是伊德施泰因教师培训所的学生，他回忆道："教师教导学生，一旦发生战争，他们要同敌人去斗争，他们必须证明自己敢于牺牲的勇气，日后才能作为有民族优越感的人立足于欧洲及全世界。"他还说到了"神圣的愤怒"，"这是德国人对于所有非德意志的东西的愤怒"。

一个人是否是德意志人将由他的"种族来源"决定。不适用于这种混乱不堪的人种学模式的人，甚至连当一个逢迎者都不可以，甚至早在加入希特勒青年团之前，儿童就被老师将右翼的"种族感"作为最重要的事情深深地烙进脑海。正如希特勒所要求的那样："在最终认识到血统纯粹的必要性和本质之前，任何一个男孩或女孩都不能离开学校。"老师们怎么办，他们怎样使人信服，怎样操作，这一切的答案都是现成的——《课堂上的犹太问题》一类的文章里就有。上述文章直言不讳地写道："种族问题和犹太问题是国家社会主义世界观的核心问题。这个问题的解决保证了国家社会主义的存在，从而保证了我们民族的永久存在。"

但是，怎样向孩子们讲解"犹太问题"呢？小册子是这样说的："越自然，越不矫揉造作，效果就越持久。可以自然而又完全不引人注意地介绍相关理念的科目首先就是自然课。"可以进行如此论证：在动物界，一个动物与同类物种在一起。一群岩羚羊决不会让一头鹿来领队，一只公棕鸟只跟一只母棕鸟交配。"同类物种相互吸引，然后生下自己物种的后代。""只有人类进行干预，进行'人工杂交'时，"教师应在班级里这样论证，"才会出现违反自然的情况，杂种，混种，它们把最坏的特征集于一体。"举这样的例子是为了过渡到"种族与犹太人问题"上。这种形式常常被推荐采用，比如说在汉堡，在鲁道夫·巴努什尔所上的那个学校里。他在那里不得不经受的侮辱至今还令他痛苦异常。一位老师叫他站到全班同学面前来，"然后他说，"巴努什尔讲述道，"知道什么是杂种吗？"班上没人说话。每个孩子都在生物课上听说过杂种这个词。沉默片刻后，老师用手指指着鲁道夫·巴努什尔："这儿，这个就是。他妈妈是犹太人，这就说明了一切。"

在那一瞬间，巴努什尔觉得他好像是在一场噩梦里。他站在全班人面前，就好像身上被打上了钢印，说他患有麻风病。同学们会采取什么态度呢？鲁道夫·巴努什尔今天还在为同学们的反应感到奇怪。"他们对这件事根本没有什么反应。"一些学生来自比较好的保守的家庭，这些家庭显然知道在"新思想"面前怎样保护他们的孩子。然而大多数儿童对于从一些书中扑面而来的仇恨毫无抵抗能力，任其摆布。纽伦堡的大区长官尤利乌斯·施特来歇尔就在他出版的书籍中向幼小的孩子们散布毒素，他通过《冲锋队员》为煽动性的反犹太主义开辟了论坛。那些名为《毒蘑菇》或《不要相信绿色荒原上的狐狸，不要相信犹太人的誓言》的书籍以适合儿童阅读的方式，魔鬼般地泛滥并污染了整个国家。当时在纽伦堡读书的汉斯·内格尔回忆道："这些书的内容对于我们来说变成了不容怀疑的事实。犹太人是邪恶的，这一点对我们来说是不言而喻的。"当时在马格德堡上学的京特·格罗夫卡说，犹太人"被描写成德国的不幸，报纸上的许多漫画和文章给我们留下了这个印象。对于我们成了反犹太人的少年一事学校也没有采取什么措施"。在柏林上学的格哈德·维尔克说，老师们"总是做些反对犹太人的事。在一些课上，如人种学的课上，他们会说日耳曼人种是重要的、最好的人种"。

维尔克的老师严格地遵守了教育部的规定。1935年，教育部部长伯恩哈德·鲁斯特在宾客留言簿上对教师们写道："在谈论欧洲的种族，特别是德意志民族的人种学时，与其他种族的、外来人种的种群，尤其是犹太民族相比，一定要突出今天的德意志民族是北欧种族的混合……必须着重指出与外来种群进行种族混合的危险，因为只有完成种族确定的历史任务，才能胜任使自己的民族和文化得到发展的历史使命。"连鲁斯特也毫不怀疑,体育尤其具有重要的意义,"在这里,北欧人种美丽又健康的身体以及钢铁般的意志是目标形象"。体育项目能够使人变得更加自信以至自负,如拳击。学校已经把学生置于战争的未来而加以训练。

对于希特勒来讲,"人力资源的人种质量"决定了年轻一代,而后者又决定了未来的战争。"国家的任务就是从全体人民中挑选出最有头脑的人,把他们安排到重要职位上。"只有这样才能创造出新事物。希特勒1925年在《我的奋斗》一书中就已经写道:"教育的最高目标必须是:将种族思想和种族感情本能地、理智地灌输给他们负责教育的青年人。在最终认识到血统纯粹的必要性和本质之前,任何一个男孩或女孩都不能离开学校。"在这种非人性的教育的基础上产生了一系列精英学校,也就是国家政治教养院、阿道夫·希特勒学校,还有施塔恩贝格湖畔的费尔达芬国社党帝国学校,这些学校将实现希特勒关于培养具有德意志民族优越感的新人的幻想。到战争末期,除了阿道夫·希特勒学校和费尔达芬帝国学校外,还有37所国家政治教养院。

超过17000名男孩上过这样的学校。"新政治贵族"的第一代人已经准备执掌政权。帝国的各个层面都在进行筛选，在国防军里，在管理机构中，在希特勒儿童中——这更显得卑鄙了，孩子们毫无抵抗能力地听任这个制度的诱骗和摆布。他们很容易被驾驭而且充满热情，这个政权正是利用了这一切，尤其是在未来领导人的学校里。

1940 年 12 月 10 日，希特勒在柏林的军事装备工人面前说："我们把天才儿童吸收进这些学校，这些孩子是我们广大群众的孩子。工人子弟、农民子弟，他们的父母是绝对出不起这个钱让他们获得较高级的学习机会的……他们以后入党，他们进骑士团城堡 [1]，有朝一日他们会担任高级的职位……我们有着一个极其令人鼓舞的目标。这样一个国家浮现在我们面前，在这个国家里，每一个职位都是由我们民族最有能力的儿子占有着，不管他来自何方。在这个国家里，出身根本不重要，成绩和能力才是一切。"这是希特勒唯一的一次在讲话中提到他的精英学校。

1933 年 4 月 20 日，一种很快流行起来的精英学校模式被作为生日礼物送给了希特勒。那天，一个那时还毫无名气的人宣布"将设在普伦、科斯林和波茨坦的 3 个旧军官学校改建成具有民族革命思想的国家政治教养

---

1 骑士团城堡是纳粹党仿照中世纪骑士团并利用他们的城堡而设立的精修学校，旨在培养未来领导人的后备力量。

院"。那里曾是普鲁士军校的学生学习军事本领的地方，曾是 20 世纪 20 年代国家教育学院培养学生的地方，现在，那里要培养未来的精英新秀——他们要全方位地、坚定不移地为元首、人民和纳粹国家服务——要为现代暴政培养得力的领导人。

那个人就是伯恩哈德·鲁斯特，他曾是高中教师，自 1928 年起任南汉诺威 – 不伦瑞克的大区长官。在希特勒的诱惑力下荣升为普鲁士文化部"帝国临时代理人"后，鲁斯特想以建立这样的"实验机构"为"国家社会主义革命"做贡献，并借以向兴登堡总统毛遂自荐当部长。鲁斯特知道，白发苍苍的陆军元帅兴登堡曾经是瓦尔斯塔特的军校学生，如果重新建立一个《凡尔赛和约》禁止的军官学校的新版本，他会欢迎的。就在 1933 年 3 月 21 日的"波茨坦日"之后，当希特勒在波茨坦卫戍部队教堂亲热地与保守的精英们站在一起时，鲁斯特觉得是关心这些"新"军官学校的时候了。计划如愿以偿了：1933 年 4 月 20 日，鲁斯特作为普鲁士新被任命的负责科学、艺术和国民教育的部长，开始着手把德国培植成为一个"民族国家"。

国家政治教养院是他为实现在德国培养"斯巴达式"人物的目的而奋斗的最重要的武器，每个想继续保持德国公民身份的人都必须加入这个"斯巴达人"的队伍。

作为"元首的政治士兵",政治教养院的学生应该在一切领域里、一切职业中使自己有利于希特勒的国家,成为意识形态上坚定不移的、受过入伍前训练的统治阶层。他们应该受过大学教育和军人教育,是"有统治世界能力的德国人"的典范。为了与未来的领导地位相匹配,他们在国家政治教养院里学习作战技艺。野外体育项目是"造就新青年"的基础和关键,因此,国家政治教养院在成立的第一年就安排"演习"。1933 年 10 月 28 日,青年人在普伦向冲锋队参谋长恩斯特·罗姆展示了他们所学到的本事。200 个学生在他面前进行士兵操演,给罗姆留下了极其深刻的印象,以至于他同意让普伦国家政治教养院以他的名字命名。

军方也对这种把儿童训练成小士兵的学校表现出了兴趣。1934 年夏天,来自不同教养院的年轻男成员向国防部部长维尔纳·冯·布罗姆贝尔格演示了他们的军事才能。"在野外进行体育表演时,72 名穿着制服的男孩跳进威悉河,一组一组地横渡过去,以便在对岸完成残酷的野外作业,"一个观察者写道,"这时参观者感到,在这里已经出现了一种新思想。"布罗姆贝尔格称赞国家政治教养院的教育时说,一个男孩只有知道怎样成为一个真正的男孩,长大后才会成为一个真正的男人。

国家社会教养院里的这种"新思想"还吸引了另一位知名的到访者。一次参观后，党卫队领导人海因里希·希姆莱请求鲁斯特同意他吸收三个政治教养院作为党卫队的预备学校。很快希姆莱就想吞并所有的国家政治教养院，他对这些学校的影响日渐增长。1936年，党卫队将身为分队长的奥古斯特·海斯迈耶尔——"党卫队总部"的领导人，提拔为国家政治教养院的总监。党卫队支付年轻学员的服装费用，并从1941年开始督导这些"种族的优秀分子"。最后，在国家政治教养院里几乎没有什么事情党卫队不参与了。希姆莱几乎完全实现了他对权势的要求，尽管国家政治教养院的目标并不是为党卫队培养后备人才。尽管如此，很多学生仍决定在希姆莱的黑衫队里寻求发展：国家政治教养院的毕业生应该认识到，他们不对任何道德原则负责，而只对元首的意志负责。他们应该成为意识形态的传道士、使者、信息传播者以及将人民和专政连接起来的黏合剂。1933年，鲁斯特部长向一位新任命的教养院领导发出忠告："您要把这些男孩子培养成纳粹分子！"

另外一类精英学校的学生也应该成为这样的人。1937年，组织部部长罗伯特·莱伊和青年团领导人巴尔杜尔·冯·席拉赫建立了阿道夫·希特勒学校。他们二人不信任那些他们无法施加影响的国家政治教养院。在阿道夫·希特勒学校里，一切都应该是另一种样式。它们在党的监督之下，培养政治领导人，它们是作为骑士团城堡的预备学校设立的，是培养未来独裁者的教育机构。每个大区都应有它自己的阿道夫·希特勒学校——这一点始终是个幻想，因为缺乏资金。当时没有人说是为精英开办的学校。说"精英"，指的就是"精选出来的人"，"持续不断地精选"——说的是一个过程，每个人在此过程中要不停地经受考验，不停地通过考验。最强者应这样被筛选出来。在这个刚刚开始的"千年帝国"里，罗伯特·莱伊明确地说，谁通过成绩证明在持续不断的精选中经受了考验，谁就将成为领导阶层："阿道夫·希特勒学校是挑选德国青年的政治教育机构。在这里完成培训的人会被打上政治烙印，成为纳粹主义的绝对斗士。他内心将充满对这一主义的信仰。对于全国人民来说，他必须是纳粹分子生活的榜样；对于所有动摇的人来说，他就是一个坚固的断头台。他是所有危害人民的人的敌人。孩子们不是这场运动的受益者，而是它的推销员，是已经在他们内心播种的思想的载体。"阿道夫·希特勒学校将是这种褐色干部的锻造车间，它预示着迅速的飞黄腾达。

因此，"党与国家里的每一条跑道"都应向"德国青年中的优秀分子"敞开，而据称，"德国青年中的优秀分子"都集中在这些学校里。然而，到被任命为被占领的东部偏远地区的大区长官或者行政最高长官，有一段又长又艰苦的路程要走：在阿道夫·希特勒学校学习五年，然后是兵役和青年义务劳动，经过再次挑选后作为"领导人的太子"进入设在阿尔高的松特霍芬、艾弗尔山的福格尔桑和波莫瑞的格略辛湖的骑士团城堡，在那里，这些领导候补人将作为"民族的持火炬者"再一次进行意识形态上的磨炼和其他训练。一切均已安排好了：第一年在福格尔桑进行"新制度的种族哲学"的培养，第二年在格略辛湖进行"性格培养"，第三年在松特霍芬的课程为"管理及军事任务和外交"。

　　1935 年，罗伯特·莱伊在松特霍芬骑士团城堡封顶的庆典上说："我们想知道，这些男人是否具有进行领导的决心，当主人的决心，一句话：进行统治的决心……我们想进行统治，我们乐于统治，不是为了当独裁者，不是崇拜暴君，而是因为我们坚信，总体来说只有一个人能够领导，而且只有一个人能够承担责任。权力只属于这一个人。因此，这些男人必须学习。比如学骑马，不是为了追求社会利益，而是为了体验绝对驾驭一个活着的生物的感觉。他必须能够驾驭这匹马，不用马刺，而用他的意志。"

对这些"年轻贵族"的培养由于战争的开始而中止了。本来紧接着三年骑士团城堡教育的是党校，后来党校就成了精英狂们的幻想。这个学校压根儿就没建起来。

完成且可以使用的就只有松特霍芬、福格尔桑和格略辛湖的三个骑士团城堡。一开始它们为阿道夫·希特勒学校提供膳宿，但这是一个权宜之计。因为按照罗伯特·莱伊的愿望，冠有希特勒名字的学校应该在"国家社会主义的建筑"里上课，新的教育场所不应在"旧日的建筑里"。骑士团城堡只是作为临时驻地，直到各个大区为阿道夫·希特勒学校建造的"新建筑"完工。建设地点已经选好了：滕普林湖畔的波茨坦（库尔马克区）、瓦尔德布勒尔（科隆—亚琛）、科布伦茨附近的阿斯特尔施泰因（科布伦茨—特里尔）、魏玛哥德公园（图林根）、蒂尔西特的宫殿（东普鲁士区）、黑瑟尔山（弗兰肯）、米滕瓦尔德（慕尼黑—上巴伐利亚）、兰施图尔的俾斯麦高地（西马克）以及魔鬼森林（梅克伦堡）。

国社党在为这些昂贵的"形象工程"寻找资金的同时，松特霍芬变成了全部阿道夫·希特勒学校的中心。来自 10 个学校的 1700 名学生拥挤在粗笨的建筑后边的大厅和房间里。"对于我们这些特别容易激动的小男孩来说，"约阿希姆·鲍曼回忆道，他当时是阿道夫·希特勒学校的学生，"在一路的长途跋涉中必须接受多年教育，并全力为那一天做好准备，就是死亡迫使元首不得不把看不见的君权交出手的那一天。那一天我们将受到召唤，去保卫他那千年帝国的梦想，并使之延续到下一个十年，再下一个十年。"

未来的领导们并不缺乏自信，他们自认为是"出类拔萃"的。在校期间他们就已经醉心于一个伟大的未来，他们相信自己可以塑造这个未来。"我们班的目标是：在西伯利亚当大区长官。"阿道夫·希特勒学校的学生克劳斯·高伊说。"我知道，"鲍曼同学说，"我们的情况就像是耶稣会修士那样：他们不问将被派往哪里。我也准备这样。"就好像在修士会里进行了宣誓，他们觉得他们体现了一个"新时代"。"这种感觉是：'我们是年轻的一代。我们是挑选出来的精英。'"阿道夫·希特勒学校的学生哈拉尔德·朔尔茨说，"我们是给欧洲带来革新的人，横扫一切的革新。"

这种狂妄是一天天地被助长起来的。"人们总是想捧我们，"松特霍芬阿道夫·希特勒学校的学生海因茨·吉伯勒尔回忆道，"说：你们是最优秀的人。你们是伟大的希望。"学校那庞大的建筑就已经让学生们感到，他们是被挑选出来的"精英"。在本斯贝格或者奥拉宁施泰因，那些辉煌的宫殿成为国家政治教养院的"府邸"。松特霍芬的骑士团城堡给新生们留下了极其深刻的印象。在那里，庞大的宫殿占据中心位置，阿尔高地区安谧的休养地上面的设施使其更像是一座设防的罗马式教堂。阿道夫·希特勒学校的学生格伦特曼对它的第一印象是"令人恐惧和压抑"。"但是第二天我就觉得这里就像是一个度假天堂。"其他的建筑，还有那包括一大片花园草坪、人称"美丽庭院"的地方，使很多人觉得这里像是一个度假村，一个舒适的、设备现代化的旅馆——至少外表上如此。阿道夫·希特勒学校的学生鲍曼今天谈到他在松特霍芬最初几天的情况时说："我觉得自己似乎是一个王子。"

这些"被精选出来的人"感到非常自豪。然而，没有一所纳粹精英学校能够像施塔恩贝格湖畔的费尔达芬国社党帝国学校那样，成功地使它的学生从感情上与自己结合在一起。在最后一节课已经过去半个多世纪的今天，当那些自称为"费尔达芬人"的当年的学生谈到"他们的学校"时，还会眉飞色舞。事实上，哪所学校也承担不起费尔达芬那样的设施和开销。"谁想引诱他人，谁就必须能提供引诱人的东西"的口号在这里完全适用。学生们在德国最美丽的草地上学习高尔夫球。他们在施塔恩贝格湖上划着奥林匹克运动会级别的新赛艇。25辆摩托车供运动使用。学生们的住处既体面又精致，40座豪华的别墅作为下榻之处，其中很多从前是犹太人的财产。小马丁·鲍曼是第三帝国中最有权势的人物之一的儿子，也是费尔达芬的学生，在谈到别墅时他说，1933年4月1日后，犹太人的店铺被查封，别墅的主人"或者将它们卖掉，因为他们看不到前途了，或者弃屋逃跑"。

据说未来的统治者们什么也不缺少。新的一代领导人让政权当局破费了不少钱。作为阿道夫·希特勒学校的学生，谁要是折断了滑雪板，立刻就可以得到一副新的。体育课上学习驾驶帆船、击剑、骑马、划船、滑翔，高年级还可以开汽车和摩托车——为这些未来领导人日后考取驾驶执照做准备。身上的制服也加强了他们属于一个"盟誓团体"的感觉。"通过所有外在标志我们发现，我们有点儿与众不同。"汉斯–格奥尔格·巴尔托罗迈回忆道，"像人们当时说的那样，提供了很多旅行和演习的机会。我们可以滑雪，可以滑翔飞行。我们去阿尔卑斯山，去海边。对于当时的一个男孩来说，这是十分不寻常的。党卫队帝国领导人海因里希·希姆莱、帝国教育部部长鲁斯特和其他人也来看望我们。有人关心我们，这一点我们当然感觉得到。"

为了约束学生，提醒他们谦虚，教养员们忙得要命。"精英们"可以情绪高昂，但不可以高傲。然而，一个小男孩刚 12 岁就成了"挑选出来的精英"，住在骑士团城堡和宫殿里，要保持脚踏实地对他来说就不那么容易了。约阿希姆·鲍曼回忆说，当一个同学说了很多人大概都想说的话时，他们差一点儿大声笑起来："那句话是说，如果北欧人种是最优秀的，北欧人种中德国人又是最优秀的，而我们又是德国人中最优秀的，那么我们就是全世界最优秀的人。"

早在第一节课之前，一些学生就已经幻想通过荒谬的"种族标准"来确认自己的身份地位。这种幻想在入学考试时就已经开始。只有满足了最重要的前提条件——属于"雅利安人种"——才能进入未来统治者的俱乐部。每个精英学生都必须证明自己是"纯种雅利安人"，而且要"世代健康"，才能进入最终的挑选范围。"对于我来说，这是一个很大的问题，"当时特别想成为阿道夫·希特勒学校学生的《时代周报》前出版者特奥·佐默尔说，"19 世纪上半叶，一些专门记载教区居民婚、丧、洗礼、命名等事宜的教区记事录遭遇焚毁，所以我的家谱中出现了空缺。不能一开始就被承认，这对我来说是一个打击。"人们从各个角度给特奥·佐默尔照相，然后照片被送往柏林，在那里经受"种族专家们"的检查。"几个月以后，传来了当时对我来说是救星一般的消息：你是雅利安人。你条件够了。"

约阿希姆·鲍曼没有这样的"忧虑"。大约1937年初，他生病在家，躺在床上，他母亲手里拿着报纸走进房间里。"儿子，你听听报纸上写着什么！元首建立了一所新学校，那里要求的条件你都符合：你的父母都是国社党党员，你学习好，你也在希特勒青年团里经受了考验，我的小旗手。一切都是免费的。喏，怎么样？"

鲍曼的父亲最初并不热衷于把儿子送进军校一类的地方。而母亲却希望她儿子能因此有些出息，不是上国民小学，然后找个地方学门手艺，而是将来能获得最好的机遇。那儿不花钱，而且还是一种"荣誉"，鲍曼今天相信，母亲当时这样把父亲说服了。最后父亲让步了，因为儿子约阿希姆·鲍曼也一心想当阿道夫·希特勒学校的学生，想与这个名字产生关系。在松特霍芬的骑士团城堡里，他很快就觉得希特勒像一个"救世主"。

鲍曼满足了一切前提条件。他的家谱上没有缺陷，父母是"政治上可靠"的，而且他经受过少年队和希特勒青年团的考验，于是当地党的领导推荐他当阿道夫·希特勒学校的学生。这是唯一一条进入这所"精英学校"的途径。不能自己去报名，阿道夫·希特勒学校的学生是由"党的权威人士""召唤"的，但是每个人都必须在"选拔营地"里经受考验。鲍曼参加了希特勒青年团马林堡—斯图姆152分支的课程，60个男孩中有10人进入了马林韦尔德地区选拔的学习班。鲍曼通过了这一关。现在轮到检验他的"领导人气质"，他的"统治他人的本能"，他的"坚强、不屈服和诚实"了。就是说，在"选拔营地"里，要进行14天的训练，包括野外侦察、器械体操、夜间警报、夜行军、勇气考验，也有计算、阅读和写作。在拳击台上要决出"胜负"，巴尔杜尔·冯·席拉赫是这样要求的。阿道夫·希特勒学校的一个学生在关于选拔课程的文章中写道："最好玩的是夜里进行的野外侦察演练。我们在森林里冲向敌人的防御工事，大家必须保持警惕，免得敌人从后边发起进攻。我们也必须肉搏。然后我们追剿游击队。我们是进攻者。"

野外侦察演练和体育跟学业一样重要。身体的力量似乎比阅读和写作更重要。另一个申请在阿道夫·希特勒学校学习的人——哈拉尔德 – 格伦特曼的经历是这样的："负重行军和进行野外侦察演练时，体力是最重要的。学习期间我的大脑从来没有超负荷过，但是体力上有点儿。"

这一切背后都有方法。"谁想活下去，"希特勒宣传道，"谁就得坚持住；谁坚持不了，谁就活不下去，就会死去。地球的存在不是为了那些胆小的人，不是为了那些懒惰的人，不是为了那些软弱的人，而是为了那些占有它的人。地球是一个流动奖杯，它总是被颁发给那些受之无愧的民族，那些民族在生存的斗争中证明了，他们强大得足以保障自己的生存基础。"希特勒学校的学生应证明自己是这样的民族，而且他们应该成为信念的传递者——希特勒的继承人。也正因为如此，约阿希姆·鲍曼要经受考验，证明自己是一个勇敢的人。

他走上拳击台。当他看见对手时，他就明白了：此后几分钟里，重要的不是经受考验，而是他必须活下来。他的对手比他高，比他重，还比他有力气，看起来像是三个回合永远结束不了。他一拳接着一拳地挨打。这时东普鲁士的大区长官埃里希·科赫来到大厅。比赛中断了，希特勒青年团的一个领导人向科赫报告。然后更多的打击劈里啪啦地朝约阿希姆·鲍曼袭来。第三个回合结束，注定失败了。鲍曼摘下左手的手套。大拇指全被血染红了，但不是拳击引起的。三个星期前，他制作飞机模型时把大拇指捅到了圆锯底下，此时，那个伤口又裂开了。科赫看着那个大拇指，认为他面前站着的是男孩子当中特别勇敢、不怕疼的一个。他指示他的副官："就是他！"毫无抱怨地把这样的伤口藏起来的人，大概就是正确的人选。约阿希姆·鲍曼成了阿道夫·希特勒学校的学生。他觉得这一切就像是一场骑士晋封仪式。

仅仅是通过这场选拔就使他觉得非常骄傲。他成功了，比同龄人好，属于优秀分子。"我非常骄傲，"海因茨·吉伯勒尔回忆他被阿道夫·希特勒学校录取时说，"这个事情可以拿来向同学炫耀。我的父母也很高兴。我幸福得不得了。"优越感在学生们的心头油然而生。几支歌曲使得他们更加欢欣鼓舞："我们为以元首的名字命名而自豪，做他最优秀的学生是我们的目标。不要问我们来自哪里，只有好汉聚集在一起。我们不要半心半意，我们唱歌前进，步伐协调统一。"

随着松特霍芬骑士团城堡里每周课程的进展，约阿希姆·鲍曼的前途越来越具体："我们将要成为德国未来的政治领导人。我们应是全民族的榜样和教育者，但同时我们也要帮助那些不那么愿意参与的人，我们要好好地劝说他们。"原则上说是可以自由选择职业的，可是鲍曼知道，作为阿道夫·希特勒学校的学生，党对他的期望是什么。他的很多同学想当军官，而鲍曼相反，他想成为一名政治领导人。今天他只能对此感到奇怪。

当时很多男孩子梦想这样飞黄腾达的生涯，有些父母更是如此。等孩子读完国民小学三或四年级，父母就可以为他们报名，参加国家政治教养院的入学考试，但是他们在这里是要付学费的——按照收入不同分别付10至120马克。而上其他重点寄宿学校是不花钱的。

其他孩子能进入国家政治教养院，则是因为在国民学校里教师已经对他们进行过观察，认为他们是"合格的"人选。国家政治教养院制定了非常严格的选拔标准。在波茨坦，教养员弗利茨·克洛伯提出以下原则："有身体缺陷的（心脏缺陷、眼睛缺陷）、有遗传疾病的、体弱多病的儿童是完全不适合的。"拒绝一个"有这样的缺陷但又很能干、种族方面无可挑剔的小男孩，虽然私下会觉得遗憾惋惜，但是不允许从人性感情的角度施以同情。健康人的公共利益不允许我们以任何形式照顾有病的人或者其他弱者"。戴眼镜就足以被一所国家政治教养院拒绝。关系不总是有帮助的。有些来自纳粹权贵家族的孩子也栽在了录取的门槛上。在本斯贝格，帝国组织部领导人莱伊的一个侄子以及当地一个希特勒青年团地区领导人的儿子就因为"身体和精神缺陷"而遭到拒绝。

谁通过了这一关，即在体育上超过了平均水平，经受了绝对必要的勇气考验，通过了8天的见习，谁就是鲁斯特部长称之为"国家社会主义教育模范点"的年轻成员。当这些新生作为优秀学生开始他们的生活时，他们才刚刚10岁。他们被迫离开了熟悉的环境，远离父母和朋友，毫无抵抗能力地听从国家政治教养院绝对权力的要求——他们成了制度的战利品。教养院将成为他们的新家。"在国家政治教养院里，"本斯贝格国家政治教养院的录取条件中这样写着，"学员们每分钟都要服役，每分钟都要穿着制服，长达9年。只有那些对国家社会主义如此热情，以至于愿意放弃中学生的生活方式和欢乐并愿意过一种崭新生活的男孩才能被录取。"

新生活与兵营里的生活一样。"我从家来到了一个士兵集体。"汉斯－格奥尔格·巴尔托罗迈谈到他在瑙姆堡国家政治教养院头几天的生活时说。这使许多新来的孩子感到震惊：一切都是陌生的，人与人之间的关系是冷冰冰的，柜子叫橱柜，班叫排，新衣服是一套制服；只有放假的时候他们才可以回家，去看他们的父母；从第一天起一切都用命令的口吻，步调一致。每个人都必须理解这一训诫："你是微不足道的，你的人民才是一切。"

当时普伦国家政治教养院的学生罗尔夫·迪尔克斯说："个人已经不再起作用了，起作用的只有步调一致的集体。一切都是严格规定下来的，不可能有任何改变。""从早到晚步调一致，"汉斯－格奥尔格·巴尔托罗迈说，"被叫醒以后便到院子里集合，然后是晨练。早饭后我们回到寝室，然后又集合，然后再齐步前进去上课。"每天早上都要查铺，尿床的人可就倒霉了！同时还要检查盥洗，看他们的脖子和脸是否洗干净了。谁要是"引人注目"了，谁就要做好"受处罚"的准备："被点名"，罚操练。"我们首先要学习的是服从，心里想的是：只有学会了服从才能命令他人。"乌韦·兰普雷希特说，他从前是普伦国家政治教养院的学生。

此外还有寝室检查、服装检查、全套检查、立正和升降旗，并且每天中午都要发布一个全体必须服从的新训令。"活得最有价值的人最不怕死。""要活，就要斗争；不想在这个充满斗争的世界上战斗，就活得没有价值。""如果我们不是为了元首、为了民族而活着，那我们活着就毫无意义。"甚至把歌德的作品也搬出来当作"誓词"："让我们勇敢地站起来，接受教训，奋发图强，成就一番伟大的事业。"然后鼓声震天响。学生们立正站在那里，不时地吟诵令人作呕的赞美诗："神圣的祖国处于危险之中。在陌生人抢走你的王冠之前，德国啊，我们要肩并肩地战死疆场。"

很快每个人都坚信：谁要是蔑视或者破坏了规则和规定，谁就是异类。"人们为了逃避惩罚而不想落后，"格尔特－埃克哈德·洛伦茨回忆说，当时他是波茨坦国家政治教养院的学生，"另一方面又出现了一种以强凌弱的现象：谁要是经常落后，那他就是'笨蛋''饭桶''废物'，落后者的名字会在饭前点名时被公布出来。"不服从的人就要遭到公开的谴责。谁要不是"战友"，那日子可就不好过了，他就要受到排斥。"这就是说，"彼得·措伦科普夫解释说，他从前是吕根岛普特布斯国家政治教养院的学生，"班上同学会有一段时间不跟他说话，完全不理睬他，这足以作为惩罚。如果违规行为有点儿太过头了，那么惩罚也要升一级，那他就要夜里挨揍了。夜里会掀开他的被窝，把鞋油涂在他的屁股上。"谁要是不愿意接受教训，那就打他——他们把这叫作"班打"或者"轮揍"。伊尔费尔德国家政治教养院的学生哈里·博尔特说："教育要求一定的身体上和精神上的粗暴，一些品质很好但很敏感的男孩往往对付不了这种粗暴。那些个人主义者和比较敏感的人，我们常常是不能容忍的。不合标准的人会被揍到合乎标准。"

"在这个学校里，"报纸上一篇关于普伦国家政治教养院的报道中说，"国家社会主义的生活应是最高基本法则。这里对一切与国家社会主义背道而驰的势力绝不宽容。"

除了教师，那些按照"自己教育自己"的原则轮流掌握指挥权的学生也可以决定，青年团体内部谁属于上边提到的那些"势力"。在国家政治教养院里，每个"班"都由一名"男成员"统率，当然这个"男成员"必须证明他具有这样的领导能力。在阿道夫·希特勒学校里，12岁的孩子就要作为值勤少年队队员对工作期间的全部事项负责：准时起床，集合去上课吃饭，保持内务整洁以及指甲卫生。"他就这样学习发布命令，获得强烈的自信心，这种自信心对于实现个人意志是十分必要的。"纳粹通讯社的一位教育工作者激动地说，"然后下几周将有另外一个少年队队员接替他的职位——于是他又学习服从。每个人都要学习当领导，每个人都要学会服从。通过这种方式，新吸收进来的一群少年队队员就逐渐变成了一个团队。"当时的阿道夫·希特勒学校的学生海因茨·吉伯勒尔认为，有关"自己教育自己"的回忆是不太令人愉快的。"这样做的结果无异于在男孩子当中实行武力强权。最先受此伤害的是较弱的和年龄较小的孩子。"年长两三岁的班长享有全权，他们对其他学生实行绝对全面的监督。他们要调停无休止的争吵时，可以实行惩罚，下令打人。他们有权让他们的同伴过着地狱般的生活。"这种教育是强硬的，凭借暴力的，毫无民主的。"汉斯-格奥尔格·巴尔托罗迈说。

希特勒寄宿学校里的"集体教育"是凶残的，毫无同情心可言。刚进校的人首先被教师和高年级的学生"安排"进"级"——不服从的人就挨打。对很多学生来说，在等级底层的头几个月是最艰难的日子。但只要一有新来的，"你就不是那个倒数第一名，而是倒数第二名的臭东西了"，很多当时的国家政治教养院的学生都是这么回忆的。每个人都得咬紧牙，克服难关。只有那些被称为弱者的人放弃了。被迫咬紧牙关，被迫坚守在一个青年组织里，对他们战后的生活产生了很大的影响。在纳粹精英学校读过书并在民主政体中有了些许成就的人的名单很长：银行家阿尔费雷德·赫尔豪森（费尔达芬国社党帝国学校）、《图片报》的社论撰写者迈因哈德·格拉夫–奈豪斯（施潘道国家政治教养院）、演员哈尔迪·克吕格尔（阿道夫·希特勒学校）、埃里希·昂纳克[1]的接班人维尔讷·兰贝茨（阿道夫·希特勒学校）、维利·勃兰特总理的前大使和发言人吕迪格尔·冯·韦希马尔（施潘道国家政治教养院）、奥地利司法部前部长哈拉尔德·奥夫讷（特赖斯基兴国家政治教养院）、政论家赫尔穆特·卡拉塞特（上西里西亚安纳贝尔格国家政治教养院）、画家和版画家霍尔斯特·扬森（哈泽吕讷国家政治教养院）以及《时代周报》前出版者特奥·佐默尔（阿道夫·希特勒学校）。他们都学会了冷酷无情，对自己，

---

[1] 昂纳克曾任德意志民主共和国国务委员会主席和德国统一社会党中央委员会总书记。

必要时也对自己的同伴。

海因茨·吉伯勒尔回首往事时说："有一次，命令我们实施惩罚。其中一个学生，一个比较软弱的学生，他犯了错，其实就是动了别人的东西这样一个无关紧要的错。命令我们，至少是"暗示"我们揍他一顿，作为惩罚。然后我们就打了他，甚至今天我还能看见他后背上的一道道红色的伤痕，因为我们是用皮带打的他。"

惩罚有时直接由来自希特勒青年团、冲锋队或者党卫队的教养员执行，他们才是这里真正的统治者。他们跟学生穿一样的制服，从而，如哈里·博尔特所说，"表明这里有意识地远离社会上高级文科中学的那种师生关系。年少的和年长的生活在一起，教养员与学员之间是伙伴关系"。1940 年，波茨坦国家政治教养院的领导人公布的方针政策写道："教养员和学员构成一种紧密的、盟誓的伙伴关系，教育和规章制度贯穿其中，学员在权威的原则下生活，并出色地完成布置的任务。"

教养员大多 30 岁以下，他们无处不在。他们睡在集体的大寝室里，他们上课，他们检查家庭作业，他们发布命令，演习的时候、野营的时候、点名的时候都在，还不分早中晚。党卫队头目奥古斯特·海斯迈耶尔在 1936 年之后是国家政治教养院总监，他要求教养员必须"狂热、忘我地投入这个事业"。"国家政治教养院的教养员只能是品质高尚，性格、精神及身体也同样优越的人。"

绝对有这样的教养员。从前精英学校的学生今天还友好地对一些教养员怀着感激的心情。奥拉宁施泰因国家政治教养院的汉斯－京特·策姆波林说："就是今天我也认为我们的老师在平均水平以上，其中一些人的专业水准很高。他们全都热心教育事业，大多数能够激发学生的学习热情。他们全部是国社党的追随者，有些人是虔诚的追随者，很多人是坚定的理想主义者。狂热的信徒是例外。"然而他们对于教育、规章制度和纪律这些基本的方面十分重视。每个教养院都有令学生害怕的教官，因为他们滥用权力进行毫无意义的训练，其信条是"凡是使人变得冷酷无情的就应该受到赞扬"，并把这一点当作可以肆无忌惮地进行刁难的凭据。他们尝试各种不同的方法，让未来的领导人不仅遵守纪律，而且还感到自卑，让他们看到自己的软弱无能。制伏他们，然后才能重新创造一个人，一个同样努力遵守毫无意义的命令的人。

"假面舞会"或者"化装舞会"是国家政治教养院和阿道夫·希特勒学校的教养员们最喜欢的刁难学员的方法之一。从用词的选择就可以看出这是一种多么卑鄙的游戏。学员们必须不停地在越来越短的时间内穿上不同的制服或者任意搭配起来的服装。"从简单的开始。"

汉斯·明歇贝格在他的自传体小说《凡是使人变得冷酷无情的就应该受到赞扬》中描写道。这本小说是建立在事实的基础上的。"5分钟之内穿好外出制服，包括大衣，并戴好船形军帽！""4分钟之内穿好军服，背好背囊！""3分钟之内穿好运动衣！"

紧接着是"有趣"的花样："4分钟之内穿好滑雪裤、夏天的衬衫和运动鞋！""3分钟之内穿好冬天的衬衫、短裤和系带鞋！""4分钟之内穿好军服、游泳裤和低帮鞋，披上帐篷帆布，左手拿着牙刷！"

在寝室门口站着一个手里拿着秒表的教养员，他将宣布过去了多少时间。跟不上的人会被记下名字，作为"要注意的人"。当明歇贝格班上所有的人都成了"要注意人"时，教养员就宣布"禁止外出"，进行橱柜检查。一场这样的"假面舞会"之后，寝室里变得一片混乱就不足为怪了。自由时间没了，代替它的是：擦洗和缝补，同时还有靴子和鞋子检查，以及卫生间检查。

第二天早晨又是寝室检查。教养员埃肯布莱歇尔从容不迫地到处寻找并且找到了继续惩罚所需要的理由。"怎么，你们还不……"他大声喊叫道，"那好吧，饭后穿冬装点名——而且是全体！"汉斯·明歇贝格说："那是1940年一个炎热的夏日。我们必须把所有的课本放进背囊里，然后穿着行军制服出操！"埃肯布莱歇尔要求步伐一致，横排要齐整，间距不能差分毫，还要唱歌："我们常常行进在狭窄的丛林小路上……"

教养员埃肯布莱歇尔还不满意，他说歌声听上去就像乌鸦叫似的。"一群蠢猪，长距离跑！"像汉斯·明歇贝格这样年纪小一些的，他们背着装得满满的背囊跟不上队。"先生们可真不慌不忙啊，"埃肯布莱歇尔嘲讽着说，然后他接二连三地命令道，"脱帽！——护耳放下！——戴帽！——背包放下！——背包抱在前边！——屈膝！——跳！——跳！——跳！"

已经筋疲力尽的明歇贝格脚下一绊，摔倒了。"我没说让你躺下！起来，接着跳！"

明歇贝格一点儿力气也没有了。"立正，你这个懦夫！开始！背包放在前面！"

明歇贝格设法把装着书的背包举起来。但他不行了。"我几乎出不来气了。热气就好像一个密封的罩子把我罩住了。"

埃肯布莱歇尔还是不放手。"什么？你想拒绝命令？"

明歇贝格的身子直摇晃。

埃肯布莱歇尔大声吼叫道："像你这样的脓包把全队都给败坏了！你给我滚！"

明歇贝格朝前倒在了被太阳晒得滚烫的炉渣地上。

几乎每个精英学校的学生都经历过这种军事操演和

训练，经历过教养员在他们身上发泄怒气的事情。"有一次，"汉斯－京特·策姆泼林回忆说，他当时在奥拉宁施泰因国家政治教养院，"一个教养员站在体育场上，故意小声吹口哨。第一声哨响的时候，我们必须飞快地跑上一个小山坡，然后站在那儿不动。然后他再吹口哨，我们必须再跑回来。他让我们这么来回跑十次。要是他大声喊的话，也许还没这么糟糕，可卑鄙的是，他吹口哨的声音特别小，我们必须竖起耳朵使劲儿地听，才能听见他的命令。这太坏了。"

然而这种利用职权故意刁难人的做法，也使年轻人联合起来了，引起了他们的对抗。他们联合起来反对"折磨人的教官"，感觉到他们是"盟誓的集体"。格尔特－埃克哈德·洛伦茨当时在波茨坦国家政治教养院，他回忆起一次在业余时间对他们进行的惩罚性操练时说："开始的时候，一切进行得跟平时一样。行军练习，然后是那臭名远扬的命令：'上跑道——前进，前进！卧倒——起来——卧倒——慢慢向前！'紧接着是把背囊抱在前边，走'鸭子步'。前边的人倒下了，慢慢地又站了起来。当我们再排成纵队继续向前进的时候，命令来了：'戴上防毒面具！'镜片上立刻蒙上了一层雾气。然后：'唱歌！'我们就唱歌。但我们唱的不是进行曲，而是那支古老的小曲儿：'我们喝，我们喝，我们离喝得酩酊大醉还早着呢！'我们把这一段重复了三遍以后，命令来了：'别唱了！摘下防毒面具！全体立定！向左转！'我们像一堵墙似的站在那儿，倔强地微笑着。教养员让我们解散了。操练突然结束了。我们故意激怒了他，我们胜利了。这件事本身对我们来说很有吸引力。"

这些学校的理念是成功的：要求越是严厉，越会让人觉得自己与众不同。应该让学生达到他们能力的极限。他们应该学习克服畏惧，所以考验胆量也就成了学校每日生活必不可少的一部分，以唤起对"危险且艰苦的生活的兴趣"。例如，在松特霍芬骑士团城堡的阿道夫·希特勒学校的学生们，必须从他们宿舍楼最高的阳台上越过栏杆往下跳——学生们并不知道下边会有一个帆布兜接着他们。国家政治教养院里也一样。"我们得到命令：跳！"普伦国家政治教养院的乌韦·兰普雷希特说，"这里有两个问题：第一，我要有胆量朝这个深邃莫测的地方跳下去；第二，我要信任下命令的人，相信他不会让我往死里跳，如果不是非死不可的话。假如以后我当了兵，他不得不让我去死是很可能的，但是现在我应该有勇气完成这个命令，我应该信任发布命令的人，他不会发布错误的命令。"

所有学校里的"精英们"都必须遵照命令，以证明他们的勇气。那些不会游泳的人必须从露天游泳池的3米跳台上背朝后跳进水里，并且等从水里上来再沉下去两次，才会被从水里拉出来。哈尔迪·克吕格尔是松特霍芬阿道夫·希特勒学校的学生，他描述了他必须跟其他同学一起在一个结了厚厚的冰的湖面上凿两个洞的情况。两个洞距离10米。然后他们还得一个接一个地钻进一个冰窟窿里，然后游到另一个洞口。

"目的是学习克服内心的胆怯，"特奥·佐默尔说，"我们必须从游泳池的10米跳台上往下跳，带着全副装备，包括背囊和钢盔。"钢盔用一根皮带紧紧地系在下巴上。"当人们掉在水面上的时候，就觉得头几乎要撕裂了似的。"在入学考试时就有勇气考验。谁拒绝勇气考验，就会被拒收，或者被从学校清退。"如果有人表现出软弱，"波茨坦国家政治教养院的汉斯·明歇贝格总结说，"那他就是懦夫，是意志薄弱的人，是胆小鬼，是全班或者全队的耻辱。表现出男子气概，不能显示出女人的软弱，能够承受痛苦，这就是对我们的最高要求。"

因为坚强是最高的要求，因此在普伦举行的游泳比赛是在4℃的冷水里进行的；还有要穿过冰和雪的越野赛跑，跑的时候不穿鞋，裸露着上身。每个人都必须想尽办法跟上队。"放弃就是耻辱。"特奥·佐默尔说。"身体的承受能力已经到了极限，"克劳斯·高伊回顾他在阿道夫·希特勒学校的日子时说，"我们打拳击时，常常是把高年级的男孩子叫来，把我们狠狠地揍一顿。"

学生就是这样在体育课上学习如何超越自己的。他们会累到完全筋疲力尽，累到理智丧失，累到对死亡的恐惧消失，从而与纳粹政治制度所代表的一切完全融为一体。"我们必须累到那一刻，然后从那一刻起，如果必要的话，我们就把生命交给人民和元首。"乌韦·兰普雷希特说。谁克服了自己，他们说，就是超越了自己。在体育课上受到锻炼的青年最终要实现希特勒的侵略目的。纪念国家政治教养院成立10周年的文章宣布："在以国家社会主义思想为指导的学校里，它的最基本的教育手段之一是锻炼身体……其次才是哪个学生首先获得胜利。但是，重要的而且关键的是胜过他人……当两个年轻人勇敢地在拳击台上搏斗时，取得成就后的喜悦将充满他们的心头。"阿道夫·希特勒学校的教学计划规定："体育课的目的是要表现个人与集体的强大意志力，是进行战斗的声明。它是活生生的世界观。"这在阿道夫·希特勒学校的现实生活中是什么意思呢？一个教养员在他的《阿尔高登山记》中做了总结。他写道，这样的登山活动"要求投入全副精力、最坚强的友谊以及最大的勇气。我们在这里不时地有意挑战危险，以便他们清楚地看到自己，从中认识他们自己。在一次有意不带足食物的长距离滑雪中，那些'软弱的人'会被淘汰掉，正是在这一点上我特别地高兴，因为没有一个年轻人垮掉，或者哪怕是做出一副愤怒的表情。在战胜'内心的胆怯'这一点上，我看到了对于最高度投入来说必不可少的牺牲精神和牺牲意志的光辉典范"。

最高度投入，这里指的是战争，甚至连滑雪都是为此做准备。巴尔杜尔·冯·席拉赫说过，阿道夫·希特勒学校"本来就跟传统意义上的学校没有关系了"，他的话是对的。正如他所说的，学生应该学习"相信不可能的事情"，应该学习在战争中有用的东西，通过野外侦察游戏和演习的方式。

在像国家政治教养院这样的精英学校的教学计划中，每年都有好几周野外实习和演习。学生们排着队出发，在帐篷里宿营，玩打仗游戏。他们还投掷木棒，以后打仗时就该是手榴弹了。他们学习伪装自己，"充分利用"野外环境，看地图，用指南针辨别方向，发布命令以及执行命令。他们必须为"受伤的人"进行急救，就像以后在前线可能出现的情况那样。他们必须学会攻占本领并"杀死"他们的敌人。每个成员都在胳膊上绑着一个羊毛线做的小"生命带"，它要是被拽了下来，绑这个带子的人就算死了。

春季演习由每个单位自行负责。夏季演习则需要所有国家政治教养院的学员集中到一个"战争演练场"，然后模拟"紧急情况"，规模很大，地点在吕讷堡荒原，在波罗的海的达尔斯，或者在克恩滕的法克尔湖。各个院校乘专列抵达，分成红队和蓝队，面对面地行进。像真的打仗一样，侦察部队和摩托化先遣小分队要侦察地形。当红队和蓝队面对面地行进时，"摩托化巡逻队"原地待命。每次演习的高潮是"决战"。"像腓特烈大帝时期那样，两军排成宽阵容，面对面行进，前边是旗手和冲锋号手，还有军乐队，"汉斯-格奥尔格·巴尔托罗迈描述当时的情景时说，"德国新闻影片的摄影机已经架好了，海因里希、希姆莱或者教育部部长鲁斯特被安排好了位置，还有他们的一套班子。然后大规模的打斗开始了。重要的是，把蓝的或者红的毛线从尽可能多的'敌人'的手腕上拽下来。然后我们就骄傲地把小带子穿在军服的扣眼儿里。"在战争中，毛线就变成了铁十字勋章。1938年，一个国家政治教养院的院长就国防军和演习的题目写道："但愿军队会更容易地将这些已经准备好的青年人培养成为优秀的士兵。"

这种战争只不过是一场游戏，"死人"又站了起来。男成员们还没有真正的武器，只有"名誉武器"，一把短剑，上边刻着所有"国家政治教养院人"的训律："男儿当自强"——永远告诫人们，每天都要经受新考验。在每个国家政治教养院里，向第 6 排的学生授予"荣誉短剑"的时刻会变成假装神圣的仪式。庄严的仪式是每个学员生活中的高潮。从此以后他有权佩带武器，作为"荣誉的象征"。现在他可以算作善战的人了。他可以用他"侧面的枪"，也就是那把短剑，来保卫自己的"荣誉"了。

"只有死亡和背信弃义才能免除你们的义务。"普伦国家政治教养院院长在学员们上路时叮嘱他们，"保持你们的身体和灵魂的纯洁与坚强，使其就像你们的荣誉武器——这把钢做的剑一样。"然后学员们要发誓至死忠于他们的友谊："如果我们两个当中有一个人阵亡了，另外那个人就要代表两个人继续战斗。"

那把短剑就像一个祭器，会令人始终不忘为一个主观想象的"神圣事业"而斗争。"早在日耳曼人那里就有武器授予仪式，在骑士那里有骑士晋封仪式，"1941 年，一个 14 岁的国家政治教养院学生在校刊上这样写道，"在这些仪式上，小家伙们把所有孩童的东西放在一边，手里得到一把剑，然后跟年长的人一起为他们的人民而斗争，保持他们的荣誉的纯洁。"对短剑的狂热崇拜竟到了这个地步，只有清洁它的时候才可以抽出来。乌韦·兰普雷希特说，对普伦的学员们的教导是："当敌人向我们进攻时，只有武器沾上了鲜血——我们必须抵御的敌人的鲜血——才能再插进剑鞘。""当我们得到这把短剑的时候，我们非常自豪。"汉斯－京特·策姆泼林今天说，"这就像是未开化民族那里的成年仪式，但是影响很大。"

国家政治教养院的领导们在授予短剑时的欺骗性言语也产生了影响。"其他国家政治教养院的几千名学员已经在你们之前接受了这个武器，并光荣地将它佩带，"院长曼尼希在1944年11月9日告诫瑙姆堡的学员时说，"他们当中已经有几百位老战士忠于誓言，为元首为人民阵亡了。只有死亡才能从你们手里将这个武器夺走。"

在国家政治教养院的最初几年里，过度夸大诸如荣誉、忠诚和死亡的概念已经使人做出了牺牲。普伦有一个学员，他觉得受到了集体的排挤，有一天晚上，他带着他那把荣誉短剑走进了城堡公园。他是一个"很有天赋的个人主义者"，他的同学罗尔夫·迪尔克斯这样形容他，"在城堡公园里，他把短剑刺进了心脏"。

必须经受战斗集体的考验，决不能有软弱的表现，还要遵守纪律，这样的压力对有些人来说太大了。想家，害怕教养员，害怕也许抵抗力更强、更能忍受或者更能打人的室友的持续不断的竞争，这一切导致某些人心理和身体的承受能力达到了极限。尽管如此，也只有极少数人想放弃，请求父母把自己从学校接回去。坚信自己属于最优秀的学生，为自己被选中而感到骄傲，这些让他们坚持了下来。"你必须经得住考验！"这是对精英学校学生的要求。汉斯－京特·策姆泼林当时是奥拉宁施泰因国家政治教养院的学员，有时夜里他筋疲力尽地问自己："我的上帝，人们必须总是站得笔直，总得听从命令吗？"总是同样的回答："是的，你必须这么做，这是你对军事训练、元首和人民的义务。"

克劳斯·高伊在位于松特霍芬骑士团城堡的阿道夫·希特勒学校待了几个月，他也对自己提出了同样的问题，得出的答案却不一样。他催促他的父母把他从骑士团城堡里解放出来，以免受这种严格的训练，不再挨打。高伊的父母被他说服了。他们的儿子被放了出来——带着一个全面否定的评语，连他的父母也一同遭到了批评。他们"通过孩子的抱怨便同情地认为他受了苦，这样导致孩子的厌学情绪更大了"，东普鲁士阿道夫·希特勒学校的校长，青年团领导人路德维希·马克萨姆写道。关于克劳斯·高伊的评价是这样的：他虽然"很有天分，思想上完全符合要求"，然而他"放弃"了，原因在于"他性格的问题"。他是一个"对生活有特殊要求的个人主义者"，把集体教育看作"对他个人自由的无法忍受的约束"。使他感到困难的还有，"他这个人太敏感，把与上级交往过程中的一些小事看得过于严重。无论如何也要离开阿道夫·希特勒学校这一想法的压力导致他心理处于紧张状态，按照城堡医生的说法，这种状态正是身心相互影响的结果"。评语的结尾是："他的离开对于学校和未来的领导集体均非损失。"

克劳斯·高伊又去上了一个"普通"的学校，结果发现他在知识上与其他学生有差距。问题在教员身上吗？阿道夫·希特勒学校的教员平均年龄 27 岁，哈拉尔德·格伦特曼谈到从前希特勒青年团的头头们时说："他们虽然是好伙伴，有最好的意愿，但是没有足够的知识。"在国家政治教养院的最初几年里，很多老师的水平绝对没有问题，但是随着越来越多的老师被召入伍，教师的质量便下降了。所有精英学校的教学计划都与一所优秀中学的教学计划相当，但每个精英学校的规划却不相同。国家政治教养院的初衷还是对学生进行全面培养，但阿道夫·希特勒学校首先是党的教育场所，世界观教育多于知识的传授。希特勒的话早就指出了方向："不是我们的教授和学者，也不是思想家和诗人将我们的人民从万丈深渊中拽了回来，而是我们党政治上的勇武精神。"天才本身在政治生活中是没有价值的，"如果他们不具备刚强的性格。在政治领导人身上，刚强的性格比所谓的天赋更重要，勇敢比智慧或者明智更重要。关键是：我们要建立一个男人的组织，一些始终不渝地、坚忍不拔地、如果必要的话也冷酷无情地代表着民族利益的男人"。

这样的话对希特勒学校的课堂教学不是没有影响的。在诸如"民俗学"的一些课上，教授的是"什么证明我们世界观的正确性"，同样讲授这类内容的课程还有"古希腊罗马时期及其文化、历史、地理、种族学、德语、文化史、经济社会学、哲学等等"。美国记者史密斯写过关于阿道夫·希特勒学校的文章，此外他也于1941年从纳粹德国为哥伦比亚广播公司和《纽约时报》做过报道。他在文章中写道："除了读写算以及被篡改了的德国历史，还教给年轻人煤矿是怎样运作的，怎样建筑桥梁；此外，还对他们提出了身体上的要求，这些要求使斯巴达青年的训练相形见绌了。"史密斯得出结论，教育"基本上是洗脑。给年轻人灌输的是德国人优越于其他所有的民族。对他们进行严格的种族思想教育。他们学习的是，憎恨作为宗教信仰和价值体系的基督教，相信元首的非凡力量。他们作为技术熟练、身体健壮、正派而又聪明伶俐的学生离开阿道夫·希特勒学校，但是，与猩猩相比，他们对于道德价值的理解只多了一点点……他们一心向往的最高目标就是：英勇地战死疆场"。

"培训当然特别注意我们的思想意识教育，"汉斯-格奥尔格·巴尔托罗迈承认道，"我们不仅身体上要符合元首的要求：德国青年应该'敏捷，坚忍，像克虏伯的钢铁一样坚强'，我们内心也应该成为'完人'，成为元首思想的恭顺的追随者。于是除了通常的课程外，每周还有两节政治课，课上我们学习《我的奋斗》和阿尔弗雷德·罗森堡的《二十世纪的传奇》。"世界观教育在课程表上另有安排。诸如"德国国家社会主义工人党""看世界"或者"国家政治"一类的课程主要涉及的是思想意识问题、希特勒夺取政权之路以及仇恨"另一种人"和"劣等人"的教育。每个精英学校的历史课最重要的题目之一是《凡尔赛和约》。"一再让我们回忆起这个耻辱的和约，其意义就是，提醒我们无论如何，必须收回1918至1919年失去的地方，关心这个问题也是我们的义务。"罗尔夫·迪尔克斯回忆道，他当时在普伦国家政治教养院。每天，罗尔夫·迪尔克斯都能在教养院里看见这个"耻辱"。在教养院的骑士大厅里，在"黑窗"，也叫"凡尔赛壁龛"那儿，一个铺衬着黑丝绒的底座上放着《凡尔赛和约》的文本——被一把短剑刺穿，上边锁着沉重的链条。1933年6月28日是普伦国家政治教养院的落成典礼，也是《凡尔赛和约》签定的周年纪念日，普伦国家政治教养院院长在典礼上提醒大家："年轻的战友们！我们的性命关系到德国的命运。耻辱的专政带来的后果每天在我们眼前。我们在所有的地区受到压迫。德国不是自由的。你们要片刻不停，直到和约被废除，德国一定要自由，即使我们不得不为此献出生命。"

没有哪门课程像历史课这样适合做渗透工作了。特奥·佐默尔回忆在松特霍芬的生活时说："课上教育我们，有些皇帝眼睛朝南看得太多了，朝东看得太少。在历史课上给我们讲解对东方的开拓，这某种程度上可以说是在向全体德国人传递信息。"德语课也要充当进行各种各样煽动的角色，学生要写的作文题目就表明了这一点："独裁和暴君统治着德国！""德国武装起来，做好战争的准备！""德国文化正在受到践踏！""您怎么回应外国的这些煽动口号？"这样就使得教师有可能检查学生们对路线的忠实程度。在纳粹党的精英学校里教授世界观，同时也检查世界观。

最后的办法是教科书。国家政治教养院选择教科书的原则是看它们对"种族、人民以及当前形势的观点"如何。教科书里必须讲述的有："1. 日耳曼学；2. 在以日耳曼为一方、以基督教和古希腊罗马时期的文化为另一方的对抗中，日耳曼德意志人的未来与命运；3. 当前的力量。"德语老师主要讲授古日耳曼语诗歌、冰岛传说或者中古德语的《尼伯龙根之歌》。"未来的领导人"则从尼采的著作中选择阅读《权力意志》中的片段。书目中也有宣传性的作品，如保罗·德·拉加德的《对德国的自白》、汉斯·格林的《没有空间的民族》，此外还有战争文学作品，如恩斯特·容格尔的《作为内心经历的斗争》，或者维尔纳·博伊默尔堡的《17岁在凡尔登》。所有的课程都受到思想意识的影响，甚至是语言课。拉丁文课上，老师和学生们把全部的精力和时间用在诸如"罗马作家和犹太人问题"之类的荒谬的课题上。在希腊语课上，则用柏拉图的文章给"对民主的批判加上哲学色彩"。尤其是德语课、国家政治和生物课，常常承担着校准思想意识的任务。

1937—1938年度毕业考试时，学生们有一个数学问题要回答："一架飞机从2000米高处以每小时108千米的速度投掷炸弹。请问，炸弹将在多少时间以后以及在何处落地？"生物试卷上要回答的问题是："哪些事实促使种族学研究人员探讨，在北欧人种发展的过程中，德意志民族未来的主要问题是什么？"国家政治试卷则问道："元首为领导国家社会主义运动走向胜利奠定了哪些基础？"

自认为是精英的这些学生在大多数课程上不及普通高中的学生，这是不足为怪的。他们的学习重点本来就是体育、野外侦察游戏和演习，尽管在少数几个学校里，如富尔塔学校，还保留着最后一点点人文教育理想。但是，没有一所培养领导人的学校像设立在费尔达芬的国社党帝国学校那样，把这种教育目标推向了极端。这所学校本来是冲锋队成立的，1934年"罗姆政变"[1]后，国社党夺走了对它的控制权。有权势的希特勒追随者，如鲁道夫·赫斯、后来的马丁·鲍曼，都是这所学校的赞助者。它在挑选学生时不提那么高的要求，体育好，身体健康，形象好，性格刚强，家庭出身好，这就够了。在费尔达芬，课程只限于"那些对未来的国家公民必要的东西，对于他的职业以及对于他在国社党建设工作中的贡献必要的东西"。主要课程是德语、历史、地理和国家政治课，但是每周14节的体育课具有关键性的作用。毕业考试只须参加一次谈话，自选题目写一篇文章，如《从家族的一员到德意志民族大家庭的一员》《每场革命都需要一个新人》《战争作为民族内部生活新秩序的创造者》《愿世界在德意志人身上获得新生》……从来没有一个"费尔达芬人"毕业考试不及格。被罚课后留下呢？对于有种族优越感的人来说，这几乎是不可能的。

　　普伦国家政治教养院的一个男学员在1938年毕业，10个月后他冷静地做出判断："我们身体上和思想上都很敏捷，常常比别人快，但也比别人草率……我们的优势

1　恩斯特·罗姆于1921年组织纳粹冲锋队，希特勒夺取政权后任政府部长。因其野心勃勃地欲增强冲锋队的权力，被希特勒以阴谋组织政变的借口下令处死。

在世界观方面……我们研究过这些问题，尽管非常肤浅，这样一来，我们的这些观点常常成了说教式的，我们喜欢用很少的几句话来解决最重要最困难的问题。有些听者为我们的自信感到惊讶，默默地表示满意；其他人则直截了当而又令人痛苦地提醒我们，注意内容的空泛以及在这些事情上的草率。"他的判断也适用于费尔达芬的毕业生。

很快就在家长当中传开了：这些所谓精英学校的课程事实上并没有多少精华可言。国家政治教养院在公众心目中的形象成了问题。人们说，"在那里人都被驯服成一个模式"，"优先照顾体育偏科生"。国家政治教养院有些无可奈何地试图在1944年5月的《人民观察家报》上来修正这一形象："我们不是一个一无是处的集体！……特别有天分的歌唱家、画家、数学家——不会要求他们'一体化'，而是促进他们，以这种方式他们绝不会出现疏远集体的危险，或者，如一位教养员所说，绝不会出现成为'绣花枕头'的危险。"国家政治教养院的学生法尔克·克诺布劳今天还能把这样的话一一述说。克诺布劳不得不先进行补课，以便在格尔利茨一所理科九年制中学跟上班。今天他说："这实在令人沮丧，我作为精英学校的学生竟然出现了这种情况。真丢人。"

直到学业结束时，学生们也没能获取更多的知识。"这些科学知识足够你们作为士兵完成自己的义务，"司令官在阿道夫·希特勒学校的学生毕业时叮嘱他们，"你们所缺少的以及我们不能给予你们的，战争这所冷酷无情的学校将在丰富的生活经历中补偿给你们。"

缺少什么呢？阿道夫·希特勒学校的学生哈拉尔德·格伦特曼说："我感到万分惭愧，我们对于德国的文学家、诗人，从曼到贝恩[1]，知之甚少，我们的数学知识也十分贫乏。因此在智识方面，我们是很可悲的。"伊尔费尔德国家政治教养院的哈里·博尔特说："我认为最大的损失是，我们是在宗教信仰的真空中成长起来的。"

哪里鼓吹信仰希特勒，哪里就没有其他宗教的位置。国家政治教养院最初是限制宗教课，后来干脆把它取消了。在瑙姆堡，学员们问教养员："难道国家社会主义就不能跟基督教和平共处吗？教会从国家得到两个亿，是这样吗？为什么我们必须学习犹太教的十诫？为什么教会拒绝安葬冲锋队队员？"自1938年起，国家政治教养院不再有由宗教信仰决定的宗教课了。据说，在"宗教政策问题"上应采取一个"严格中立的立场"，因为，正

1　曼（托马斯·曼）和贝恩（戈特弗里德·贝恩）是德国两位著名作家。

如国家政治教养院总监奥古斯特·海斯迈耶尔所说，这关系到的不是个人灵魂的得救，而是"德国的未来"。

阿道夫·希特勒学校的情况类似。那里越来越成为无宗教信仰的地方。1942 年，6093 名学生中只有四分之一的人"信奉上帝"。1944 年 3 月 1 日，一个学生在他的日记里写道："在户籍登记处，我退出了教会。我的父母不愿意，可是总不能还给敌人纳税啊。"

阿道夫·希特勒学校里的教员不讲宗教，而讲日耳曼诸神的传说或讲纳粹党课。然而正是在党课这门课上，一所阿道夫·希特勒学校于 1942 年进行第一次毕业考试时就出了错，而且更令人难堪的是，事情偏偏发生在学校的创始人、倡导者和资助人、组织工作领导人罗伯特·莱伊和青年团领袖巴尔杜尔·冯·席拉赫眼前。这两个人坚持亲自向接班人提问。开始的时候莱伊不想承认，但是随着一个个问题的提出，不容置疑的是：没有一个阿道夫·希特勒学校的学生知道党纲。在不知道如何回答莱伊的问题的学生中就有约阿希姆·鲍曼，鲍曼回答说："对我们来说，国家社会主义远比党纲的 24 章重要得多。"

为什么呢？"对于我们来说，国家社会主义就是相信德国以及德意志精神的威力与庄严，确信德国人会使一个患了犹太魔怔的世界痊愈。我们的任务就是，不仅仅让最后几个怀疑者坚信这一点，而且也向其他的欧洲人民，向属于我们这个种族的人民传递日耳曼春天的信息，直到，为了大家的幸福，大德意志茁壮成长为大日耳曼帝国。"在这样的蒙蔽与诱骗下，5年之后，鲍曼作为获得证书的阿道夫·希特勒学校的学生离开了松特霍芬。他要证明自己是"这种思想的代表人物"，他想成为"政治领导人"。今天，他对此摇了摇头。

不仅仅对此摇了摇头，约阿希姆·鲍曼还在校刊上查找了当时他和他的同学必须写的作文题目。也没有人抄袭，他说，这么做会"有损名声"的。做课堂作业时，老师把题目或者作业写在黑板上，然后离开教室。如果有人"作弊"，同学就会告发他。作弊者并不会因此而受到惩罚，只是下一节课上老师会讲诚实的意义。"孩子们，为什么我们采取这种课堂作业的形式呢？——因为你们是优秀分子，对吧？好了，现在我们做点儿别的事。你们写一篇作文，题目是：《正直与品行》。一会儿见。"

一个并无恶意的题目。鲍曼也想起了其他政治倾向明显的作文题目。问题的提出就已经预示了右翼观点。题目早就确定好了：《德国将替代英国世界大国的地位》。不用怀疑，必须拒绝源于"黑人音乐"的爵士乐，必须通过绝育排除自己血统中危害种族纯洁的"成分"，必须用国家社会主义代替"基督教义的政治指导"，必须将人民从"天主教魔爪下"解放出来，必须将斯拉夫人从被吞并的东部地区"清除出去"……当约阿希姆·鲍曼今天再看这些东西时，"当时是忠于路线的、今天看来是可笑的说法和思想"并不使他感到有多么意外，使他感到更压抑的是"不假思索地相信传授给我们的是不言而喻的"。"不言而喻"的结果是，这些"论据"被他深信不疑地拿了过去。"人们就是深信不疑，"鲍曼一边说着一边耸了耸肩，"人们什么都相信。"他反复地说，学校想把他们教育成"理想主义者"。今天他意识到了，这些"理想"是多么罪恶，一些他们不仅仅在书本里学到的敌人的概念，使他们的思想受到了多么大的蒙蔽。

有一天，约阿希姆·鲍曼和班上的同学乘火车去慕尼黑的哈尔游玩——"去傻瓜院，当时就是这么叫的"。"一个教授把他的病人介绍给我们这些阿道夫·希特勒学校的学生。"鲍曼说，他猜测："大概是想让我们确信，实行安乐死是对这些可怜的家伙的善行。他们试图让我们接受谋杀精神病人是人道的方法。"教员们不必做很多说服工作，关于"强者法则"和"懦弱没有生存价值"的冷酷无情的信条早已在精英学校学生们的脑子里打上了烙印。恩斯特－克里斯蒂安·格特克当时在施潘道国家政治教养院，他说："我们从来没有学过，人活在这个世界上也是为了帮助弱者，因为弱者被认为是没有生存价值的。"

那么，希特勒学校的学生对他们所了解的"犹太人问题"持什么态度呢？大部分毕业生说，他们很少谈起犹太人问题。普伦国家政治教养院的乌韦·兰普雷希特说："从来没有说过必须杀死犹太人的话。只是：我们不想也不应该跟犹太人有任何关系。"必须把他们看作敌人似乎跟希望德国马上就没有犹太人一样，都是不言而喻的事。为什么还要再谈这件事呢？"等到我们接任领导的时候，犹太人的问题已经解决了，"约阿希姆·鲍曼这样描述松特霍芬骑士团城堡里普遍的观点，"那时就没有犹太人了。那时德国就摆脱了犹太人。我们没有想到奥斯维辛集中营或者使用毒气杀人的事，这对于我们的理想来说完全是不可思议的。"鲍曼承认，他肯定知道排挤犹太人和犹太人逃亡的事，但是杀人的事他一点儿也不知道。乌韦·兰普雷希特说，只听说过"音乐会营"[1]。当时他理解这个被嘲讽蔑视的名词指的是类似关押刑事犯的地方，"依照我们当时的看法，进到那里去的都是反对希特勒的绝对顽固分子，当时我们认为希特勒对人民还

---

1 这里说的"音乐会营"，德语为 Konzertlager，这个复合词的第一部分 Konzert 为"音乐会"的意思。"集中营"一词的德语为 Konzentrationslager，这个复合词的第一部分 Konzentration 为"集中"的意思。

是好的"。

"反犹太主义教育是纲领,"波茨坦国家政治教养院的格尔特－埃克哈德·洛伦茨说,"但是,没有说过一句'最后解决'犹太人问题的话。"他回忆说,在历史课上出现了"犹太诽谤者",也探讨过英国被犹太人统治、世界被"犹太富豪"统治的问题。他们看宣传电影,电影里说的是"犹太—黑人化的爵士音乐","本尼·古德曼[1]用他那犹太罪犯之手粗暴地对待单簧管"。他们欺骗学生,说"Lametta"[2]是一个"犹太词",德文里正确的"圣诞节饰物"一词应是"Hollehaar"。他们去参观在柏林大花园举办的宣传性展览会"苏维埃天堂",他们看见了并且也相信"犹太警官们"是多么"残忍",以及"犹太布尔什维主义"会带来什么样的危险。

如奥拉宁施泰因国家政治教养院学员汉斯－京特·策姆泼林所述:"用历史反犹太主义来解释反犹太主义,指的是沃尔姆斯和施佩耶尔[3]的大屠杀。犹太人是邪恶的,这一点不言而喻。为什么他们是邪恶的,我们不知道,而我们知道他们一直是这样的。他们曾经住在(城

---

1 美国单簧管演奏家。1934年组织小型乐队,登上了"摇摆爵士乐之王"的宝座。
2 意思是圣诞树上装饰用的细锡箔纸条。
3 两地均位于德国莱茵兰－普法尔茨州。

市里强行规定的）犹太人居住区里。"在东方，战争开始以后，犹太人又不得不住在犹太人居住区里，因此许多精英学校的学生觉得这"很正常"。几十万犹太人从那里被运往死亡营，如奥斯维辛或者特雷布林卡。1941 年 8 月，学员们在瓦尔塔省值勤时去罗兹[1] 游玩，当时叫里兹曼市，班长在他的工作报告里写道："学员们在犹太人居住区里感到很愉快。"

未来的统治者应在犯罪地点看一看并见识一下，"帝国的敌人"发生了什么事情。于是图林根的阿道夫·希特勒学校组织学生去参观了布痕瓦尔德集中营。其中一个去参观的学生就是哈拉尔德·格伦特曼。他的报告令人看见了阿道夫·希特勒学校学生的心灵深处。"是用汽车把我们送到那里去的。我们看见大门上写着铭文'善有善报，恶有恶报'，然后我们走了进去。我们不能自由活动，由一个党卫队的人领着。"

集中营为来访做了最充分的准备。应该向阿道夫·希特勒学校的学生展示"模范的秩序"：干净的营房，没有暴力，一个善意的劳改所。不能有任何迹象表明布痕瓦尔德集中营是一个杀害了 56000 人的地方，这里的人不得不干活干到累死为止，而且还得在医学实验中忍受死

1　位于波兰。

亡的折磨。不能让这一切打扰希特勒学校的学生。然而事实正好相反，他们被带到用萎缩了的头颅做实验的荷兰研究人员那里。"人们对我们说，"哈拉尔德·格伦特曼回忆说，"在荷兰的殖民地，也就是今天的印度尼西亚，割取他人头颅做战利品的土人用他们砍下来的敌人的头颅做过这样的实验，现在荷兰研究人员将继续拿头颅做实验。为什么目的——不知道。"那是波兰俘虏的头颅。然而没有一个学生询问这些牺牲者的情况。

"我们看见了胸前带着各种军队标志的人，"哈拉尔德·格伦特曼接着说，"我们亲眼看见那些人只能在所谓的林阴道上快步走，看见一个穿制服的就得脱帽致敬。所有这一切我们是在这样的解释下理解的：这是我们民族的敌人，在我们的斗争时期——应该说是战争时期——我们必须把他们'剔除'掉。"

参观集中营时，精英学校的学生们还来到了一处有着一个又高又黑的烟囱的建筑群。"人们告诉我们，这是一个火葬场，而且还没等我们提问就说了：我们这里的人员总数像魏玛市的居民一样多，也就是说大约五万人。魏玛有一个火葬场，我们有一个，当然是因为我们也有人员的损耗消亡，也就是有死人的情况。对此说法我们表示满意。"

今天哈拉尔德·格伦特曼明白了，这些都是假象。

展示给他们的是一个虚假的世界，而他们却认为是真实的。今天他看清了，这种教育想把他们变成什么样的人："我们应该自己不去思考；我们应该尽可能不去同情，不去怜悯。人们想让我们面对自己和周围的人变得麻木不仁。我可以说，这种教育很成功。直到战争结束以后，我们才理解我们失去了什么。"

犯罪、恐怖活动以及在独裁统治下每日所发生的一切，都没有影响到骑士团城堡和教养院，"精英们"如同生活在孤岛上。"我们生活在我们的骑士团城堡里，完全与现实生活以及伴随它所发生的现象相隔绝，"阿道夫·希特勒学校的学生莱茵哈德·维尔特1941年在校刊上写道，"我们只是间接地经历了战争中发生的各种事件。关于食品配给票、服装票，尤其是关于战争的困难，我们知道吗？战争期间物资的匮乏又给个人带来什么？只在短时间的假期内我们浮皮潦草地看到一点儿。我们得到'国家'的支持，而它完全处于另样的条件下。"

到现实生活中去是非常难得的机会。每个学员必须在矿山里劳动12个星期，以获得领导技能，体验"德意志民族大家庭"。也就是说，当学员以后成了这些德国劳动人民的上级时，"那时他不应该感觉自己是他们的上司，而应作为领导人走在他们的前面。如果他自己当一回他们的劳动伙伴，那他做起来可能就容易多了"。每个在井下干苦活儿的精英学校学生都会问自己："你应该怎么对待这些人？尽管他们的劳动与命运这么艰苦，他们依旧发自内心深处地爱着他们的德国。"

在农村劳动时，有些学员脑子里想到的是完全不同的问题。对于许多学员来说，在农民那里生活的几周是一次检验，他们要证明自己是意识形态的代表。然而现实与世界观发生了碰撞。"犹太人走了以后情况怎么样？"奥拉宁施泰因国家政治教养院的一个学员问绍尔兰地区的一个农民。这个人的回答与他理想中善战的德国乡下人的形象根本不相符。"糟糕透了，"那个农民回答道，"因为牲畜贸易进行不了了。"这位学员惊呆了，他试图进行辩论，表示对这件事不能眼光太狭窄，而要看到后边原则性的东西。但他说服不了这个农民。现实的理由胜利了，然而希特勒学校的学员对此了解得甚少。

不同意见一再出现。为什么要跟日耳曼的兄弟民族打仗，跟英国人？为什么进行反对苏联的战争，《我的奋斗》里不是写着绝不再进行两条战线作战的战争吗？犹太人战胜了两千年的迫害，为什么他们还算是"劣等人"，难道他们不是"优越的种族"吗？在阿道夫·希特勒学校里确实提出过这样的问题。那些精锐的老骨干分子，那几个追随者，甚至根本不配作为理想形象。赫尔曼·戈林，看他那张被毒品弄得浮肿的脸，像是一个种族优越的日耳曼人吗？帝国组织部部长罗伯特·莱伊——阿道夫·希特勒学校的奠基人、资助人和保护人，在学生们的眼里他似乎不适宜做榜样。虽然他很想表现得平易近人，还向一些学生许诺，他们将来可以高升，当"愉快动力"假日船船长（"我造100条这样的船，然后你当其中一个船长！"），然而他的弱点早已是公开的秘密。当莱伊在松特霍芬骑士团城堡的家里又举行酒宴时，每个人都知道。"他常常受到酒精的影响。"海因茨·吉伯勒尔谨慎地说，他也是阿道夫·希特勒学校的学生。莱伊得了个绰号"帝国酒鬼"不是偶然的。几乎没有一个人敢于直接去问他这件事，偏偏有一个阿道夫·希特勒学校的学生胆子特大。

"帝国领导，老百姓里有人认为您是酒鬼，您知道吗？"这是他上学期间最令人激动的时刻，约阿希姆·鲍曼说。罗伯特·莱伊有点儿沮丧地小声说："孩子们，你们将来当什么都行，只有一样不行：酒鬼！"罗伯特·莱伊在他学生中的威望降到了低谷，以至于学生们都敢小小地顶撞他。"大概是1945年1月底或2月初，"特奥·佐默尔说，"在通向骑士团城堡的大门口突然出现了一辆车，一辆甲壳虫。"方向盘后边坐着罗伯特·莱伊，他旁边坐着一个女演员。"这是罗伯特·莱伊的一个情人，他显然是想把她安置在一间滑雪小屋里，那儿共有三间小屋，都是属于骑士团城堡的。我们对此非常愤怒，一下子就发起火来，用我们脚上沉重的滑雪靴朝着汽车的发动机踹去。对我们来说，他就是一个利用职权尽情享受的典型。"

在精英学校里绝对有矛盾。只有一个人始终受不到任何批评：他就是阿道夫·希特勒。挑剔他的毛病，就如同犯罪。"没有上帝，但天意送给了我们元首。"当时的波茨坦国家政治教养院的学员汉斯·明歇贝格说。"对于我们来说，他是一个更高级的人。"奥拉宁施泰因国家政治教养院的学员汉斯–京特·策姆泼林回忆说。仅仅以希特勒的名字命名这一点就激励了阿道夫·希特勒学校的学生，并意味着他们要承担相应的义务。"他以此给予了我们巨大的信任，"阿道夫·希特勒学校的一个学生 1940 年在他的日记中写道，"这对我们来说就意味着，我们可以随时走到元首面前。他是我们各个方面的榜样。我们为能以他的名字命名而骄傲。"几乎所有的人都梦想着，有一天走到他面前，在近处亲眼看看他。"我们能看到的总是这样的照片，照片上他朝少年队队员们弯下身子，抚摩着小家伙们的脸蛋，或者把手放在大孩子们的肩膀上或帽子上，"特奥·佐默尔说，"我们也曾希望能有这样的机会。我们毕竟是阿道夫·希特勒学校的学生。我们打着他的名号。"然而阿道夫·希特勒从来没在他的精英学校露过面。

对此人们非常失望。有些人甚至觉得非常痛苦。"遗憾的是，元首从来没来骑士团城堡里看望过我们，"1940年阿道夫·希特勒学校的一个学生在他的日记里写道，"我们希望最近几年能够实现这个愿望。"但是希特勒对"他的"学校并不怎么特别感兴趣。直到战争的最后几个月，当人们向他报告说，很多精英学校的学生在"敌人"面前经受住了考验，很多学生为"元首、人民和祖国"牺牲了，这时才引起了他的注意。因此，学生们仅在公开场合——讲演、游行、纪念会等——才有机会看上他们的独裁者一眼。约阿希姆·鲍曼还能清清楚楚地回忆起他最大愿望实现的那一天：1937年11月9日。

鲍曼和300个同伴乘着专车从松特霍芬去慕尼黑，希特勒在那儿每年举办一个令人毛骨悚然的、同样的祭典，跟一些"老战士"一起来怀念"运动的死者"。阿道夫·希特勒学校的学生鲍曼从每天早晨饭后阅读的《我的奋斗》中知道了1923年政变失败一事。现在他满怀希望地站在草皮环形人行道边沿上，这些小路环绕在卡洛林广场上方尖柱的四周。鲍曼和一万名慕尼黑人一起等着祭礼开始，等着以希特勒为首的"种族勋章获得者"的队伍。在通向统帅大厅的路两旁立着很多锥形支架，上边的火盆里燃烧着熊熊的火焰。低沉的鼓声宣布祭典高潮开始了。约阿希姆·鲍曼在骑士团城堡所学的在这里变成了现实中的祭礼。对于死亡的颂扬，对愉快地准备牺牲的病态激情——鲍曼从课堂上了解了这一切。今天他还能即兴引用古代北欧吟唱诗人的《埃达》[1]中的一节诗："财产死了。氏族死了。你自己也像他们一样死了。只有一点我知道，它是永恒的：死者的荣耀。"

鲍曼深受感动地站在慕尼黑的路边。"大家安静极了，"他回忆道，"然后1923年11月9日打旗子的那个人来了，今天这面旗子叫作血统大旗。后边大约20米的地方是身穿朴素的褐色衫的希特勒，他左手握着皮带扣子，目光朝向前方。"希特勒的眼睛一动不动，当他从约阿希姆·鲍曼身边走过的那一瞬间也如此。怎么会是这样呢？鲍曼在当天就沮丧地写信给他父母："你们想想看，我看见元首了。他很近地从我们身边走过去。他旁边是赫斯、戈林、戈培尔、尤利乌斯·施特来歇尔，但我只是匆匆地看了他们一眼，因为我想看看元首的眼睛，希望我们的目光能够相遇。然而他只是目光呆滞地朝前看着。我真是失望极了。"

不仅仅是学生，像国家政治教养院总监、党卫队分

1　古代冰岛的神话诗集。

队长奥古斯特·海斯迈耶尔这样的干部也觉得希特勒不把自己看在眼里。汉斯－京特·策姆泼林亲耳听到海斯迈耶尔参观奥拉宁施泰因国家政治教养院时"简直是在诉苦，他抱怨说，当希特勒从部队总司令部获悉，国家政治教养院的学员通过接受考验证明了他们是优秀的年轻军官和候补军官后，他只受到了一次接见。当时他和希特勒谈了一个小时的话"。从此以后海斯迈耶尔再也没有受到过接见。尽管如此，海斯迈耶尔也没有放弃希望，希望通过希特勒的一次访问来提高国家政治教养院的地位。奥拉宁施泰因宫被修葺一新，做好了准备，但是希特勒始终没露面。

而希特勒的追随者却更加积极地关心这些学校，其中最为积极的是党卫队帝国领导人海因里希·希姆莱。元首于1944年12月7日发布的一道命令，使得他为争取权力凌驾于一切国家政治教养院之上的努力达到了高潮："我命令，今后，军队和武装党卫队的现役军官和领导者接班人加入国防军之前，都要在国家政治教养院、阿道夫·希特勒学校、费尔达芬帝国学校及其他教养院接受教育。"希特勒命他的刽子手海因里希·希姆莱对此负主要责任。因此，希姆莱更加努力地建设国家政治教养院——作为一般的和武装的党卫队的领导干部预备学校。他想用国家政治教养院网覆盖全国，而且也覆盖被占领的地区，以在各地青年人中发现"优秀分子"，并向荷兰人、丹麦人、挪威人或者佛兰德人¹灌输"帝国思想"。希姆莱想在"按照血统撒网捕鱼"时，在被征服的民族中筛选"优良血统的儿童"进入像国家政治教养院之类的寄宿学校，从而为未来的战争培养领导人才。希姆莱的目标是 5 至 7 年内将国家政治教养院增加到 100 所，这一目标早在 1940 年就得到了希特勒的批准。

希特勒命令只在精英学校的学生中培养军官，这一点完全符合大多数学生的愿望。虽然他们原则上可以自由择业，但是大多数人知道对他们的期待是什么，因而他们谋求"军队职业"，正如 1942 年 5 月 26 日党卫队总部一份秘密备忘录中的判断。在学生当中，当一名军官，最终去经受考验的愿望随着战争的进展一天天地变强。对错过战争机会的担心更大了。汉斯 – 京特·策姆泼林回忆说："法兰西战役之后，我们的教员来了，他说：'好了，孩子们，开始工作，好好准备准备你们战后的毕业考试吧。'对我们来说，这想起来都可怕。"国家政治教养院总监奥古斯特·海斯迈耶尔战后说，75% 的毕业生决定选择军官生涯。

1　比利时北部的日耳曼人。

被征召入伍的人受到同伴们的羡慕。"天啊，我们想，"当年的波茨坦国家政治教养院的学员格尔特－埃克哈德·洛伦茨说，"他们倒不错，已经到前线了。"那些前辈学员定期所做的所谓英勇战斗的报告，进一步激发了在校学员的这种渴望。奥拉宁施泰因国家政治教养院的一个学员在他母亲过生日时写给她的一封战地军邮信件中说："最最亲爱的妈妈，我无法表达对你的感激之情，是你使我变成了现在这样：一个正直的、至死忠实于你和元首的士兵。阵亡的战友们的呼喊声萦绕在我们耳边：你们要为了元首的伟大事业去争取胜利，必要时为它而死！我们是属于他的。希特勒万岁[1]，你的儿子。"

"天堂就在刀光剑影之中"，这样一些口号使得"为元首和祖国幸福地死去"极端浪漫化。希特勒学校的学生用荷尔德林[2]的赞美诗来回应伙伴们的死讯："胜利的使者降临了：战役的胜利属于我们！祝你长存，啊，我的祖国，不要去数死者的数目！你，亲爱的，为你阵亡，再多一个也不为多。"这些自以为是"德国青年精英"的年轻人对战争的真正意义丝毫不了解。哈拉尔德·格伦

1　在希特勒纳粹统治时期，"希特勒万岁"也是一种问候用语。

2　弗里德里希·荷尔德林，德国诗人。其早期诗作有"人类理想的颂歌"之美誉，晚期作品被称为"祖国赞歌"。

特曼说:"没有人说过也有往肚子上打枪的事,没有人说过人死得非常惨。"为了继续激发学生们的热情,被派到学校来的"骑士十字勋章获得者"和其他的"战争英雄"们让学生们不动脑筋地相信,战争就像野外侦察游戏一样没有任何危险。"我们非常钦佩这些男人,"波茨坦国家政治教养院学员汉斯·明歇贝格说,"我们很羡慕他们。他们试图安慰我们说:'年轻的战友们,你们不要伤心,虽然我们不会将战争时间拉得太长,但是获得最终胜利之后还有足够多的事情要做。'"

担心错过战争,这种想法几乎让他们无法安宁。谁终于可以入伍了,谁就认为自己作为"精心挑选出来的"一定特别出众。1944 年 3 月,奥古斯特·海斯迈耶尔向海因里希·希姆莱报告:"来自国家政治教养院的年轻的领导接班人证明在敌人面前他们完全经受住了考验:4 个被授予橡叶勋章,33 个被授予骑士十字勋章,96 个被授予金德国十字勋章,1226 个阵亡、失踪……"在国家政治教养院里,点名时读阵亡学员名字的情况越来越多。"最初我们很为他们骄傲,"乌韦·兰普雷希特说,"他们可以把自己的生命献给德国。我们当时就是这么想的。后来我们变得惊慌失措,因为阵亡的人也有比我们年纪小的,而且我们还认识。另外,阵亡的不仅有我们的伙伴,而且还有我们的父亲。"

战争结束时，汉斯·布赫霍尔茨正在瑙姆堡国家政治教养院，他说："我所学到的是为我的祖国而死，不是为它而生。在我们的思想里根深蒂固的是：你什么都不是，你的人民才是一切。德国必须永存，即使我们不得不为此而死。德国，你将光芒四射地屹立在那里，尽管我们会沉没消亡。"当时来自克斯林国家政治教养院的一位学员在前线写下遗嘱："假如我阵亡了（他后来真的阵亡了），我希望这件事只被看作是一个必要的、我自己愿意为德国的胜利做出的牺牲，只被看作是我完成了我的士兵生涯。"

1944年秋天，国家政治教养院总监海斯迈耶尔想把所有的教养院变成"战斗基地"——一场早已失败的战争的最后堡垒。1945年1月，他也明白了，失败是无可挽回的。他回到了施潘道国家政治教养院。受到红军攻击威胁，学员都撤离了。只有在阿道夫·希特勒学校里，计划照旧进行。他们为一个新学年做好了准备，帝国青年领导层满怀信心地表示，未来两三年，每个大区都将有它自己的精英学校。下一个阿道夫·希特勒学校定于1945年2月在瓦尔塔省开学。

对于来自波茨坦国家政治教养院的学生格尔特－埃克哈德·洛伦茨来说，死亡始于1945年4月19日。他那个班被转移到了施潘道海斯迈耶尔那里。学员们骑着自行车，车把上挂着反坦克火箭筒，头上戴着钢盔，身上背着卡宾枪或者手枪，开拔去参加"班级行动"。海斯迈耶尔在"拉德兰德基地"——也就是施潘道国家政治教养院——接见了他们。对于洛伦茨和他的伙伴们来说，那本来只是一场游戏，5天之后，却成了真。

对他们来说，这不是第一次"战争行动"。此前就有过一次，他们把红军战士从小森林里赶跑了，感觉就像胜利者一般。但是1945年4月24日发生了谁也没有料到的事情。精英学校的学生收复了一个不久前德国士兵丢弃给红军士兵的阵地。在变成坟场的地里躺着年轻的空军战士和预备役炮兵，他们的身体都被四棱的俄国刺刀刺透了。看见这些残缺不全的尸体，他们大为震惊，他们还从来没有看见过死人。"我们当中没有人敢大声说话，"洛伦茨回忆道，"是不是很快我们也要这么躺在这儿？死者身旁散落在地上的照片也令人感到十分压抑，妈妈、女朋友还是姐妹？"学员们之前一直相信，温克将军统帅的第十二兵团一定能够突破柏林四周的包围圈，扭转目前的局势。海斯迈耶尔曾经许诺过。"只要再坚持24个小时，"汉斯·明歇贝格回忆他的话，"元首在柏林，你们必须忠于元首。温克的军队正在路上。还有24个小时，至多48个小时，命运就会转变了。"

第二天早晨，首先是大炮猛烈的攻击，然后火箭炮轰响。波茨坦国家政治教养院第五排受到了所谓的"斯大林管风琴"——火箭炮的轰击。学生们被包围了，毫无抵抗能力。傍晚时分，喊叫声和呻吟声穿透了机关枪的扫射声和炮弹的爆炸声。波茨坦国家政治教养院教师奥托·默勒尔撕心裂肺地喊着要注射吗啡，一颗榴弹炸碎了他的腿。"请你们发发慈悲，给我打一针吗啡吧！"

　　到处散播着谣言。温克的军队在一小时一小时地靠近。对面，据说，对面是"斯大林的学生"，精英对精英。不知谁在说，海斯迈耶尔带着他的太太，帝国妇女联盟领导人格特露特·朔尔茨－克林克向西逃跑了，把他们扔下不管了，"这头猪"。

　　4月26日夜里，"海斯迈耶尔战斗小组"的学员们冒险突围，洛伦茨和他的伙伴们一直突围到了加托夫机场。机场遭到了俄国人的炮击，关闭了。一部分学生试图重新突围。后来波茨坦的孩子们就不见踪影了。在这次保卫柏林的"班级行动"中，波茨坦国家政治教养院第五排死了三分之一的学生。他们被诱骗，受蒙蔽，做了无谓的牺牲："人们不应该投降，宁愿让人枪毙。"哈拉尔德·朔尔茨说道，他当时是阿道夫·希特勒学校的学生，才15岁。

正是以希特勒的名字命名的骑士团城堡的这些学生认为，在"决战"时刻，像"骑士对待死亡与魔鬼"那样牺牲自己的生命是他们的义务。阿道夫·希特勒学校的一个学生于1945年2月11日写道："10天前我从家里出来，自愿参加进攻。我们从俄国人手里拿下了附近的一个村子。有40~60个希特勒青年团团员跟我们一起进攻。他们是自愿来的，绝大部分是瓦尔塔阿道夫·希特勒学校的学生，其他的男孩来自教师培训所。看着这些人大胆地射击、跳跃、冲锋在最前线，这对我来说真是一件乐事。那些士兵向后退了200米。我们的男孩唱着喊着冲了上去，大多在进攻。年纪最小的才14岁半。我们就这样实现了我们的理想。"

一个死去的阿道夫·希特勒学校学生的口袋里有一张希特勒的照片，照片上写着口号："假如其他人动摇了，我们将更坚定地相信你。"这种盲目信仰是致命的：阿道夫·希特勒学校的两个学生作为游击队员，作为"狼人"[1]，于1945年2月21日被空投到艾弗尔山敌人防线后方。党卫队的人给了这两个男孩一部无线电收发机。他们的任务是打探哪些美国部队、英国部队布防在前线，

---

1 在古老的民间传说和神话中，"狼人"是指不断变幻为狼形并去威胁他人的人。

威力多大，武器装备如何。

　　他们要通过无线电收发机将他们的观察结果传递给国防军。可是武装党卫队将这两个男孩空投的地方离前线太远了。在福格尔桑骑士团城堡附近，围绕着乌尔夫特拦河坝正进行着激烈的战斗。他们执行使命的第二天，一支美国巡逻队便将这两个"狼人"逮住了。最初，他们被关在亚琛附近的一个战俘营里，后来被送到第九军军事法庭。经过一天的审理，军官们做出判决：因间谍罪处以死刑，枪毙。

　　两个男孩子进了亚琛的一所监狱。他们的辩护人，一个美国军官，递交了一份赦免申请书。最后的决定等了好几个星期才公布。1945 年 5 月 30 日，他们被带到了不伦瑞克。5 月 31 日，美国军事管理机构的一个代表向他们宣布：拒绝赦免申请，第二天上午 10 点执行处决。

　　美国人允许两个男孩子给他们的父母写最后一封信。其中一个叫弗兰茨的学生设法向他的父母解释在北艾弗尔山的行动："我做这样的事不是为了一个出卖了我们、欺骗了我们的政府，而是深切地希望为我亲爱的德意志祖国和我的人民服务。"他对为祖国而死感到骄傲；当他躺在坟墓里的时候，人们应该知道，他的死不是为了希姆莱和戈培尔，而是为了德国。信的最后写道："一位神甫在我身边，现在我对一切都已经做好了准备。是的，在被关押的两个月里我意识到了，什么叫相信上帝。就是说，这时还有一个人，他不顾一切地帮助你，在你处于没有人能够安慰你的最困难的时候，他来帮助你。"

1945 年 6 月 1 日早晨，星期天，美国士兵在不伦瑞克的一个采沙砾场里把两个男孩子捆在柱子上。旁边已经摆好了木棺。10 点整，行刑队开了枪。弗兰茨 16 岁零 5 个月，他的朋友赫伯特 17 岁。

"未来领导人"的全部梦想和希望随着希特勒帝国的崩溃也都破灭了。"这一点我到今天还不能承受。在我的周围，也在我的内心，一个世界崩溃了，"汉斯·布赫霍尔茨描述投降给他的震惊时说，他当时是瑙姆堡国家政治教养院的学员，"一切我认为有价值的东西，突然之间变得什么都不是了。我曾经钦佩过的人现在都被称为罪人。我曾为它而生，也准备为它而死的理想现在变成了罪恶的概念。"希特勒自杀的消息使一些人受到了沉重的打击，令他们从盲目之中清醒过来。汉斯·明歇贝格说："我号啕大哭起来。"

一个世界垮了。莱奥波德·沙鲁帕当时是瑙姆堡国家政治教养院学员，后来担任北大西洋公约组织中欧地区总司令，他说道："在这个世界里，我直到最后一刻还在相信，大德意志帝国凭借它所拥有的神奇武器可以取得这场战争的胜利。"有些人直到被俘虏还不幸地相信这一奇迹会发生。那是一个阳光明媚的五月天，波茨坦国家政治教养院学员恩斯特·洛伦茨刚刚感觉到一股微风，他就被俘虏了。"我是怎么想的呢？也许是神奇武器爆炸冲击波的最后余波吧。这股风肯定是从什么地方来的。"

洗脑以及严格的军事操演和训练都留下了痕迹。很多年之后，不少人还难以摆脱他们的教育所赖以存在的幻想和传说。当时在施潘道国家政治教养院的恩斯特－克里斯蒂安·格特克说："一年一年地我越来越明白了，人们在我们身上所做的一切，某种程度上我们也是高高兴兴地一起跟着做的，这一切都是为了一个特定的目的——战死疆场。"

精英学校的学生中一半人死在了战场——受到非人道教育的诱骗与蒙蔽。尽管如此，很多从前的"精英"一直还在强调这种教育的优越性。比如汉斯－京特·策姆泼林就认为："为了一个痛苦的事业我们受到了很好的教育。"普伦国家政治教养院的乌韦·兰普雷希特认为："当时，在那个充满鲜血、死亡和不幸的罪恶年代里，我仿佛生活在一个岛上。我受到照顾。我有吃的。我不必在大街上到处闲坐着。"国家政治教养院里肯定有很多东西使他感到过痛苦，但是对他有损害吗？兰普雷希特作为医生很有成就。他说，他所受的教育帮助他"很好地度过了生活中的难关"。令人吃惊的是，许多精英学校的学生后来在生活中取得了惊人的成就。他们实践了所学习的遵守纪律、刚强和坚持不懈。乌韦·兰普雷希特说，他很快就摆脱了意识形态的包袱。哈尔迪·克吕格尔在身为年轻的电影演员时，就协助将犹太人送到瑞士安全的地方。小马丁·鲍曼在刚果当了神甫。绝大多数精英学校的学生从纳粹的坏名声中解放了出来。

什么留下了？"心灵上的疮疤。"哈尔迪·克吕格尔谈到他在阿道夫·希特勒学校读书时的情况时说，"从那时起，在我心里产生了一种不可思议的、几乎是过分强烈的正义的要求，一种对于许多人的往往难以解释的宽容，对每一个思想不同的人、对每一种宗教的宽容。而人们想要教给我的正好相反。"

汉斯－京特·策姆泼林后来成为一个有几十亿资产的大型企业的领导人，对于他来说，最后留下的是"对很多优秀可爱的、十八九岁就结束了生命的青年人的回忆。他们是一个罪恶政权的牺牲品"。

在同样的标准下，没有一种体育运动能够像拳击运动那样促进攻击意识，要求迅速的决断力，从而使身体锻炼得坚韧如钢。如果两个年轻人因为意见分歧而用拳头决一胜负，那和用锋利的铁块一样残忍。

> 阿道夫·希特勒，《我的奋斗》

凡是软弱、不够坚强的都会引发窒息昏倒。要将其毫不留情地、决不怜悯地清除掉，这对其本身来说也是最有利的。这是上帝安排的。

> 海因里希·希姆莱，1944

占第一位的当然是所谓的雅利安人的后代。不能接纳犹太人加入青年团。戴眼镜的也不行。

> 罗尔夫·迪尔克斯，1915年生人，普伦国家政治教养院学员

"青年人必须由青年人来领导"，领导人在我们这里指的就是所谓的班长，所谓的寝室室长，所谓的排长。相比起来，他们的权力很大，他们对待我们非常严厉。他们打我们耳光，训练时折磨我们。教养员相对来说也很厉害。跟普通的学校完全不一样。

> 汉斯－格奥尔格·巴尔托罗迈，1924年生人，

瑙姆堡国家政治教养院学员

我们总是说：国家政治教养院！阿道夫·希特勒学校！跟我们相比，它们就是差的了。我们觉得我们学校是这些党校里最好的。

奥托·舒斯特尔，1925 年生人，费尔达芬国社党帝国学校学生

我还能回忆起，一个老师说："在你们能够准确地说十种阿拉伯方言之前，你们什么都不是。"

如果您想诱骗人家，您就要提供诱人的东西。我们这里就是这种情况。人们非常巧妙地、技艺高超地把我们诱骗到手了。

汉斯－京特·策姆波林，1926 年生人，奥拉宁施泰因国家政治教养院学员

民主政体肯定从当时人们对我们所进行的教育中获益不少。这个年代并非徒劳无益。

恩斯特·艾瑟尔，1926 年生人，费尔达芬国社党帝国学校学生

教育的主要目的之一是培养绝对准时、绝对遵守纪律、绝对服从的品质。我们作为老师当然也要把这些传授给我们的学生。

就像我自己这样，当时我的同班同学肯定这么干了：他们把这个意识形态的东西完全记在了心里。如此彻底地记在了心里，因为根本没有其他的选择。

路德维希·哈里希，1927 年生人，教师培训所学员

我们知道，罗伯特·莱伊在松特霍芬堡他的住宅里大摆筵席。他的名声不好，甚至有学生问过他这件事。

哈拉尔德·格伦特曼，1927 年生人，阿道夫·希特勒学校学生

除去上课，一切都是在命令声中，步调一致地进行着。

上课很松，更像大学里的那种讲座似的。我们称呼教员时直接叫名字。我们写课堂作业时他们离开教室，他们相信我们不会互相抄袭。

作为阿道夫·希特勒学校的学生，我们觉得我们比

国家政治教养院的学员优越得多。

> 哈尔迪·克吕格尔，1928 年生人，松特霍芬阿
> 道夫·希特勒学校学生

每当我们从学校里出来的时候，希特勒青年团的人就站在那儿，追着我们满城地跑，还打我们。

> 埃薇林·艾格曼，1929 年生人，德国犹太人

对于一个男学员来说，首先要显示出男人气概，不可以表露出女人的弱点，要能够承受痛苦，克服内心的怯懦。

> 汉斯·明歇贝格，1929 年生人，波茨坦国家政
> 治教养院学员

关于精英的事我们没听到什么。我们受到的教育更多的是让我们用全部生命为我们的国家和元首承担义务。

> 乌韦·兰普雷希特，1929 年生人，普伦国家政
> 治教养院学员

阿道夫·希特勒学校通过夸大体育课的重要意义实现了政权当局的期望：培养随时准备听从召唤、自觉履行

义务、发生矛盾时服从命令的政权管理者。

　　哈拉尔德·朔尔茨，1930 年生人，阿道夫·希
特勒学校学生

　　如果有人在活动中没有百分之百地取得成功，他就
是有缺陷的，他就不是一个十全十美的士兵。

　　格尔特－埃克哈德·洛伦茨，1930 年生人，波
茨坦国家政治教养院学员

　　这是接种疫苗的时间。我们必须排好队：上身脱光，
只穿运动裤。医生来了。针扎到胸上，然后针就断了，
针插在了胸里头。随后来了一个小护士，她两只手哆哆
嗦嗦的，用一个镊子把那根故意弄断在每个人胸里的针
拔出来。

　克劳斯·高伊，1931 年生人，阿道夫·希特勒学校学生

　　有这样一首诗："我年纪虽小，我的心是纯洁的，除了
耶稣，我的心里不能有任何人。"我们的老师把它改写成了：
"除了元首，我的心里不能有任何人。"这是一年级的事。

　　　　　　　　　　　　　奥托·帕克，1932 年生人

　　最主要的是"新德国人"应该是雅利安人。这大概

是最基本的。他肯定要支持国家社会主义，并为此能够到处推广这个理想。

人们想获得一个在所有领域都优秀的人才，无论是国防、法律，还是经济方面，在第三帝国所有的领域都优秀。

应具有不达目的誓不罢休的精神。他应该是一个优秀的运动员，当然他应该健康而又顽强。另一方面，他也应该守规矩。当然，从国家社会主义角度出发，他也应该是雅利安人。

彼得·措伦科普夫，1934 年生人，普特布斯国家政治教养院学员

两个年轻人勇敢地在拳击台上搏斗，取得成就后的喜悦将充满他们的心头。经受了考验的印象将始终保存着。

瑙姆堡国家政治教养院《校报》，1944

第四章

战　争

第二次世界大战爆发的前夜，对于但泽的希特勒青年团团员维尔纳·戈特绍来说，一个虚假的幸运大门敞开了。快到23点时，16岁的他接到命令，立刻穿上制服前往希特勒青年团地方支部活动中心。两个男人在那里等着他：一个是戴着褐色皮手套的德国国防军军官，一个是戴着黑色钢盔的但泽地方党卫队头目。维尔纳必须笔直地站在那里，重复几句他们之间的套语。然后他被命令摘下他的希特勒青年团臂章，往胳膊上套一根黄色带子，上边写着"德国国防军"字样。"我们要打仗了，任命你为前线通讯兵，外边那辆自行车是给你的。现在走吧。"这两个男人说。

　　这位激动万分的希特勒青年团团员拿上装有信笺的皮包，跨上自行车，不知疲倦地穿梭在但泽地区各个德国阵地之间，传送通知。清晨，他突然听到一声震耳欲聋的爆炸声："爆炸产生了很大的冲击力。我看见'石勒苏益格–荷尔斯泰因'在开炮，榴弹爆炸了，墙被炸飞到了天上，树木也是。烟雾和嘈杂声——太可怕了。"这是 1939 年 9 月 1 日 4 点 45 分，装甲巡洋舰"石勒苏益格－荷尔斯泰因"号正在朝"西沙嘴"开火，同时德国士兵踏上了波兰的土地。第二次世界大战开始了。从一开始，希特勒时代的年轻人就参与了这场战争。

对于希特勒青年团团员维尔纳来说，战争是让人高兴的。希特勒一再大声疾呼，但泽人和德国在波兰的少数民族必须"回家"，回到德意志帝国来。希特勒对波兰的"最后清算"只不过是使整个欧洲蒙受痛苦与恐怖的占领政策的序幕，这一点维尔纳是想不到的。"但泽不是这里关注的焦点，"独裁者私下里对他的将军们说，"焦点是在东方扩展生存空间和食物保障，以及波罗的海东岸三国 [1] 德意志人问题的解决。"当这个战争贩子开始为称霸世界而孤注一掷时，维尔纳却相信这是一场正义的战争。甚至当他作为希特勒青年团团员获悉，也被派去当前线通讯兵的同学被枪杀了，他的热情都没有减退："我们现在战斗，是为了重归德意志。肯定会有牺牲，从一开始我们就明确地知道这一点。"维尔纳非常骄傲，16 岁就可以作为士兵为德国做一份贡献，"我整天骑着自行车穿梭于我们这个地区，总是把左胳膊朝前伸得远远的，好让每个人都看见：维尔纳·戈特绍参加了德国

1　指爱沙尼亚、拉脱维亚和立陶宛。

国防军。但是没有人关心这一点，我真的很失望"。

当德国的轰炸机误炸了他的家乡诺伊法尔瓦瑟尔时，这个狂热的希特勒青年团团员才感觉头上被泼了一盆冷水。无法掩饰的恐惧笼罩在他心头："我哭啊，喊啊，全身发抖，结果只能推着自行车，因为我骑不了了。这可怕的轰鸣声、灰尘和石块让我如此不安……房子全没了，大街上的屋顶全没了，太可怕了。"一位医生安慰这个男孩说："你可是一个德国少年，现在不能哭。"维尔纳想了想，"他说完当然我就明白了，然后我又是德国男孩子了"。他又满腔热情地投入下一个行动，然后战争的严酷现实又打碎了他的梦想。

波兰被打败了；希特勒9月19日就在但泽说了，9月27日华沙投降。维尔纳得到任务，跑遍威斯特普拉特，为波兰的死伤人员登记造册。"那悲惨的场面我从来没忘记：那些疲惫的勇敢的波兰士兵，当他们从防空洞里出来投降时，个个都耷拉着肩膀。他们背着那些身穿大衣死去的人从我们身旁走过。这时我第一次看见：他们也为波兰战斗过。这是些跟我们一样的士兵，只不过穿的制服不同。我还从来没见过死人。但是这里，他们躺在地上，肮脏不堪，流着血。这是我当时领悟不了的事情。"

最终维尔纳还是参加了战斗。他七天七夜马不停蹄。长期的灌输开始发挥作用了，维尔纳也想"敏捷，坚忍，像克虏伯的钢铁一样坚强"。"我们就是未来"，对此类政治鼓吹他坚信不移，"我们向前挺进，如遇阻碍，必将其摧毁。我们向前挺进，如遇高墙，必将其推翻。我们要成为榜样"。许多希特勒青年团团员的想法和维尔纳的想法一样。现在他们将在战场上接受考验了，长期以来，他们一直在少年队和希特勒青年团为此做身体上和精神上的准备。受过政治灌输的种子现在要发芽了。

"青年人没有被稍纵即逝的热情所左右，他们坚不可摧的战斗意志要在一场持续 6 年的战争中经受考验。"阿图尔·阿克斯曼自 1940 年 8 月起担任国社党帝国青年领袖和德意志帝国青年领袖，数十年之后他仍滔滔不绝地宣讲。"因此我上任后的首要任务就是调动一切力量协助赢得这场战争。"不惜一切代价的胜利，意味着要利用由廉价劳动力及唯命是从的炮灰组成的 900 万大军。

阿图尔·阿克斯曼对爱好文艺的希特勒亲信、青年团领导人巴尔杜尔·冯·席拉赫亦步亦趋。这位被国社党推崇为"知名无产者"的柏林工人之子，终其一生饱受变态心理的折磨。很长一段时间，他得不到像席拉赫那样接近元首的许可，于是他学习席拉赫，把自己的精力投入到将青年团驯化成政府工具的工作中，把它作为能够接近自己主子的武器。"对阿克斯曼而言，希特勒是偶像，是德意志民族最伟大的英雄，是超人，"战争末期给这位青年团领导人当传令兵的阿明·雷曼说，"阿克斯曼着魔似的想让元首看到青年团是多么忠心耿耿。"

纳粹官僚们不厌其烦地强调，参战作为"德意志民族的光荣职责"完全是建立在自觉自愿基础上的。希特勒在战争爆发仅几个月前，使服兵役成为希特勒青年团的法定义务，这更显现出上述说法的虚伪。兵役由自觉自愿变成了青年团的团内义务，对青年团绝大部分团员来说是理所当然的。阿克斯曼手下的青年团头目奥托·巴尔特尔如此描述道："因为德意志民族的青年人不是把服兵役看作强迫或义务，而是看作值得为之不懈奋斗的本民族的光荣职责"，所以希特勒青年团不是一个国家强制性机构，它开展的是德意志青年运动。

现实中早已通行的做法现在被落实到了书面上：全体德意志青年都要加入希特勒青年团，任何企图脱离希特勒纪律森严的接班人组织的行为都会招致惩处。当年坚定的希特勒青年团团员福尔克尔·菲舍尔回忆道："他们到年轻人的家中，威胁父母说：如果你们的儿子下个星期不去报到服役，你们就等着接受严厉的惩罚吧。"

"青年人必须由青年人来领导"，这是青年团初期的领导人，文艺爱好者巴尔杜尔·冯·席拉赫提出的至高信条。倘若有个别人不服从组织领导，"自己人"当中的"青年人"迫不得已时也是很粗暴的。"大家疏远、折磨、虐待或者殴打在这个集体里感到不自在、不想服从命令的那些男孩子。"菲舍尔回忆道。纳粹政权像章鱼一样把它的触腕伸向青年人，并死死地控制住他们。多年以来，帝国青年领导层力图控制所有的青年人，企图控制其团员生活中的分分秒秒。对大多数人来说，不加入希特勒青年团是不可思议的事情。"做其他人都在做的事情，当时不会认为是耻辱。情况正相反，如果脱离出去，做与其他人不同的事情，那才是耻辱。"当年的希特勒青年团团员保罗·克伦贝克回忆道。

这种观点在战争中仍然存在。青年团团员们时刻准备冲锋陷阵，奉献一切——不仅仅出于信念，还因为缺乏选择的机会。"我们坚信，青年团团员们在战争中的表现绝对差不了，"阿克斯曼与德国国防军总司令谈话时吹嘘道，"他们将逐渐适应战争的现状。他们不再有机会拿和平时期的情况来做比较。他们会认为战争现状是理所当然的。他们将把战争视为己任。"

此话正合希特勒的心意，因为他很需要青年人。"德意志民族的历史绝对不会重演 1918 年 11 月的那一幕。"他在 1939 年 9 月 1 日的国会演讲中预言道。德国崩溃的噩梦般的经历仍然让他心有余悸。无论投降还是革命，第一次世界大战后出现的情况都不能再次发生。当时，一场起义导致了魏玛共和国的建立以及君主政体的灭亡，饱受饥饿与疾病折磨的民众盲目地追随起义者，与他们一起从背后袭击了所谓战无不胜的军队。持有这种看法的不止希特勒一人。然而他忽略了，是将军们自己请求停战并且迫使民主政府承担了军事失败的后果。元首不想遭遇这种"致命打击"。青年团团员们的任务是使民众即使在战争期间也不会生活窘迫，并且在元首挥师远征期间给他以支持。为了鼓舞德国人的人心，尽管前线战斗血雨腥风，也要让他们感到在家里继续过着"正常"的生活。

虽然许多父母反对，希特勒青年团还是成功地对青年人提出了比前些年更多的要求，吸引他们在学习或工作之外再工作几小时、几天，乃至几周。当父辈们和希特勒青年团领导人奔赴前线后，青年们应该代替缺少的劳动力，在家乡劳动。为了党、国家和国防军，他们投入防空及卫生工作，作为信使在城市间穿梭，分发宣传资料，投递生活用品定量卡，给红十字会或者诸如邮政部门等各种机构打下手。在"经济及工业领域"，他们给运送生活用品和煤炭的列车卸车，给商店送货。冬天，青年人被安排去做扫雪和撒沙防滑的工作。希特勒青年团演出小组在野战医院演奏音乐，以鼓舞伤病员为祖国投入新的战斗。

女孩子给空袭的受害者和难民做饭，在缝纫车间缝补衣物，给士兵们编织袜子和手套。1940年间，有大约31.9万名女孩子提供家政服务，6.4万名女孩子在红十字会工作，6万名女孩子在野战医院照料伤病员，10万名女孩子在火车站服务，3500名女孩子做防空观察警报助手。

收集物资尤其是战时经济的需求。孩子们像一群蚂蚁似的四处跑动，搬回来一切可能对战争有用的物品。纳粹少年队队员和少女队队员收集了成吨的药茶和药草，几乎满足了战争期间制药业的全部需求。他们捡拾落在地上的水果、蘑菇、莓子、山毛榉果实，用来丰富食品供应。他们还捕捉马铃薯瓢虫。这种对收集的疯狂热爱有时候已经到了滑稽可笑的地步，孩子们不仅挨门逐户地为生产军备物资收集诸如纸张、金属、玻璃、皮革和骨头等废旧物品，还拦住妇女，让她们从梳子里把梳理下来的头发抠出来：这是生产潜水艇驾驶员防寒服的"优质"原材料。

1933 年成立的国家社会主义"寒冬赈济组织"向来是纳粹政权社会福利政策的支柱。走街串巷并挨门逐户地收集钱和衣服，提倡每月一次的周日简单饭食[1]，从工资和薪水里扣款，募集"冬季捐款"，这一切不仅仅是为了给那些在政治、种族和遗传学方面被认为是"值得"获得帮助的人以支持。借助对"德意志民族大家庭""民族团结"以及"牺牲精神"的号召，其实现了一箭双雕的目的：既能激发"民族"情绪的觉醒，又能把对人的控制深入到家庭内部的私人空间里。

有投入就有收获：1942 年冬季募集所得总额为 16 亿帝国马克。这与 1939 年的 6.8 亿帝国马克相比增长了 135%——尤其要感激的是希特勒青年团团员们超乎寻常的收集热情。"号召我们为'寒冬赈济行动'而募集，我们要在那儿做宣传，好让人们大量捐款，"一位原希特勒青年团团员回忆道，"在集市广场上，我们被分配去蹲守各栋房子的入口处，哨声一响我们就冲上去，拼命扯开嗓门儿大喊，以便引起人们的注意。随后我们迅速走上前，恳求地、一字一句地说：'各位，请掏出钱包，为"寒冬赈济行动"捐款！'或者喊一句令人毛骨悚然的口号：

1　即各种蔬菜、肉等放在一锅内煮制的饭食。

'各位捐款要努力，谁不捐款就枪毙！'"

　　战争统帅将侵略战争推进得越快，奔赴战场的适龄青年越多，后方的劳动力就越紧张——尤其是在农业生产领域。1941年6月突袭苏联以后，前沿阵地忽然之间延伸了上千千米。为确保食品供应，1942年4月，在原则上规定了"战时青年须参与确保德意志民族食品供应"。此后每年4月至11月间，男孩子和女孩子们有义务整班整班地参加长达几周的农业劳动。仅1942年，就有将近58万男孩子和130万女孩子参加了农田劳作。为了让巴伐利亚的啤酒能够继续滋润饥渴的喉咙，据阿克斯曼提供的资料，战争期间多达90%的啤酒花是由希特勒青年团收割的。

　　1942年夏天由阿克斯曼建议的"赤脚行动"十分古怪。因为"德意志帝国被迫发动的这场战争对战略物资生产是一种极大的挑战"，而皮革及纺织原料对作战士兵的装备起着决定性的作用，因此"希特勒青年团必须做出应尽的贡献，为我们的士兵节省这些重要的原材料"，同时爱惜自己的衣服和鞋子，阿克斯曼这样写道。他还要求希特勒青年团成员夏天赤脚走路。"破烂的装束"流行起来：从此以后，时髦就是要"穿那些褪了色的、破旧的、打着补丁的衣服"。第二次世界大战的胜负也可以从孩子们的脚掌上看分晓。

通过多年的准备工作，青年人被训练得思想统一，步调一致，整齐划一，只知服从，他们成了对希特勒唯命是听的驯服工具。"第三帝国的强项就是，我们被训练得根本不再去思考，而只是机械地听信口号：'你们每个人都必须为赢得战争而出力，你们是战无不胜的。'"一位原希特勒青年团团员回忆道。1940年，帝国青年领导层自豪地宣称，"有500多万德意志少男少女通过自己的劳动为元首和人民服务"。事实上，如果没有希特勒青年团孜孜不倦和多方面的投入，德国的经济和社会结构将崩溃得更快一些。青年团对战争的延续起到了决定性的作用。

在战争开始后的第一年里，希特勒青年团还没有投入到战斗激烈的前线去。当战火烧到德国本土时，情况就发生了很大的变化。对纳粹德国采取强硬政策的鹰派代表人物温斯顿·丘吉尔于1940年5月10日接替了执行绥靖政策的内维尔·张伯伦的首相职位，宣布对德采取坚决抵抗的政策。5月11日，丘吉尔下令皇家空军向德国腹地发动攻击。第一批投下的炸弹落到了鲁尔区、柏林、汉诺威、不来梅及德国其他城市。1942年2月20日，英国通过任命阿瑟·哈里斯为英国空军司令，把希望完全寄托在毁灭性轰炸的战略上。在德国，人们给他起了个绰号叫"轰炸大王哈里斯"，这个名字很快便成了恐怖的同义词：他公开宣称要达到的目的是，通过对德国城市的全面轰炸来"磨灭德意志民族的自信心"。

首先遭到轰炸的城市是吕贝克，这次轰炸发生在1942年3月，除了使用传统的爆破弹以外，还第一次大规模地使用了燃烧弹。1942年5月对科隆实施的"千枚炸弹集中轰炸"表明英国空军具有大规模轰炸的能力。1943年初，皇家空军开始接受美军的支援，之后开始上演连续不断的轮番轰炸：美军在白天对地面目标进行精确的轰炸，而英军则在夜间进行地毯式的轰炸。爆破弹和燃烧弹，有时还结合使用黄磷燃烧弹，投下后引起一片火海。这些炸弹使汉堡、德累斯顿等城市遭到了彻底的毁坏。

哪里有火情，哪里就有希特勒青年团团员投入抢救的身影。他们日夜准备着，从废墟中抢救出受伤的人以及被埋在建筑物下面的人——抢救时真是做到了奋不顾身。就连炸弹还在往下扔的时候，希特勒青年团消防队也常常是毫不犹豫地照样出动。"警报一响，我们就各就各位。这种全面轰炸导致地面上出现一片片火海，这是非常危险的。在街道中央，人们的活动空间至多也就一米高的样子，因为再往上就没有氧气了。高大的楼房倒塌后堆在一起，造成了许多人的死亡。楼房倒塌后我们就得去营救，这是在非常艰苦的条件下进行的。"维尔纳·施泰因贝格回忆道，他当年是希特勒青年团消防队队员。

防空训练在和平时期只是令人讨厌的义务，现在却变成了一件必须极其严肃对待的事。敌人轰炸过后，为了做好清理和营救工作，需要临时叫一些少年队队员和希特勒青年团团员来帮忙，但常常存在着这样的危险：万一碰到了尚未爆炸的炸弹或者被坍塌下来的东西砸着，就会丧命。有些年轻人有过一些令人震惊的经历，至今还深深地留在他们的记忆中。"我第一次亲眼见到死于战争中的人是在不来梅港，是个年轻妇女，她的整个身体从下腹部开始一直往上到胳膊那儿都撕裂了，我估计是被一块弹片划破的，"洛塔尔·古里希说，"我们要把她抬走，我感到有点儿为难，觉得很不舒服，碰上这么个死人，而且是个皮开肉绽的女人，我不愿意动手。当时有个军士在场，他冲我大声责骂：'嘿，洛塔尔，要是她是个活人的话，你一定会乐意动手吧！'这时我的胆子也大了起来，动手跟别人一起把她抬走了。"

盟军总共炸毁了400万栋住宅，大约有50万人在空袭中丧生，受伤的人则更多。在日常生活中，青年人的死亡渐渐变得司空见惯起来。"我青年时期的恋人就是在一次轰炸机的袭击中丧生的。就在当天夜里，我还从防空洞里拉出来许多死人，他们原来跟我是同学。"一名防空协管员回忆道，"头一天还跟人一起玩或说过话，第二天他就不成人样地躺在那里，身体都被烧焦了，还发出一股难闻的焦糊味。人们把他放在一只浴盆里抬走了。这时大家都在思考一个问题，那就是生的意义和死亡。"

从1940年秋开始，纳粹头目试图把尽量多的孩子和年轻人从有可能遭受空袭的危险地区疏散到相对安全的地方去。按照希特勒青年团机关报的正式说法，采取这一措施的目的是"保护青年人免遭不必要的人身伤害，因为他们在原来的危险地区里，常常是拉响防空警报后由于防空设施不足而无处躲避；疏散的另一个原因是为了不影响他们继续上课，并确保他们继续在学校里接受集体主义教育"。乍一看，这是出自崇高的人道主义目的，然而事实上，"疏散儿童"终于使政府能够"在很大的范围内和较长一段时间里"把青年全部掌握在自己手中。

10岁至16岁的孩子以学校为单位或以班级为单位进入儿童疏散营。到1943年年底，这样的疏散营约有5500个。孩子们的住处安排在青年旅舍、校属乡间轮休所、大饭店的下属分部和旅店里，接待的地区是全国的农村和小城镇。不过，也有一些疏散营是在"帝国的统治区波希米亚和摩拉维亚"，在"波兰占领区"，在斯洛伐克以及在匈牙利、罗马尼亚、南斯拉夫的德意志民族的移民区。从理论上来说可由家长自行决定孩子是否需要疏散，然而，许多家长是在某种压力下把孩子送走的，他们内心是不愿意跟他们的孩子分开的。一时间社会上流传着一些让人人心惶惶的谣言，说什么如果不自愿疏散孩子的话，军队可能就不再去保卫这些德国城市了。这时，希特勒的宣传部部长戈培尔赶紧出来说话，安抚民心，同时安排在各地上演一系列美化疏散营生活的宣传电影，其中有一部的片名叫《举起手来》，这些都是为平息当时出现的恐慌风波服务的。盟军轰炸，城市里出现食品短缺，再加上自1943年起许多学校关闭，这一切使得家长根本就没有选择的余地。

希特勒授权之前的帝国青年领袖，也就是当时维也纳的大区长官巴尔杜尔·席拉赫对儿童进行所谓的疏散。席拉赫把疏散的组织工作交给了希特勒青年团，并跟国社党教师联盟和国社党国民福利部合作。实际上，这项工作常常意味着，85万少男少女在疏散营里，在远离父母的情况下，受到了比以往任何时候都多的纳粹思想的教育——这要看广大教师和希特勒青年团疏散营营长执行纳粹路线的态度是否坚决。"我从内心感到非常满意。"这是其中一个教育工作者的心声。"他在回到家乡后跟别人谈到自己时说：我把品德败坏的青少年培养成了深信纳粹思想的人。"国社党教师联盟在一份公函中这么写道。当家长们对这样的培养目标听到一点风声并提出意见时，总理办公厅主任、希特勒的心腹马丁·鲍曼便出面"辟谣"，他说，疏散青少年的"目的是，由疏散营来担当起父母教育子女的责任"。

不能让家长们获悉疏散到外地去的孩子们的实际情况，以防万一。在虚假的宁静和谐的生活背后，疏散营里实际上存在着极其严格的检查制度。"有一次，我把一封信的地址写错了，此信被退了回来。我打开一看，信纸上有好几处被人用墨水涂了。也就是说，这封信有人检查过。我写的内容是令人愉快的事，也许恰好就是不许别人知道的。"那个时代的见证人弗里德尔·绍特回忆道。

当年的许多孩子对他们在巴伐利亚和奥地利的疏散营里度过的那段太太平平、无忧无虑的时光至今还留有很好的印象。事实上，这些孩子们在农村确实没有遭到敌机的轰炸。当然，他们的这些回忆只是反映了他们真实生活的一部分。这些落入纳粹罗网的孩子，对自己在

"农村度假"的真正目的往往是不了解的。他们没有料到，就是在这儿，这个极权主义政体的愿望已经实现：在专门建立起来的疏散营里，非常顺利地把这些孩子们弄到手了。

希特勒青年团疏散营的营长往往是从国家政治教养院招募来的，而且"无论在举止上还是在行动上要充分体现出纳粹思想"，这个选拔标准本身就暴露了疏散营的真实目的：对纳粹"民族共同体"的每个成员进行"体育锻炼、思想教育和道德教育"。严格规定的日常生活和为疏散营专门设计的制服表明，这是个练兵场，而不是农村休养地。"我们在那儿的疏散营里有严格的军事训练，甚至有些士兵都没有经历过那样严格的军训。每个营都配备了营长，他们被派到那儿来是为了使我们保持身体健康。他们来自党卫队、帝国青年义务劳动部队和教师培训所。他们学到的东西，在那里总是能派上点儿用场的，他们正好想在我们身上做试验呢。因此，第一批人来了以后，他们从掰开我们的屁股眼儿到查看嗓子眼儿，给我们全身检查了一遍。"维干德·库斯茨基毫不掩饰地说。

吹号集合参加升旗仪式，行军，世界观教育，还有值勤，参加收割义务劳动和进行军事训练，这些都是疏散营里日常生活的内容。在疏散营里，希特勒青年团小组长手里经常拿着个小本子，恬不知耻地利用他们的职权往本子上记点儿什么。上课通常被摆在次要的位置。有时也派个教员来上课，可是他什么也不懂。教学中缺乏必要的教具，随便停课更是家常便饭。孩子们的文化水平一落千丈。"他们要把我们培养成残暴的人，"约斯特·赫尔曼特回忆道，他是疏散营营长严格管教的牺牲品，"疏散营不仅让我们做各种野外侦察活动和进行高强度的军事操练，而且还让我们杀死各种动物，比如把鸡头砍掉，杀死兔子，拧下鸽子的脑袋。这些都是为了锻炼我们的意志而采取的十分残暴的手段。"约斯特·赫尔曼特还谈到了疏散营存心让孩子们互相折磨，打架斗殴——领导只当没有看见，从不加以制止。

谁要是稍有不慎，就会受到严厉的惩罚："要是有人胆敢偷吃一小勺凝乳，就会立即受到惩罚，疏散营营长随身带有一根又粗又短的棍棒，会狠狠地把他揍一顿。此外，疏散营里有一间熏鱼和熏肉的操作间，谁犯了错误，就把他关进去，直到他透不过气来时才把他放出来。要不然就罚他在臭气冲天的厕所里站几个小时。这厕所是在外面的院子里，夏天天气那么热，厕所的墙上钉满了钉子，既不能坐，也不能靠。"

希特勒一向支持的"强者法则"也适用于被疏散的

儿童。当战线越来越逼近本土时，这些在疏散营里的儿童也属于动员后备兵员之列。自 1944 年 3 月起，部分疏散营被关闭，他们便转到由希特勒青年团、德国国防军和党卫队开办的军事训练营里去了，在那儿他们将为将来当炮灰做好准备。

看来疏散儿童的组织工作也赋予了希特勒青年团领导人其他任务：在失去理智的帝国青年领袖的领导下，希特勒青年团的一些团员积极参与了纳粹种族政策的罪恶活动。希特勒青年团的领导几乎参与制订了所有的灭绝人性的措施，这些措施后来由纳粹大区长官和党卫队在被占领的东欧地区付诸实施。他们决定别人的命运——重新安置或驱逐、生或死。这种令人吃惊的对人种的做法是前所未有的：历史学家米夏埃尔·布德罗斯在最近发表的一篇关于希特勒青年团的论文中研究了这种做法。

实施流放、移居和日耳曼化政策的最高执行者是党卫队的首脑希姆莱。早在 1939 年 10 月，这个纳粹幻想的狂热捍卫者、"贵族出身的日耳曼勇士"便被任命为"帝国警察总监，负责加强德意志民族的民族特性"。元首的一个秘密通告委托他"消除人口中外来民族的不良影响"。他在东欧地区的任务是：凡是"适合于转化的各阶层人民"都要逐渐德国化，凡是"不宜德国化的外族居民"一律驱逐出境，并吸引新的德国移民前来定居。

希姆莱终于有机会把他的"日耳曼人种的天堂"这样一个荒唐的想法付诸实施。在这个天堂里，故土难离的"北欧血统的人"尽情地享受着和谐宁静的田园生活。他迫不及待地，而且是毫无顾忌地把一切希望都寄托在强制实行移民上。为了使波兰西部实现"德国化"，不仅从"德意志帝国"招募新的移民，而且还粗暴地要求定居在波罗的海东部地区、乌克兰地区、喀尔巴阡山脉北部地区、黑海西北地区以及多布罗加北部地区的德国人返回德国，并迁居到为他们划定的瓦尔塔省。为此，到1941年夏，就有100万波兰人被赶出他们的家园，"迁居"到德国在波兰的占领区。在那里，他们被作为"群龙无首的劳动力使用，并且为了满足特殊劳动力的需要，每年要向德国提供一定数量的流动性短工和长期工"。总而言之：他们成了被强制劳动的奴隶。

阿克斯曼早已预见到这项新的任务，1942年，他向希特勒青年团发出了"到东欧去执行突击任务和参加农村义务劳动"的号召。这些"日耳曼青年赴东欧志愿者"在被占领的波兰地区为纳粹赢得了已在那儿定居的德国人，以及从波罗的海东部地区和苏联回来的德国人的信任，并增强了他们身上的"德意志民族的民族特性"。这样做的目的，是要逐步消除"自西向东的文化和社会的落差"，并为"改组德国东部的农民成份"做出贡献。大家通常所熟知的"赴东欧服务"，一般来说，其目的是照管移居来的德国人，使他们能适应东欧地区的生活环境。这项任务主要由德国少女联盟来承担。1942年，大约有1.6万名女孩在东欧地区各个家庭帮助做家务，从事农业劳动，在幼儿园和学校里帮忙。她们组织大家去参加晨祷，教唱歌，下午为孩子们举办文娱活动，成立希特勒青年团地方小组和德国少女联盟地方小组。她们尽一切努力，成为"东欧地区最坚定的宣传员"。

尽管这些女孩中的很多人自认为是关心人的、努力工作的和乐善好施的天使，但她们毕竟是在东欧地区冷酷无情地贯彻执行日耳曼化政策的一员。尤其是在新开辟的"帝国领地瓦尔塔省"，为了给"回国定居的德国人"腾出地方来，她们参与了驱逐波兰人的行动。德国少女联盟赴东欧服务营的女营长梅莉塔·马施曼对在波兰参加服务的情况是这样描写的："一名党卫队队长向我们讲解，需要我们到这儿来干些什么：让我们打扫腾出来的空房，为搬到这儿来的德国农民做好准备。一般来说，他们当天就要进来入住。一天早晨，有人把我们从梦中叫醒，然后把我们带到了一个需要腾出的村子里。负责这次行动的那个党卫队军官向我解释，说他手下的男人不够用了，所以希望我们临时帮个忙。我们开始干活的时候，波兰人还没有走，正在收拾东西。到早晨6点，他们搬家用的马车都必须在村口集合。每个家庭只允许拿走一车东西，必须在房子里留下一定数量的东西给新搬进来的人用。那个军官让我马上把女孩子们分配到各户去，要她们告诉搬出的波兰人必须遵守这个规定。这些波兰人是我们的敌人。为了在'民族本质'上压过他们，我们必须充分利用我们比他们强大的这一时刻。我们把这样做的理论依据叫作强权政治。也许我们大家都意识到了：我们是受'德国的委托'站在那儿的，正是这个委托保证了我们行动的安全。"

与那些移居者相反，波兰人在纳粹用语中被称为"种族自身文化在没落"的"劣等"人，被列入"不能改造的民族"之列。更确切地说，"他们的血液要是侵入德国人的血液，会造成德意志民族的退化"，因此要把他们"彻底清除"掉。但是，当把那些"从种族角度来说不受欢迎的"人流放到新的地区的工作陷入停顿状态，而且"日耳曼"的移民一时也难以找到时，纳粹的种族主义政治家不得不降低要求：现在总的趋向是日耳曼化，也就是说，强制人口德国化的重点，首先是青年一代。中心思想是，拯救德意志民族的血统。"我们要求纯血统孩子们的父母做出抉择，要么把孩子交出来，要么父母移居到德国成为奉公守法的公民。"希姆莱1940年在一篇研究报告中这样写道。"对波兰占领区里6岁至10岁的孩子，每年都要按血统的优劣进行筛选。"然后列出一份"德意志血统清单"，在这份清单里，凡是祖籍是德意志民族的人，都被认为"有德国化价值"。

希特勒青年团和党卫队一直就有着密切的联系。早在1938年12月，希姆莱就跟帝国青年领导层一起商定，凡是参加"农村服务队"——赴东欧参加义务劳动、农业劳动和协助移民的服务队，这些完全是按照希姆莱的意愿成立的——的志愿者均可优先照顾吸收到普通党卫队和武装党卫队里来。在党卫队里，他们有权根据自己的服役情况获得一块土地：他们将以武装农民的身份，移居到被占领的东部地区，这样便可以做到务农和保卫两不误。此外，阿图尔·阿克斯曼也狂热地鼓吹纳粹种族主义政治家提出的血统—地缘理论，把希特勒青年团看作贯彻"日耳曼帝国思想的旗手"。"在我们的东部边界，我们必须筑起一道血肉防线，它比铜墙铁壁还要坚固，"阿克斯曼在1942年的"新年献词"中对希特勒青年团提出这样的要求，"有这些中坚分子，就足以能完成在东欧服务的任务。为完成这一光荣任务，志愿者们，前进吧！"在希特勒青年团总部建立的一个主管"巩固德意志民族特性"的部门，确保了希特勒青年团跟党卫队的目标保持一致。

希特勒青年团在东欧的任务包括对那些"有德国化价值"的各地区青年加以关照并帮助他们移居。这项工作涉及的地区有：东普鲁士、但泽－西普鲁士、瓦尔塔省、上西里西亚和"德国占领区"。在特地建立的移民营里，要对这些青年进行"纳粹思想"教育，并使他们对日后在农村劳动做好思想准备。这些青年中有 6.4 万人是此前到波兰来定居的德国血统移民，有 50 万人是波兰当地的青年，按照那份"德意志血统清单"的分类标准，他们突然被认定"有德国化价值"。因此，现在要把他们培养成"德国人"。然而，因为帝国青年领导层宣布的目标是防止"任何外来血统"的侵入，同时要保持"德意志血统的纯洁性，防止日后遭到损害"，所以自 1942 年12 月起，希特勒青年团的领导按照种族主义的标准参与编制了强行移民的名单。他们借此确认谁属于德国血统，因而可以移民，谁则不属于此列。

希姆莱领导两个移民中心，一个是外迁移民中心，这是个强制外迁、流放及杀害从德国东部来的波兰人和犹太人的协调机构，另一个是内迁移民中心，这是个专管从国外回国定居和申请加入德国籍的移民机构，这两个移民中心自 1940 年春起都设在里兹曼市（罗兹市）。"希特勒青年团东欧服务指挥部"就在这样一些党卫队的机构里从事"挑选"工作。从 1942 年 11 月至 1944 年 4 月，大约有 3 万名青年被列入了挑选名单，"希特勒青年团东欧服务指挥部"对他们的健康状况、家庭出身和政治态度进行审查，主要是对他们的"人种特征"进行细致的调查，至关重要的是"身高、身材、体态、腿长、头的形状、头的后部、脸形、鼻梁、鼻高、鼻宽、颧骨、眼的位置、眼缝、眼皮、嘴唇、下巴、头发形状、体毛、头发颜色、眼球颜色、肤色等"。凡是过了"日耳曼人本质"这一关的人，就被分配到单独建立的青年营里，在那里接受希特勒青年团的严格训练，进行世界观改造，为移民做准备。谁要是审查没能通过，就有被逐出家园的危险，被送到犹太人居住区，强制劳动，驱逐出境，最倒霉的是被送进毒气室。

在人们被迫从黑海地区移居到瓦尔塔省的移民潮中，希特勒青年团的许多领导也参与了对移民的调查摸底工作。"异族婚姻"[1]家庭出身的子女被视为不在移民的范畴

---

1 "异族婚姻"在纳粹统治时期特指雅利安人和犹太人之间的婚姻。德国纳粹分子捏造"雅利安人"是"高贵人种"，其目的是为其种族主义理论张目。与此同时，希特勒把犹太人看作"劣等民族"，认为雅利安人和犹太人结婚所生的子女不是"纯种"的雅利安人。

之内，因而要在希特勒青年团的监督之下被驱逐到德意志帝国的兵工厂里进行强制劳动。那些来自阿尔萨斯地区或南斯拉夫的青年，他们的祖上是德意志民族，希特勒青年团把他们看作可以获得德国国籍的人。然而，到头来真正能获得德国国籍的往往屈指可数。在许多时候，他们被迫离开自己的生活环境，离开父母，被强行送进希特勒青年团领导的青年营去接受改造。按希特勒青年团的说法，这叫作让他们去"逐渐适应德意志民族大家庭的生活"。

当来自黑海西北地区、乌克兰地区、加利西亚地区[1]及波罗的海东部地区的移民没有达到预期数量时，原先规定的"德国人"的标准便有所降低。随之纳粹便急忙开始寻找"已经波兰化的德国后裔"，试图让他们重新"德国化"。希特勒青年团此时也开始设法找出"埋藏"在波兰青年人身上的德意志民族的特性，好让元首获得德意志血统的每一滴血液。他们把注意力集中在那些金发碧眼的孩子们身上，因为只有满足了规定的种族主义标准时，才算是"重新具备了德国化的条件"。确定某人

1　加利西亚地区位于波兰东南部、乌克兰西部，1941年被德军占领，成为大规模迫害犹太人的地区之一。1944年被苏联红军占领，成为苏联的一部分。

是否具备这样的条件，也是希特勒青年团的任务。凡是审查合格的青年都得马上离开他们的父母，被送到改造营里去。希特勒青年团的青年属于残忍的"追随者"之列，他们坚信日耳曼人种的优越性，自以为掌握着"有价值的"和"无价值的"性命的生杀大权。

"阿克斯曼，您的任务是，保证部队官兵有充足的后备力量，在青年中选拔培养出一批人来，他们将是我国未来的栋梁之才。凡是有利于前线、有助于国家的事，您就放手大胆地干吧！"1942年3月，希特勒在东普鲁士的"狼堡"接见阿克斯曼时，对他这样说。

对希特勒这个坚定的"追随者"来说，这样的要求是多余的，因为阿克斯曼早就有了准备。自1942年春以来，青年入伍前的军事训练就被加强了：他们在军事训练营里要参加为期三周的军事课程，为他们将来参军打好基础。而希特勒青年团特殊训练班自1935年以来就给学员们安排好了各项训练，以便将来为各个部队输送后备力量。那些对摩托车感兴趣的青年可以报名参加希特勒青年团摩托训练班，为将来当摩托兵做准备。希特勒青年团飞行员训练班对学员进行滑翔飞行的基本训练，不过也教他们牵引飞机的操作。希特勒青年团海军训练班首先进行海军舰队的基本训练。希特勒青年团通讯兵训练班则要在军事演习的地带进行训练，比如敷设电话线，利用电话机或莫尔斯电报机传送消息。

现在得考虑把 16 岁以上的男孩征召到军事训练营里来。训练营的营长由当年希特勒青年团的领导担任，他们中有的本来是军官，有的是士兵，但都在战争中受过伤，不宜留在前线继续作战了。训练营的教官是德国国防军或武装党卫队的战士。军事训练营的培训目标是，学员在培训结束时要拿到希特勒青年团军事训练结业证书和希特勒青年团银质奖章。为此，需要通过的科目有：地形地貌、伪装掩护、通讯保障、警卫巡逻、小口径步枪射击和政治课。学员们最发憷的是最后一门政治课。此外，训练日程表上还清楚地列着这样一些内容："政治必修课：我们为胜利而战""早集合：哪儿有德国人，哪儿就有忠诚""晚点名：你们向我挑战吧！我一定会赢得胜利的，因为我深信，我能坚持战斗到底"。

这些孩子们在军事训练营里受到了严格的军事训练，这种训练要使他们感到希特勒青年团的执勤就像散步一样。"每天晚上他们都匆匆地过来查房，边走边用手指在房间里的东西上抹过去，一旦发现上面有灰尘，就把一屋子的人赶出去。然后又想出个所谓的'化装舞会'，也就是说，5 分钟内要穿上运动衣，再过 5 分钟换上外出穿的便服，再过 5 分钟改穿制服。现在您完全可以想象——我们就挤在这样一间房间里，这些房间都是用木头盖的临时营房，也就是以前帝国青年义务劳动军住过的营房，那时里面可能住着30人。这种房间看上去就像一间简陋的工棚。一会儿又听说：再过5分钟要来查房间了。或者是大家欢喜地外出，到基地去，这可算是漂洋过海了。突然宣布：'空袭警报，全体隐蔽！'随着一声令下，大家都在肮脏的地上卧倒。过后又说：'你们这帮浑蛋，自己看看身上脏成什么样了？'几个小时后，我们又得穿上洗干净的衣服。"当年的见证人彼得·瓦克回忆道，"这种训练简直是折磨人。那时我们就是受到如此严厉、如此粗暴的对待。人们不妨好好想一想，那是1942年，我们还都是16岁的孩子。"

席拉赫在战后的纽伦堡审判中竭力申辩的话听起来简直荒谬透顶："在希特勒青年团组织中没有一个青年是为战争做准备的，因为他们不是直接从希特勒青年团转入军队的。——我向来痛恨在任何青年组织中征召青年入伍。"事实上，这些军事训练营根本不是在对青年进行什么教育，而是在为希特勒培养未来的战士。一旦战争需要，便把他们送上前线。"有一次，把我们拉到一个地区去进行实弹演习，我们当然只能一如既往地服从命令。我们还在那儿演习了匍匐前进。说实在的，心里怪害怕的，子弹嗖嗖地从我们的头顶上飞过——自然是十分精确地落到了演习区的某个地方。"福尔克尔·菲舍尔说道。

对德国国防军来说至关重要的是:"训练营的实质是培养军人气质,年轻人参加军事演习有利于加强军队的防御能力。"为了培养地道的军人"风度",在"政治思想课"上要教唱军歌,展开对"防御思想"的专题辩论,讨论战争的进展情况。训练取得的成果说明教官们的观点是正确的。"学生中自愿报名入伍的人数证明,防御思想已经唤醒了青年人。"一名受到学生信赖的老师这样写道。

军事训练营其实就是训练新兵的准备阶段,希特勒也是这么认为的。1943年9月,在全国首次举行的希特勒青年团军训日上,元首亲自对阿克斯曼说:"前线的期望是,希特勒青年团在战争最困难的时候一如既往地把向战斗中的部队输送最优秀的后备力量看作自己最崇高的任务。我党的宗旨应该越来越明显地在青年人的一言一行中体现出来。只有这样,一代新人才能茁壮地成长起来,才能卓有成效地最终完成决定我们民族命运的历史使命。"

在战争开始的时候,希特勒在国会大厦前以充满自信的口气宣布:"我国青年一定会满怀信心地实现德意志民族和德意志帝国对他们提出的期望和要求。"然而,这个独裁者的追随者们心里感到不是十分有把握。为了激起孩子们对战争的热情，他们便加强了宣传攻势，号召孩子们为国从军。早在 1939 年 9 月 10 日，赫尔曼·戈林就向德国人民发出号召："征兵令不再规定哪年到哪年出生的人属于征兵的范围，而是从现在起，凡是年满 16 周岁的德国公民，不论男女都属于征兵的对象。"

1940 年春，纳粹党的主要理论家阿尔弗雷德·罗森堡被委以重任，担任"战时青年思想教育的领导"。他在广播讲话中要求大家"在平日的艰苦生活中意志要坚强"，要时刻"意识到自己肩负的责任，在被犹太人败坏了的资本主义社会里，要高举维护欧洲民族文化的伟大旗帜"。大规模地开展对"在校青少年和其他青少年的思想教育运动"，其目的是："提高他们的思想觉悟，使他们继续保持德意志民族在生存竞争中的高贵品质和顽强斗志，同时要求他们积极投入到战斗中去。"

这种微妙的高压手段实际上是向德国青年发出的一种威胁，暗示他们，一旦战争失败，他们就会沦为"亡国奴"。从入伍的那天起，他们脑子里想的就是，有朝一日能当上战斗英雄。到那时，胸前挂满了奖章，经常被人请回来休假，在学校里或者到希特勒青年团的军事训练营去做报告，讲他们在战斗中的英雄事迹。"我们这儿就曾经来过一个上尉，他胸前挂着两枚勋章，一枚是帝国金十字勋章，另一枚是一级铁十字勋章，使人感到非常敬佩，"维利·拉贝回忆道，"他还说，德国军队作战非常英勇，世界上再也没有比德国军队更好的军队了。我们一定能赢得胜利，我们的武器装备占有明显的优势。"

"英勇行为和英雄人物，这两样就是平时向我们反复灌输的东西。这里所说的英雄，不是指人们头脑里想象的英雄，而是指在军事上做出过一定贡献的战斗英雄。因此，任何别的都不算真正的英雄。"约阿希姆·埃勒尔特回忆道。"是的，我们当时都愿意当兵，而且我们最崇拜的偶像是歼击机飞行员，如其中一个叫阿道夫·加兰德的飞行员。他们都受到了重奖，而且每一期画报，每一份报纸以及其他地方到处都能看到他们的照片。"卡尔－海因茨·伯克勒证实道。

然而，最受大家崇拜的偶像始终是阿道夫·希特勒。在希特勒青年团举行的晚会上，通过新闻影片以及报刊，反复地向孩子们灌输："元首，我们的一切都是属于你的！"许多人盲目地信守这样的信条。"希特勒对我来说是高不可攀的，他是神。要是他到我们的防空洞里来，把他那神一般的、有力的手搭在我的肩膀上，对我说一声：你是个年轻的德国士兵，那我就会感到莫大的荣幸。"克拉斯－埃沃尔特·埃沃尔文回忆道。

这些孩子们甚至随时准备为这个政治骗子做出牺牲。"处在这样一个年龄段的孩子们不会想到死究竟意味着什么，也不知道什么是害怕。但是我们又不得不为德国、为希特勒做出牺牲，"京特·阿德里安非常肯定地说，"元首下令，我们绝对服从——这就是希特勒青年团当年信守的基本信条。你要保持健康的体魄，你的身体是属于元首的。"就连萨利·佩雷尔，即名噪一时的"希特勒青年所罗门"也意识到了诱惑的威力。萨利·佩雷尔是个犹太人，他以希特勒青年团团员尤普·佩耶尔的身份勇闯虎穴，从而逃脱了纳粹对犹太人的大屠杀。在这段时间里，他始终处于矛盾之中，一方面为自己是一名希特勒青年团团员、能够为德国效劳而兴奋不已，另一方面又担心被发现是"人民的敌人"而被害死。

在纳粹看来，只有上前线去打仗才算是圆满地实现了青年的人生理想，才称得上步入了成年人的行列。戈培尔本人是个电影迷，他发现，作为宣传工具的电影对青年人来说很有诱惑力。在星期日举办的青年电影专场演出中，青年人可以看到的纪录片有《波兰大捷》《空军在战斗中成长》《希特勒青年团在前线》和《波罗的海海边的年轻人》等；故事片有《恶棍》《年轻的山鹰》《银鹰展翅》和《青年一代》等。据说，这些影片在当时深受希特勒青年团海军训练班和飞行员训练班战士的欢迎，同时对青年的思想教育也起到了重要的作用。比如,《恶棍》这部电影里有一个场面是描写一位教官在训斥一名希特勒青年团团员,他是这么说的:"我知道,你从来不好好听从命令……我们飞行员每次执行任务时总是冒着生命危险的。我们不需要那些不服从命令的杂种。"遵守纪律和服从命令在部队里显得尤为重要,只有这样才能建立起真正的战斗友谊。

纳粹的宣传机器利用1941年12月初次上演电影《军校学生》的机会号召青年随时做好战斗准备。该影片描写的是普鲁士军校一个连的9岁至12岁的学生在七年战争[1]中被俄军俘获。当然,这个连的学生成功地逃了出来,勇敢地经受住了这场反对卑鄙无耻的俄国人的斗争的考验,重新回到了自己的防线上来。这一英雄史诗至今还没有失去它的影响。"可以这么说,这部电影的内容跟我这一代人的经历很像,"志愿兵伯恩哈德·海思希回忆道,"他们唱的那首歌的歌词:'我乐意驰骋在广阔的战场上跟敌人搏斗',我们那时也是这么唱的。这个年龄段

---

[1]　七年战争是指1756—1763年间欧洲国家之间的大规模战争。参战国一方为英国、普鲁士、汉诺威等国;另一方为法国、奥地利、俄国、萨克森、瑞典和西班牙等国。起因是英法争夺殖民地以及普奥争夺西里西亚和在中欧的霸权。战争以普鲁士和英国的胜利而告终。

的孩子们能把他们义无反顾的立场坚持到底，这给我们留下了深刻的印象。"

而描写腓特烈大帝的那部电影《伟大的国王》则号召人民做好牺牲的准备，坚持胜利，否则就得遭受失败。"这部电影自始至终激励着我们，影片中描写的人物个个都是好样的，我们也要成为这样的人。就拿腓特烈大帝来说吧，实际上他处在许多敌人的包围之下，可是最后他还是赢得了胜利——这完全是意志的胜利，我们也应该能做到这一点。我们也是处在敌人的重重包围之下，但是到最后，即使剩下几个营，我们也会胜利的。影片当然没有展现巨大的灾难，流血的场面和血肉模糊的身躯也看不到，观众所能看到的总是那些光辉的英雄形象。"卡尔－海因茨·伯克勒说。

大张旗鼓的宣传使青少年们从精神上早已做好了参战的准备。"战争一开始，老师们在学校里就对我们说：'现在该轮到你们了。'我们也是这么希望的，我们非常愿意这么做。我有个朋友，他非常严肃地对我说：'你知道吗，我已做好了在战场上牺牲的准备。'"伯恩哈德·海思希回忆道。

战争，斗志，承受能力，将深入到青年的骨子里，成为他们的一部分。赫伯特·赖内科尔是希特勒青年团杂志的主编，后来他又成为侦探系列电影剧本的作者，写过《警官》和《起重机》等电影剧本。1943年，他在《青年德意志》杂志上撰文："培养青年树立必胜的信心，不怕任何怀疑，人生的一切沉浮和考验只会增强青年人英勇反抗的动力：'不管怎么说，我们会更努力地取得胜利。'自信的年轻人思想上的成熟使之在许多方面的表现超出了他们的年龄。这场突如其来的战争造就了一代青年，这也是对他们积极主动地参加这场战争的回报，他们在这场战争中没有袖手旁观。凡是使人成熟的就是好的。"他接着写道："服兵役对青年来说似乎是唯一值得追求的目标。"

对一个"优秀"的德国人来说似乎没有比当兵更好的了。一时间，甚至连女孩们都开始对穿制服的人另眼相看了，这对青少年来说显得尤为重要。"要是我们没有穿制服，我们心上的女孩突然间就不理我们了，"伯恩哈德·海思希说，他在16岁那年就报名参加了坦克部队，"谁不是士兵，就没有一个女孩跟他一起出去散步。谁要是穿一套漂亮的制服，就好很多，比如我当时就穿着坦克兵的制服，要是再添几枚勋章，那就更好了。"

为了给大家树立榜样，帝国青年领导层不遗余力地强调，到1940年6月，"百分之九十五以上的希特勒青年团领导"都要穿上"士兵的制服"。可是当报纸上刊登的阵亡战士的讣告与日俱增时，根本无法阻止部分年轻人明白，为什么后来出版的报纸上突然不再刊登英雄的讣告了。"我对学校里的那块公布阵亡战士名单的布告牌至今还记忆犹新，"卡尔·库恩策回忆道，"当时，图画老师把6名阵亡战士的名字写在了那块旧的制图板上，这是在波兰战役之后。法国战役后又公布了6名阵亡战士的名字。后来这块布告牌满得写不下了，于是在它的下面加了一块，然后又在左边加了一块，没过多久又在右边加了一块。"

战争的有利局势一下子发生了逆转。希特勒的闪电战策略遇到了麻烦："巴巴罗萨行动"——想要一举"击败"死敌苏联的作战计划——付诸实施后不久便遭受失败。在东线，每过一天就有一个团遭受惨重的损失。到1942年底，德军在东线的死亡人数已超过80万，失踪和受伤的人更是不计其数。希特勒偏偏还在1941年12月11日向美国宣战，又树强敌一个。更大的伤亡才刚刚开始。

当然，不是所有的年轻人都把忠于元首和乐于为元首做出牺牲看作理所当然的。同样，不是所有的士兵都把齐步走看作唯一合理的走路姿势。尽管希特勒青年团团员有服兵役的义务，尽管有官方的宣传和施加的压力，可是总有那么一些"不听话的人"就是不守规矩。先是在汉堡，后来很快在其他一些大城市里，那些喜欢爵士乐的年轻人为了在一起听摇摆乐，欢聚在一起，组织起许多团体。战争年代一般是禁止跳舞的。和着"颓废的"美国音乐翩翩起舞被看作腐化堕落：不仅因为这种音乐起源于美国，而且因为部分乐曲是由黑人来演奏的，甚至有些爵士乐还是由犹太人作曲的。早在1935年10月，《人民观察家报》就宣布："德意志广播电台从现在起停止播放黑人爵士乐。"再说，跳摇摆舞时即席演奏的癫狂的前奏曲跟轻快的行军进行曲也是不相配的。

那个时代的氛围单调乏味，认为在跳华尔兹舞时人人显得心醉神迷，这在1942年9月帝国青年领导层的一篇专题报告中描述得非常清楚："舞伴们跳舞的样子看上去非常难看。有的是两个小伙子跟一个女孩在一起跳，有的是好几对舞伴围成一圈在那儿跳，一边跳还一边互相挽着胳膊，然后互相绕圈，击掌，甚至转动后脑勺，然后弯腰，上身松弛地前倾，长长的头发蓬乱地遮住了脸，双腿来回摆动着。当乐队开始奏伦巴舞曲时，舞伴们一个个都进入极度的兴奋状态，大家疯狂地围着跳个不停，嘴里还含混地唱着英语歌曲。这时，乐队的乐师们都坐不住了，就在乐队的指挥台上开始扭摆起来……舞伴们互相打招呼，张嘴'摇哥'，闭嘴'摇妹'，或称

'老摇哥'。连结束语都用'摇摆万岁'[1]。流行语是'悠闲自在'。"

从今天的角度来看，这是一次很正常的娱乐性聚会，可是在独裁政权的眼里，这正好是一例"青年人组织的危害党和国家利益的非法活动"的明证。从1940年起，在汉堡的"阿尔斯特娱乐宫"以及皇宫饭店里举行的跳舞晚会，多次被秘密警察组织盖世太保用暴力驱散，许多摇摆乐小乐迷遭拘捕。其中一次舞会有400多人参加，警察在清点人数时，发现其中只有两人的年龄超过21岁。因为大范围的舞会已不可能再举行了，所以摇摆乐乐迷们干脆拿着手提留声机，把舞会转移到私人场所去，或者就在汉堡市内阿尔斯特河边的草地上跳舞。在舞会上，"摇哥""摇妹"之间难免发生情意缠绵的情况，盖世太保便认为这是确凿的证据，证明他们跟道德堕落的"性乱"有关。更为糟糕的是，这些摇摆乐乐迷因为在衣着和外表上不修边幅，所以他们跟穿着统一的希特勒青年团团员相比显得很突出。明显的标志有：长头发，苏格兰图案的开衩上衣，很厚的橡胶鞋底和非常显眼的围巾。他们抽板烟丝烟斗和装着长烟嘴儿的香烟，头戴翁格尔礼帽，不管天气怎样，胳膊上总是搭着一把雨伞。喜欢

1　原文为 Swing Heil，套用的是 Heil Hitler（"希特勒万岁"之意）。

摇摆乐的少女跟听话的德国少女联盟的女孩不同，她们个个披散着头发，穿着时髦，涂脂抹粉，爱打扮。

摇摆乐乐迷们绝没有进行政治反抗的意思。当炸弹在他们的周围炸响时，征召他们入伍也只是个时间问题了，这时他们仍然设法找出几个小时的空闲时间来欣赏阿蒂·肖、路易斯·阿姆斯特朗和本尼·古德曼的音乐。他们不搞什么政治性的活动，只不过有点反叛精神而已。绝大多数的摇摆乐乐迷就是坚决不愿意参加一个组织：希特勒青年团。他们非常痛恨入伍前的军事训练、长途行军和强制服役。他们中的许多人连蒙带骗要了许多花招，成功地逃过了希特勒青年团的征召。不过，这样做的结果是导致了日后跳舞时跟可恨的希特勒青年团巡逻队不断发生冲突。

为了镇住这些难以驾驭的年轻人，党卫队首脑海因里希·希姆莱于1940年3月9日颁布了青少年保护法。法令中规定，18岁以下的青少年不准在饭店、电影院、游艺场和卡巴莱[1]夜总会等公共场所闲荡，也不准喝酒。17岁青年可以战死沙场，却不准外出参加娱乐活动。为了制裁违法行为，青少年拘留处分规定于1940年9月

----

1 卡巴莱是一种由诙谐的歌舞和幽默的对话、模仿等艺术手段构成的，大多以政治和当前事件为内容的讽刺性舞台小品。

17 日开始实施。凡年龄在 14 岁以下的青少年如有违法行为，必须拘留一个月，一天也不能少。青少年保护法由警察局和希特勒青年团巡逻队负责监督实施。

通过席拉赫和帝国党卫队首脑海因里希·希姆莱签订的协议，希特勒青年团领导的这个特殊组织（希特勒青年团巡逻队）于 1938 年跟党卫队紧密结合在一起，它为警察局和希姆莱的党卫队提供接班人。根据"种族主义"观点进行挑选后，这些青年中的一些人后来又在党卫队的"骷髅"部队里找到了自己的工作岗位——在集中营里看管犯人。

希特勒青年团巡逻队在战争期间又额外承担了防空和消防两项任务。这些"希特勒青年团警察"跟警察局、盖世太保和国家安全部紧密合作，逐步发展成了希特勒青年团的一个特务机构。在战争的最后几年里，它的主要任务是，对付在希特勒青年团以外成立起来的青年团体。

"一旦有人落入他们的手中，那是非常危险的。"当年的摇摆乐乐迷乌韦·施托约翰回忆道，"他们把他带到盖世太保那儿，由盖世太保对他进行处置。"然而，摇摆乐乐迷也设法自卫。尽管他们中间有许多人是出身汉堡"上流社会"的商人之子，但也有经受过街头斗殴考验的普通工人家庭的男孩，因此，进入盖世太保审讯室的不仅有摇摆乐乐迷，而且也有少数在阿尔斯特河一带执行任务的希特勒青年团巡逻队的成员。

不过，摇摆乐乐迷一旦被当场逮住，他们从此就再也笑不出来了。设在富尔斯比特尔的盖世太保监狱在那些反叛者的心中已是臭名昭著。"按照盖世太保的一贯做法，首先进行拷打，牙齿被一个个打掉，再进行严刑逼供；还用香烟头烫皮肤。等到他们回来时，看上去已被折磨得不成人样了。"施托约翰说。"假如一个专制政权需要青年人为它的侵略战争效力的话，那么这样的摇摆乐乐迷对它来说毫无用处。"当年的"摇哥"京特·迪舍尔说，"此外，希特勒青年团也怕团员投奔摇摆乐乐迷，因为后者过的是一种另类生活，想要摆脱'一体化'。这时纳粹政府已经觉察到有一股反抗势力，因此试图出面阻止，不让这种正在滋长的有害思想传布开来。"

这些乐迷们经常收听"敌台"英国广播公司，因此犯有"偷听敌台罪"，当然，这只是禁止他们收听英国广播公司节目的一个借口而已。根据关于企图颠覆国家的处罚规定，以及1934年颁布的防止秘密反党反政府法和已实施的青少年拘留处分规定，都可以把青少年投入监狱或集中营。青少年犯罪的刑事裁判权在战争期间日渐扩大，轻易便将青少年作为"民族害人虫"判处监禁或者死刑。

据说，要把那些心地善良、爱好摇摆乐的青年"一扫而光"。根据阿克斯曼的建议，海因里希·希姆莱于1942年1月26日再次指示国家安全部部长莱因哈德·海德里希，把爱好摇摆乐的青少年统统关到集中营里去。"只有采取这种强有力的措施，我们才能在国家处于生死存亡的关键时刻扼制住这股崇拜英国的危险倾向，避免它的蔓延。"于是摇摆乐乐迷一个个都被盖世太保逮捕起来了，被投入到前线的惩罚营去接受考验，或者不经法庭判决，由警察局、盖世太保和希特勒青年团直接押进1940年在莫林根建立的青年保护营。京特·迪舍尔就是被盖世太保逮捕和审讯的。当他天真烂漫并自豪地声称"我没参加希特勒青年团，因为我想做一个自由的人"时，他便被根据保护性拘留的命令送进了集中营。那种无视危险的舞蹈突然结束了。"有这样的集中营，这是尽人皆知的。不过，许多人在那里丧生或饿死，这是我们在1939年还不知道的。"

严刑拷打，忍饥挨饿，在兵工厂被迫劳动，生病和受侮辱，这些京特·迪舍尔在莫林根都遭遇过。"今天您要是走进莫林根公墓，您就会看到，有150名青年被党卫队草草地埋在那儿了，他们是因为身体被折磨得虚弱不堪而死亡的。"到1944年7月，在莫林根总共有1386名青年受到虐待，他们中有些人是因所谓的刑事原因，有些人是因政治上的原因而身陷囹圄。

在德国的其他大城市里也出现了一些"非法"的青少年团伙：比如在莱比锡有"歹徒帮"，在维也纳有"流氓帮"，在慕尼黑有"坏蛋帮"。这些人的共同特点是：设法逃避希特勒青年团组织的军事训练，他们想要过一种自由自在的生活。他们给自己组织起来的团伙起了一些非常离奇的名称，比如"红色某某团""纳瓦霍人"[1] 和经常听到的"雪莲海盗"。"雪莲海盗"这个名称很快便成了反对希特勒青年团的那帮人的代名词。西服翻领下面的小花朵是他们的识别记号。他们的活动常常是从下午开始的。他们先是去参加正经的娱乐性舞会，然后便混入在公共场所喧哗起哄的团伙里去。当夜幕降临时，这帮"流里流气"的家伙便开始在大街上骚扰，弄得街上很不安宁。这些青年受到无情的迫害，被指责是政治上的敌人。不过，这样说未免"抬举"了他们。

独裁政府对青少年在大街上的寻衅闹事极为重视，

1　纳瓦霍人为北美印第安人，分布在美国新墨西哥州西北部、亚利桑那州东北部、犹他州东南部各保留地，约有 16 万人，为美国人数最多的印第安人部落，曾长期反抗西班牙殖民统治。

认为即使是一般的违法行为也会变成政治问题，而政治上的过激行为会引发刑事犯罪。无论是何种形式的暴力都应看作"破坏政治秩序"，"文化上的布尔什维化"，以及在政治上"违背种族主义思想"。谁要是不接受希特勒青年团的管教，谁就是"政治上堕落"。

甚至被席拉赫禁止、被希特勒青年团分化瓦解的青年联盟还有个别人存在，并受到不断的追捕。根据希特勒青年团在报纸上刊登的一则消息，警察局将罗伯特·厄尔伯曼捉拿归案，理由是，他是"内罗特候鸟协会"的成员。他被囚禁五年后死于达豪集中营。另外，"dj.1.ll"运动的成员赫尔穆特·希尔施被处死，而该运动的领导人埃贝哈德·科贝尔被盖世太保监禁，后化名"图斯克"逃亡到了国外。

明显带有政治倾向的地下组织有社会主义工人青年团——已被禁止活动的德国社会民主党领导的青年组织——和共产主义青年团。他们散发传单，往墙上书写反纳粹的标语口号，支持处于困境中的政治犯的家庭。当然，他们已不可能广泛地把大家组织起来了，因为这两个地下组织在希特勒上台后的头几个月里就在很大程度上被镇压下去了。数以千计的年轻共产主义者和社会主义者遭到了监禁，或者被关押在集中营里。

基督教青年联盟的成员对纳粹的独裁统治非常痛恨。

1942年，慕尼黑天主教信徒的一个学徒小组被告上人民法院，被控告犯有颠覆国家罪。该小组的组长，17岁的瓦尔特·克林根贝克于1943年在慕尼黑的施塔德海姆被处决。赫尔穆特·许伯讷于1942年10月27日被斩首时才17岁，他是"耶稣基督后期圣徒教会"（摩门教）的信徒，他在自己起草的传单上对战争和纳粹提出强烈抗议，因此被人民法院判处了死刑。

天主教青年运动和青年联盟运动中还有一个以朔尔兄妹为代表的"白玫瑰"反抗组织。他们用散发传单和在墙上刷标语口号的方式动员大学生起来反抗独裁政权。当戈培尔在柏林体育馆向精心挑选出来的听众动员参加这场"全面战争"时，"白玫瑰"的成员在慕尼黑被捕。希特勒豢养的死刑执行官罗兰德·弗莱斯勒把他们判处了死刑。

1944年11月10日，6个年龄在16岁至18岁的青年在科隆的埃伦费尔德未经法院审理就被盖世太保公开吊起来绞死了，以此来向其他人发出"警告"，或使其他人引为"鉴戒"。他们的尸体在绳子上来回晃悠了几乎一整天。在这些被绞死的人中，有一个是修建屋顶的学徒工，16岁的巴托罗缪·申克。这些青年都属于科隆的"雪莲海盗"团伙，他们早就开始积极组织反抗活动：他们把逃跑出来的强制劳改犯和在部队开小差的逃兵隐藏起来，他们谋害盖世太保的秘密警察和纳粹党的干部。在整个战争期间，至少有162名年龄在16岁至25岁的青年被处决了，因为他们对希特勒政权及罪行累累的战争政策进行了不屈不挠的抵抗。而这一战争政策即使没有遭到反抗也挽救不了这个"千年帝国"走向覆灭的命运。

"当代最伟大的统帅"所取得的辉煌胜利如今已是明日黄花。深入到苏联腹地的希特勒第六集团军自1942年底以来向斯大林格勒推进的速度非常缓慢，而且伤亡惨重。企图占领伏尔加河畔的这座城市体现了希特勒的狂妄思想，这在很大程度上可以说是希特勒向苏联提出的一个挑战，但实际上并没有什么战略意义。希特勒想用占领斯大林格勒这一举动象征性地给苏联这个死敌以致命的打击，也就是说，"必须夺取共产主义的这块圣地"。

然而，斯大林没有被击败，德军在东线的溃败却成了这一战役的不祥之兆。艰苦卓绝的战斗持续了75天。这时将军们纷纷力谏希特勒大胆地从包围圈里突围，但他不听他们的劝告。"我们要坚持战斗到最后一颗子弹！"这个战争狂人命令道。苏联红军像张开的一把钳子，把德军包围起来，形成了一个包围圈。德军只好束手待毙，景况非常惨：除了伤痛、挨饿，还要忍受刺骨的严寒。1943年1月就有18万士兵惨死在东线的战场上。11月，30万德国士兵被围困在包围圈里，其中有9万人当了苏军的俘虏。据说只有6000人活着回到了他们的故乡。

对于当年满怀英雄气概和牺牲精神奔赴前线的希特勒的追随者来说，眼前所面临的死亡威胁使他们的头脑开始清醒过来。一位年轻军官在斯大林格勒痛苦万分地写道："我所在的炮兵连还有26发炮弹，这就是我们仅剩的全部炮弹，而且再也不会得到补给了。这时我们蹲在一个地下室里，上面住宅里的东西已全部烧光了。我们并不傻。我们非常渴望能佩带上肩章，跟你们一起喊'希特勒万岁'，可是，现在我们要么惨死在战场上，要么就被送到西伯利亚的俘房营里去，这可以说还不是最糟糕的；最糟糕的是，我们知道我们所做的一切都是为了一件毫无意义的事情，我们为此感到脸红。"

直到最后，有些人还在坚持他们的幻想："当兵，结束战争，这就是我的奋斗目标。只有在这样的前提条件下，才谈得上做出任何牺牲。我认为，我的民族就是我的现世法则，我要按照上帝的旨意为它冲锋陷阵。"其实，这些年轻人牺牲，是因为希特勒要他们这么做。对希特勒来说，这些青年只不过是实现他战争妄想的工具。要是他不能以必胜的希望把他们赶到前线去打仗的话，他灭亡的步伐只会加速。

1943 年 1 月，美国总统罗斯福和英国首相丘吉尔在摩洛哥的卡萨布兰卡会晤时，要求德国无条件投降。由于宣传的煽动，第三帝国各地谣言四起，说盟国不仅要战胜德国，而且还要毁灭德国并把德国人民消灭掉。"敌人可以摧毁我们的房屋，但征服不了我们的人心！"一条标语是这么说的。另一句口号是："誓死跟敌人战斗到底！""青年们要明白，我们现在正背水一战，"阿克斯曼强调说，"无论是整个民族还是全国青年，都要无限地信任我们的元首。现在只有一个口号：前进！"

自 1942 年初开始，帝国青年领袖阿克斯曼就着手起草一份关于德国青年军事教育的"元首公告"，"旨在统一协调全国青年在更大的范围内满足军事上的需要"。阿克斯曼跟在席拉赫的后面亦步亦趋，他想在这场战争中牢固地确立他对希特勒青年团教育的主导地位，以便通过希特勒青年团这一组织来左右新兵的调配工作，从而击败他的竞争对手。

帝国青年领袖跟教育部部长、帝国劳动部部长、内政部部长、空军司令部、海军舰队、帝国青年义务劳动军、军备部经过两年的激烈争论，最后对培养新兵的要求提出了统一的意见。在战争期间，每个部门的领导都不愿意轻易让人夺走自己统辖的青年战士。1943年12月2日，由戈林、拉默斯、凯特尔和鲍曼签字的《为完成战斗任务必须加强培养德国青年的若干规定》最终颁布。这个规定实际上是个妥协的方案，对阿克斯曼来说无疑是一次失败。这位帝国青年领袖不得不承认，他的作用受到了很大的限制，他的职权范围比颁布这个规定之前明显变小了。今后，无论是向前线投入空军和海军的兵力，提前参加帝国青年义务劳动军、德国国防军和武装党卫队，还是在履行保卫帝国的义务方面，希特勒青年团获得的机会越来越少了。此外，按照参加抢险救灾服务的规定，希特勒青年团大量培养青年的作用也被大大削弱了。归根到底，是要限制帝国青年领袖征召大批青年入伍。其实，阿克斯曼对调配新兵的工作早已失去了控制。

席拉赫想把希特勒青年团变成国中之国的计划遭到了惨败。在战争期间，大家都想把这些"听话的青年"抓到手，帝国青年领袖就是为了这个目的培养他们的。战争进行到第四个年头时，纳粹刊物《青年德意志》简要地总结道：面对"声称要把德国青年杀尽灭绝"的敌人，"希特勒青年团的全体团员应当感激元首，尽管不可避免地受到种种条件的限制，但他们在斗争中没有被敌人所吓倒，这得益于他们从小就在体质上、气质上和精神上受到了全面的培养和锻炼"。现在这些"经受过锻炼的"青年马上就可以在战斗中证明他们的承受能力了。

随着 1943 年 2 月斯大林格勒战役的惨败，青年人参战也经历了一个转折。希特勒要求把后备兵员全部动员起来——从少年队队员到白发苍苍的老人。在柏林体育馆里，战争的煽动者戈培尔在一次充满狂热和煽动性言词的长篇演说中，成功地把听众煽动起来，要跟敌人决战到底。"跟元首和我们在一起，你们相信德国人民能取得战争的彻底胜利吗？"他声嘶力竭地问道，"在同甘共苦夺取胜利的同时，个人也会遭受到极大的痛苦，这时，你们还坚决紧跟元首吗？你们想把这场全面战争进行到底吗？你们觉得有必要把这场战争打得比我们今天想象的更激烈、更彻底吗？你们今天对元首的信赖比以往任何时候都更坚定吗？"在整个演说过程中，体育馆里喝彩的声浪一阵高过一阵。听众不时发出狂呼乱叫，他们兴奋得从坐位上跳起来，对每一个带有煽动性的问题高声尖叫着回答："是——！"

当年的希特勒青年团团员，后来成为德国电视二台总编辑的赖因哈德·阿佩尔在回顾过去时说："当年在柏林体育馆里激动得跳起来的都是些成年人，他们齐声回答：'是，我们要把全面战争进行到底。'怎么能让那么多人，特别是年轻人受骗上当呢？这真叫人难以置信。"

戈培尔在第二天早晨的日记里得意洋洋地写道："听众犹如一群脱缰的野马，他们的情绪已经难以控制。我把这次群众大会变成了一次战时的思想总动员。大会结束的时候，会场里群情激昂，人声鼎沸，听众们决心为赢得战争的胜利而牺牲一切。但愿我演讲的结束语能够成真：'全国人民立即行动起来，让暴风雨来得更猛烈些吧！'"

希特勒提出的扩大德意志民族生存空间的梦想在1943年——至少对士兵来说——已经变成了现实。从北角[1]到北非，从大西洋到白雪覆盖的苏联腹地，都留下了德国士兵的足迹。然而，战争形势在德国本土早已非常吃紧了。为防止盟军的轰炸，保卫德国的城市、机场、工业设施和军事工厂，高炮部队严阵以待。当储备的"人力资源"快要耗尽时，空军司令戈林想出了一个"输送新鲜血液"的新招：能不能把1926年和1927年出生的中学生全部投入到扩建的高炮阵地上去呢？每100个中学生肯定可以顶上70个士兵。海军舰队立即表示赞成把中学生派到各个炮位上去，并且还要求兼顾高炮部队

1　挪威北部的一个海角，位于马格尔岛，是欧洲的极北点。

炮兵连的作战任务。希特勒的"幕后指挥者"鲍曼对此提出异议：敌人会大肆宣传说，德国的兵力已消耗殆尽，所以不得不把"招募中学生入伍作为最后的一条出路"。然而，戈林的想法得到了希特勒的首肯。1943 年 1 月 22 日发布的《关于在德国青年中征召空军预备役兵员的公告》，是到那时为止希特勒青年团征兵制度中最重大的事件。征召空军和海军预备役兵员入伍，为德国国防军和武装党卫队加强培养未成年人直接参战拉开了序幕。到战争结束时，有将近 20 万青年服预备役，当了炮兵。

这种做法的法律依据是以前颁布过的紧急命令法。这项法令自 1938 年以来一直沉睡在办公室的抽屉里，到战争期间才得到广泛的应用。此外，戈林强调"空军预备役兵员从真正意义上来说不能被看作军人。在征召预备役兵员期间他们只能算是学生"。帝国青年领导层也坚持服预备役的炮兵只是希特勒青年团的补充形式，他们还是穿希特勒青年团飞行员训练班的制服，外出时要佩戴希特勒青年团的臂章。在宣誓尽职时他们必须保证，在任何时候都要尽到自己的责任，"忠实可靠，服从命令，勇敢顽强，时刻准备投入战斗"，"就像每个希特勒青年团团员应该做到的那样"。

课程表上逐页印着"政治课""体育课"和"军事训练课"的具体要求。服预备役的炮兵除了操纵大炮以外，还得学习这几门课程。在高炮部队的炮兵连里，希特勒青年团实际上起不了什么作用。就连教育部部长批准的为服预备役的炮兵开设的课程，希特勒青年团也无权过问。希特勒的追随者们都很清楚，服预备役的炮兵其实就是独裁者手中的年轻战士。按照席拉赫的看法，他们只不过是"在民兵和军人之间架起了一座桥梁"。戈林强调："这些年轻人感到非常自豪，他们还不到服役的年龄就被征召到德国国防军里服役，能为德国的胜利贡献自己的力量。"他还指出，加强民族自豪感，保持军人气质，善于作战，这是上级交给他们的任务。

当然，很多青年根本就用不着再让别人去激发他们的热情。纳粹的教育收到了预期的效果。"当宣布我们已获准入伍时，我们激动得欢呼起来，我们对此感到非常高兴。"洛塔尔·古里希回忆道，"刚给我们上完语文课的老师从他的坐位上站起来，用食指敲着他的脑门儿大声说：'你们这帮傻瓜！'"在汉堡服预备役的炮兵保罗·克伦贝克说："斯大林格勒战役确实让我们第一次遭到了惨败，这是全国人民有目共睹的事实。我们也非常清楚，现在事关全局，关系到战争的胜败，我们也该出把力了。"

服预备役一开始便是为期四周的基本军事训练。教官一般是各部队的军士。除了一般的野外训练和操练之外，还要给学员们传授对空探照灯和火炮的操纵方法。他们还被安排到无线电探测仪和高炮射击指挥仪那儿去当装弹手或瞄准炮手。他们要操纵发射器，或者当炮弹运送员，所拖运的炮弹最大重量可达46公斤。他们身旁架着的有口径为88毫米至128毫米的重型高射炮，也有口径为20毫米的轻型火炮。"那些火炮的名称我一辈子也忘不了，"洛塔尔·古里希说，"我们必须把各种火炮的名称背得滚瓜烂熟。有时深更半夜的突然来一个军士巡查，掀开某个学员的被子，大声问道：'你在哪一种火炮那儿受训？'查问到我时，我便脱口而出回答道：'我受训的火炮类型是88毫米MPLC30D炮群组中的105毫米SKC32NL。'"

基本军事训练结束后，学员们便被分派到了战斗阵地。"我们被安排住在临时搭建的木板营房里，全是双层床，一间屋里住24个人。给我们发的制服跟发给新兵的制服是一样的，没有任何区别，"当年16岁的约阿希姆·埃勒尔特回忆道，"可是，这制服穿在我们身上就显得太大了，尤其是我。衬裤提到了腋下，衬衫的下摆都够到膝盖那儿了。"

纳粹的宣传报道一直力图让他们接受这种想法：可以成为士兵了，对许多青年来说，他们想当兵的梦想终于变成了现实。不过，他们必须佩戴希特勒青年团的臂章。对于这一点，大多数人心里总是觉得有点别扭。既然已经在部队里了，而且每天还得冒着生命危险守着火炮，他们就不愿再当希特勒青年团团员了，而希望人们承认他们是不折不扣的士兵。每当他们从营房外出时，他们就摘下希特勒青年团的臂章，因为戴着它就说明他们还是个孩子，他们认为，这不符合他们目前的真实身份。

希特勒的童子军在战火中体验到了战争的残酷现实。尤其是在大城市里，例如在柏林，为了保护工业设施和机场，他们常常要冒着成为敌机轰炸目标的危险。"起初我只有16岁，站在西门子－舒格尔特工厂的屋顶上操作一门20毫米口径的四管高射炮。那滋味真不好受。那时我才第一次感受到，战争不一定就是炼出德国好汉的熔炉。我是个男孩，我第一次感到极大的恐惧。"当年在柏林服预备役的炮兵克劳斯·伯林这样描述他的感受。

在柏林经受的战斗考验使彼得·伯尼士感到非常震惊："我当时在探照灯炮兵连里。这次军事行动的代号叫作'裹尸行动'，它的意思是，转动探照灯，取下聚光镜，这样，探照灯射出的光就不会聚成光束，而是向着云层散开，形成一个辐射的光锥。在云层较低的情况下，这对德国的歼击机非常有利，它们能更清楚地在云层上辨识从敌方飞来的轰炸机编队。如果敌人的轰炸机编队低空飞行的话，那是很难辨识的。我们这样发射探照灯光，那就等于为我们的歼击机提供了一片很好的靶标区域，这样，在这个区域内的敌机自然就容易被击中。被击中的敌机发出爆炸的响声，接着便呼啸着落地坠毁。我们这些孩子中的许多人当时才15岁，吓得连神经都快崩溃了，大家都放声大哭起来。当然，也有一些服预备役的防空兵在空袭中牺牲了。"

希特勒的学生兵本来都是些孩子，是人们突然把他们当作成人来对待。可他们毕竟是孩子，所以他们在战斗的间歇常常捉弄教官，或者四至六人凑在一起玩牌，一直玩到警报汽笛响起才罢休。他们得到的慰劳品不是香烟，而是糖果之类的甜东西。到了夜里，他们常常哭着要找妈妈，哭着哭着也就睡着了。如果说他们要当真正战士的自尊心最终得到满足了，他们也要像真正的士兵一样死在战场上。阿克斯曼的调查结果证明，这是灭绝人性的行为："有些高炮部队的炮兵连招募的全是服预备役的防空兵，因被炸弹击中而全军覆灭。人们也只能给那些死者授予英勇战士的称号。在帝国首都我们见到过一个令人震惊的场面：铁十字勋章被钉在服预备役的防空兵死者的棺材上。"把勋章授予那些已经死去的孩子们，"多亏"了阿克斯曼，这些孩子们将永远也不可能再过上和平幸福的生活了。

对来自石勒苏益格－荷尔斯泰因州、东普鲁士、西里西亚和波莫瑞的150名学生来说，位于德意志湾的波涛汹涌的黑尔戈兰岛变成了地狱。这里有一个扩建的海军基地，该基地有一个潜水艇掩蔽部和一个先进的无线电跟踪雷达站，雷达的探测距离为600千米。不幸的是，该岛正好处于盟国轰炸机进出德国必经的航道上，几乎每天夜里都要拉响刺耳的防空警报。不幸的灾难在战争结束前的三个星期终于发生了：1945年4月18日，英军对黑尔戈兰岛发动了大规模的空袭，这是第二次世界大战中盟国对德国发动的最集中的空袭之一，将近1000架轰炸机在长达两个小时的时间里在该岛上空投下了致命的炸弹。

在"西堡礁"连里服预备役的炮兵洛塔尔·古里希回忆道："我正坐在那架高倍望远镜那儿，非常清楚地看到，轰炸机飞过来后炸弹的弹仓是怎么打开的，炸弹又是怎么从弹仓里飞出来往下掉的——正好冲着我们飞过来。几分钟后，我们的火炮全被摧毁了。一块块礁石也都滚了下来，全体战士跟着一起往下掉——当然全都死了。我们的连长大声喊道：快逃命！我闻声便飞快地绕过一个个弹坑朝对空射击指挥所跑去，能跑多远就跑多远，我还躲过了好几次炸弹爆炸。跑了一段后，便在一个弹坑那儿摔了一跤。弹坑里正躺着一个年龄比我大的士兵，他是中士，他身上还在往外流血呢，也许是他的内脏什么地方破裂了，可能是肺什么的。因为炸弹还在不断地往下掉，所以我想赶紧离开，到对空射击指挥所去看看那儿的情况怎么样，因为我知道，要是我待在指挥所那儿的防空洞里的话，那是绝对安全的。中士一个劲儿地对我说：'孩子，你就待在我这儿别走了。'他的话我是永远不会忘记的。但他后来还是牺牲了。这次空袭大约持续了两个小时，我在他那儿的弹坑里一直待到空袭结束。当我从弹坑里出来时，我看到周围有许多尸体。我所在的连队里的人从空袭一开始就坚守在那儿，他们全都牺牲了。我的大多数同班同学就是在那儿阵亡的。"

尽管伤亡惨重，但大多数年轻战士仍满怀信心地坚持抗击"敌人"，保卫祖国，保卫自己的家人。同时他们却忘记了，他们抗击的"敌人"正是由希特勒发动侵略战争造成的。责任感、纪律性和服从命令跟报告击落一架敌机的自豪感一样都是他们作战的动力。尽管他们的抵抗对敌人不能构成毁灭性的打击，但是也使敌人感到十分头痛：无论是密集的高射炮火力，还是大量的歼击机，都为抗击盟军轰炸做出了贡献。1943 年 3 月，英国空军对埃森发动的一次夜间空袭动用了 422 架皇家空军轰炸机，只有 153 架到达了预定的目标地域。1943 年 3 月至 6 月，在"鲁尔区战役"中，18506 架次皇家空军轰炸机中 872 架被击落，2126 架被击毁。1943 年 8 月对柏林发动的大规模进攻中，176 架飞机被击落，114 架飞机被击毁，损失 14%。凡是能证明击落过一架敌机的年轻士兵都能获得一枚勋章。

　　无论怎样，希特勒都想要他的青年变成"坚忍，像克虏伯的钢铁一样坚强"的战士。那些司空见惯的战争暴行迫使一些年轻人面对死亡时，故意表现得宁死不屈或麻木不仁，要是今天的年轻人遇到同样的情况，一定会感到非常害怕。当年在高炮连服预备役的一名炮兵回忆起他经历的一件事情，至今还感到不寒而栗："我们部队击落了一架英国的小型轰炸机，我们便马上跑到飞机坠毁的地方。我们亲眼看到这架飞机上的两名飞行员是怎么死的。原来他们是把绳子绑在驾驶仪上，自己把自己勒死的。那时候我们也随时有牺牲的可能。我们对灭绝人性的暴行了如指掌，也见过一些人是怎么死的。是啊，这种事我们看多了也不觉得什么，我们跑到那儿去纯粹是出于好奇心。此外，我们对飞机上的武器弹药很感兴趣，当然对飞行员的衣着也感兴趣。我们甚至非常残忍地扒下了他俩身上的服装：靴子和飞行服，这些东西后来留给我们自己用了。不过，我们这样做根本就觉得无所谓，而且一点儿也不害怕，在那个战争年代里就是这样。到晚上睡觉的时候我也没有再去多想这件事，我没有对自己说：'好家伙，你们在那儿干的事真够恐怖的。'毫无疑问，这是因为人们一直是这样训练和教育我们的。"

在一个日常生活"一体化"，步伐一致，个性完全被埋没的纳粹统治的国家里，"参与就是一切"这句话比在任何一个其他社会制度里更加适用于青年人。比跟其他人一起经受残酷战争的考验更糟糕的是，不属于他们当中的一分子。克劳斯·伯林对此深有感触。跟别人一样，起初他是希特勒青年团团员。跟他的同学一样，他也参加过少年队，甚至还当过"青年队长"，他把军官们看作榜样。在希特勒生日那天，他也站在夹道欢迎的队伍里，并在柏林英勇地当了一名预备役炮兵。

此后，他的人生突然发生了急剧的变化。"我父亲跑来告诉我，母亲已被抓起来，送到集中营里去了。现在你得脱下制服。这几天你会收到退役通知的，因为你母亲是犹太人，所以你现在被看作不配当兵的人了。"克劳斯·伯林第一次听说他母亲出身于犹太人家庭。

他必须认识到，仅仅因为家庭出身，他已不适合为元首作战。被开除出部队这件事使他第一次看到了这个阴险政权的真面目。"果然，两个星斯后我便收到了退役通知书。不过，在母亲被送到奥斯维辛集中营之前，我有机会在集中地看望了她。当时我还是穿着预备役炮兵的制服去的。她把我紧紧地搂在怀里。她显得愁眉不展，看上去非常憔悴，脸色苍白，见了我马上伤心地哭了起来。她本想控制住自己的感情，但是没能做到。此刻我已感到，厄运已经降临到我和我母亲的头上。我也开始哭了起来，我倒不是为自己而哭，因为他们已经把我的臂章扯掉了，我是为我母亲的不幸伤心落泪。在这一瞬间，凭借对纳粹政权本质的一点认识，我有这样一个直觉：我已经被部队开除了，从此我也不再是炮兵部队的人了。"克劳斯·伯林万般无奈，只好脱下预备役炮兵的制服，随后便以"一等混血儿"的身份在托特领导的工程兵大队里接受劳动教养，参加西部防线的修建工作。

希特勒发动的毁灭性战争中部署了大量预备役炮兵，因而需要许多青少年来补充兵员。这还只是刚刚开始。到1943年底，德国国防军共伤亡420万人，其中在战场上阵亡的超过180万人，变成残废的更是不计其数，还有数十万人失踪或被俘。对青年来说，自愿报名已经成为参军的一种形式。根据兵役法的规定，年满18周岁后才开始服兵役，可是现在征兵针对的年龄越来越小了。1941年至1942年度首次征召刚进入18岁的青年，换句话说，他们刚过17周岁。1943年至1944年度招募的新兵变成了刚进入17岁的青年。到了1945年，个别的甚至刚进入16岁就被征召入伍了。按规定，青年人年满17周岁便可以自愿报名参军。1944年，最年轻的志愿兵是1928年出生的，也就是说刚满16周岁。

事实上，政府对刚满16周岁的青年不断施加压力，要他们报名参加德国国防军或武装党卫队。如果说阿克斯曼只是把1943年笼统地定为参军年的话，那么最晚到1944年，希特勒青年团便组织了一场志愿参军运动。在大约120个军事训练营里，训练班像流水生产线似的一个接一个地为德国国防军造就接班人。当然，党卫队在虎视眈眈地密切注视着。从党卫队方面来说，它对培养武装党卫队的接班人很感兴趣。按照跟帝国青年领导层的约定，党卫队要建40个军事训练营来培养"自己的"希特勒青年团团员。然而，党卫队专职队长戈特洛普·贝格尔向希姆莱诉苦："我们不能让帝国青年领导层确保分配给我们的青年从种族观点来看没有问题。"

为了吸引青年到武装党卫队里来，党卫队发动了精心计划的宣传攻势。事实上，党卫队的"志愿者"往往不是自愿投入希姆莱怀抱的。为把青年弄到手，党卫队耍了点儿花招。在希特勒青年团总部担任卫生员的乌尔里希·克吕格尔谈到一次给青年人进行肺结核体检的情况："他们走过 X 光机，来到一张桌子旁边，每人拿了一张体检表，上面写着：'我特此说明，X 线等健康检查我已参加……'下面是时间、地点、本人签字。然而在一条横线下面，附有一则用小号字体印的说明：'兹申明，我愿意成为武装党卫队的志愿者。'这时我想，这肯定不是真的，也就是说，根本就没有人向青年人讲清真实情况，也不管人家愿意不愿意，就把他们送到那儿去了。"洛塔尔·施米茨还描述了党卫队在招募帝国青年义务劳动军的一次宣传活动中采用的不正当做法："在活动现场，服务员不断地给来宾斟啤酒，还免费供应香肠。我们想要的，那儿都有。当然，还有参加武装党卫队的报名表。不过，报名表倒还算不了什么，不像话的是，他们对那些不愿意去的人郑重许诺：你可以参加海军、骑兵或到指挥营去当文书。于是青年人就用铅笔把武装党卫队划掉，改成别的兵种。我相信，再改回去是非常容易的事，刚登记还没过 10 分钟，就用橡皮一擦给改了。"

武装党卫队可称得上一支精锐部队。尽管如此，由于它的人员编制臃肿，到战争末期早已失去了它的骑士团性质。党卫队实际上早已臭名昭著，这不仅是因为它非常狂热，而且因为它对敌人非常残忍。因此，许多青年为了摆脱困境宁可自愿报名去参加德国国防军：这样他们可以自己选择兵种，而且参加军事训练期间可以先不到前线去作战——同时也就躲过了党卫队的密探。不过，并不是参加党卫队的所有青年都是被迫的。被允诺可以成为这个精锐部队的一员，曾使不少天真的青年感到非常高兴。阿尔贝特·巴斯蒂安收到了希特勒青年团的一张体检通知单，体检通过后他将去当希特勒青年团的巡逻兵。可是，给他做体检的是武装党卫队的医生。"当我进去体检时，在一张桌子旁边坐着三四个男的，他们对我说：'像你这样的小伙子，个子长得这么高，身强力壮的，本来应该是进武装党卫队的料，你有兴趣吗？'经他们这么一说，我当时就心动了。'有兴趣，我当然愿意参加精锐部队啦。'说完我拔腿就跑回家去了。"

可是，当巴斯蒂安喜气洋洋地把武装党卫队征召他入伍的消息告诉母亲时，母亲的反应使他大为震惊。"我母亲仔细看了看我，她的眼泪夺眶而出，接着便大发脾气：'那些人真是罪该万死。'说完她便走出房间，把门砰的关上了。然后我听见她在院子里大声嚷嚷：'他们还是孩子啊，那些人难道一点人性都没有了吗？'"阿尔贝特·巴斯蒂安的母亲坚持不让她的儿子去参加党卫队。别人家的孩子恐怕就没有这个福分了。

阿图尔·阿克斯曼只尊重他的主子——元首的意愿。青年是神秘的武器，他想利用他们来给希特勒留下一个深刻的印象。斯大林格勒战役失败后，他看到他的机会来了。"在经历了多年战争后，我们第一次扪心自问，这场战争是否还能打赢。我们不愿意输掉这场战争。我们既不能半途而废，也不能漠不关心，我们必须行动起来。眼看着自身前途将被毁掉的青年一代，正是他们现在必须拿出积极的、鼓舞人心的实际行动来。"于是阿克斯曼想出了一个令人震惊的主意，建议在希特勒青年团的志愿者中组建一支精锐部队，作为献给希特勒的罕见的生日礼物。"这支精锐部队可以被看作德国青年献身精神的象征，体现了他们坚持战斗到底的坚强意志。"人称"装甲梅耶"的库尔特·梅耶对建立这支部队做了这样的解释。这位33岁的党卫队旅长在他的前任弗里茨·维特牺牲以后成为希特勒青年团师的师长，因而也成了德国国防军中最年轻的师长。战后，他不得不就他管辖的这个师残酷地杀害了数十名加拿大战俘一事在军事法庭上做出答辩。

希特勒非常欢迎这个新建的师，认为它有助于增强他部队的战斗力。戈培尔对此则表示怀疑："敌人肯定会从中得出结论，认为我们在这场战争中只能依靠青年来取得人数上的优势。"1943 年，在 16 岁至 18 岁的希特勒青年团团员中组建了党卫队第十二"希特勒青年团"装甲师。该师的骨干成员是军官和党卫队各"阿道夫·希特勒"分队的军士，他们都是勇猛善战的元首精锐部队的成员。因为有不少长官的职位空缺，所以把一些排长快速提升为连长。那些在军事训练营里表现突出的希特勒青年团团员，索性被送到设在劳恩堡的武装党卫队培训学校去进行为期三个月的培训，培训结束后再被派到希特勒青年团师去当军士。当然，他们的战斗经验比起那些有指挥经验的军士来要略逊一筹。需要说明的是，一些原先担任过希特勒青年团领导职务的德国国防军军官被调到希特勒青年团师去任职。

总共有两万名"志愿者"，最后只有一部分人直接从军事训练营里应征入伍。尽管不全是自愿报名参加党卫队第十二装甲师，个别的是经过"劝说"才参加的，但正如"装甲梅耶"谨慎地说的那样，事实上，许多青年都是兴高采烈的。伯恩哈德·海思希原本报名参加的是坦克部队，不过在体检时，他偶然遇见了党卫队的一名军官，海思希说："这个军官只有一只手臂——这给我留下了很深的印象。他问道：'你不打算参加我们的部队吗？'我回答说：'我已经报过名了！''噢，'他说，'我们部队有许多装甲车，你是不是有点不太愿意参加我们这个部队呀？'这是个故意诱人上钩的问题。我当然不反对参加这个部队。因此我说：'为什么不参加呢？'我们都知道，党卫队的各个师装备都比较精良，而且伙食办得也不错。"

这些青年在比利时的贝弗洛受训了一年，而且在当时的条件下，训练可以说是很全面。当然，武器装备还是很差。希特勒青年团师于1943年10月正式改名为党卫队第十二"希特勒青年团"装甲师。改名前，这个师只有四辆 IV 型坦克和四辆豹式坦克，炮兵团起初也只能将就着使用轻型野战榴弹炮，战车几乎没有。直到1943年底，物资供应才有所好转，装甲师的年轻士兵才能进行野外演习。

在整个训练过程中，青年人不断地被灌输这样的思想：装甲师是一支精锐部队。伯恩哈德·海思希一开始还觉得"希特勒青年团师"这个名称听起来有点儿刺耳，因为它很容易让人感觉多少带有点儿童团的味道，后来他一戴上臂章就觉得非常自豪了，他说："我们想，我们似乎有点特殊，我们是特殊的英雄，我们是德国国防军中最好的一个师。"被反对者称为"童子军师"的希特勒青年团师的首任师长是34岁的党卫队旅长维特。1944年6月，党卫队第十二装甲师奉命到前线去作战。诺曼底登陆又被称为D-Day，意思是"决定性的日子"，也可能是"世界末日"，在这一天，希特勒青年团装甲师的丧钟被敲响了。

1944年6月6日清晨，旭日初升的第一缕曙光把英吉利海峡的海面照得波光粼粼，远处海面上一支庞大海军舰队的轮廓清晰可见，咄咄逼人地迎面驶来。德军的观察哨马上明确断定：盟军的登陆行动已拉开了序幕。凌晨3点左右，整个诺曼底地区的大地在震动，盟军数以千计的轰炸机和歼击机投下的炸弹像雨点似的落到地面上，几乎每隔一米就有一个弹坑。顿时爆炸声四起，整个海滨地区变成一片火海。到了黎明时分，从海上发射过来的重型舰艇火炮落到了德军的各个阵地上。早上6点半，第一批4000多艘登陆艇成功登陆。

这次突然袭击获得了圆满的成功。在诺曼底登陆以前，希特勒一直在等待盟军攻打英、法之间的狭窄地带：加来海峡。甚至还没等他获悉盟军的这一着棋，诺曼底这一决定性战役就已经打响了。这一战役对交战双方来说可谓一场攻坚战。沿海一带到处是用钢筋混凝土修建的巨大军事设施，整个防御体系包括：几百座永久工事，地下掩蔽部和海岸炮兵配备的重型火炮，带刺的铁丝网，还有水下障碍物和布雷区。德军对占压倒性优势的盟军进行了顽强的抵抗。

就在 6 月 6 日这天，希特勒青年团装甲师接到了参战的命令，要求他们把已经登陆的美军、英军和加拿大军队"扔进大海"。从位于巴黎西北部的他们开会的会议厅到卡昂附近的战区，在这一长达 120 千米的战线上，盟军的俯冲攻击机像马蜂一样向地面上的装甲师猛扑过来，海岸炮兵发射的重型炮弹从年轻士兵的头顶上呼啸而过。他们首次遭到了人员伤亡。

在随后的几天里他们经受了战争的考验：呛人的浓烟，炸弹的爆炸声，蹿起的火焰，随着一声巨响被炸毁的装甲车。"童子军师"第一次上战场跟加拿大军队作战时，他们一举击毁了敌人的 28 辆装甲车，而自己的部队只损失了 6 辆。随后，为了夺取卡昂的每一寸土地，每一个村庄，战斗变得更加激烈了。希特勒青年团装甲师的年轻战士们用装甲车、重炮、施放烟幕的化学迫击炮、反坦克火箭筒、圆盘式反坦克地雷和机关枪进行战斗，有时还要跟敌人进行肉搏战，钻过茂密的灌木丛或者挖壕沟。风景秀丽的诺曼底变成了一座万人墓。

然而，希特勒青年团团员的参战毕竟起不了多大的作用。盟军无论是陆军、海军还是空军的兵力都占有绝对的优势，希特勒青年团团员根本就不是盟军的对手。

其实，指挥官们心里都很明白："这场战争只有通过政治途径才有可能获胜。"6月16日，"装甲梅耶"总结道："目前装甲师的减员非常严重。在这种情况下，整个师被歼灭是可以预料得到的。"补充兵员还没有到达，因此装甲师只能立足于自身的现有兵力。然而，希特勒发布了命令："卡昂必须力保不失，直到战斗到最后一发子弹。"党卫队第十二"希特勒青年团"装甲师奉命继续坚守在原地，1944年6月30日，他们甚至夺回了被英军占领的战略要地——卡昂市郊的112高地。经过激烈的战斗并遭受了重大的损失以后，库尔特·梅耶于6月初违背希特勒的命令，把他统率的部队后撤到了奥恩河的南岸。盟军占领了卡昂。

孩子们对希特勒来说只是兵源，这一点在希姆莱于1944年7月21日写给帝国劳动部领导康斯坦丁·希尔的信中讲述得很清楚："当确认党卫队'希特勒青年团'装甲师已经损失了3000人时，元首问我手里有没有补充兵员……我告诉元首，我正打算跟帝国青年领袖联系，为党卫队'希特勒青年团'装甲师招募更多的志愿者。帝国青年领袖答应给我6000名志愿者……党卫队'希特勒青年团'装甲师到目前为止共减员6000人，其中阵亡2000人。当然，让人深感惋惜的是，截肢伤员至少占了三分之一，因为大部分士兵是被炮弹和空投炸弹的弹片击中而受伤的。我们必须认识到，这些师不能全都覆灭，因为他们——我是很少使用这个字眼儿的——从真正的意义上来说，对这场战争起着决定性的作用。"

年轻战士的斗志和牺牲精神使童子军师更显得像是神话传说一样，他们被吹捧成了希特勒最狂热的战士。什么是传说，什么是事实？武装党卫队"帝国"装甲师的士兵沃尔夫冈·菲洛当年跟希特勒青年团团员协同作战过，他回忆道："当我们看到他们在作战时，我们脑子里产生的第一个念头是：天哪，他们真的把孩子都用上了。就拿我亲眼见到的例子来说吧。当时我们在圣洛，我瞄准了一辆美军坦克，准备将其击毁了。使我感到惊讶的是，突然有一个德国士兵拿起了反坦克火箭筒，他不让我们开炮。结果他跟那辆坦克一起爆炸了。他把反坦克火箭筒塞在了坦克的下面。这就是我亲眼所见的年轻士兵。"

伯恩哈德·海思希如今只能以既愤怒又悲伤的心情回忆他在希特勒青年团装甲师度过的那段时间，他说："有时候我们把部队的减员看作证据，证明我们的战斗是多么激烈，证明他们把我们送到前线去作战是多么残酷无情。这是一种荒谬的想法。"海思希认为自己是个狂热的战士，然而他当年的那些战友们却不是。他说："他们毕竟只是可塑性很强的半大不小的孩子。他们之所以径直往火坑里跳，是因为别人往里跳。这是一种盲从行为，并没有经过慎重的考虑。不管怎么说，处在那个年龄段的孩子是不会考虑那么多的。"

如今党卫队的一些老战士组织还在大肆吹捧那些年轻士兵，把他们看作了不起的英雄。然而，沃尔夫冈·菲洛并不这么看，他说："跟我们相比，他们是更伟大的英雄——一帮愚蠢的和没有经验的英难。他们到了前线，受了伤，看见了尸体，这时他们才知道发生了什么事。我曾先后五次被弹片击中，到第五次被击中的时候，我都不愿意再钻进装甲车里去了。有时我吓得连裤子都尿湿了。通过这种惊吓我才真正体会到什么叫生命危险。希特勒青年团装甲师的大多数年轻士兵都没有这种体会。他们不怕死，因为他们没有想过会发生什么事情。"

他们是孩子，为了这场战争，硬把他们训练成士兵，而且还要培养他们的尚武精神。诺曼底战役是他们的一次自我牺牲。仅一个月，希特勒青年团装甲师就损失了四分之一的士兵，装甲车和装甲侦察车损失了一半。6月，该师被允许进行短暂的休整，可是6天后，当位于马尔托特和温德斯之间的德军阵地面临被攻破的危险时，他们又奉命投入了战斗。在法莱斯地区，党卫队第十二"希特勒青年团"装甲师奋力帮助数千名士兵突围，最后部队已是伤兵满营，战士们个个泪流满面。一周内该师损失约 1000 人。斯大林格勒战役遭受惨败后，德国又重整旗鼓，可是第十二装甲师在法莱斯还是遭到了跟斯大林格勒战役同样的命运。当他们于 1944 年秋全线退回到德国本土时，兵力已损失了一半。然而，这些被送到前线去当炮灰的童子军的年龄还不能说是最小的。

战争越是明显地接近结束的时候，纳粹政权越是拼命地往小孩子身上打主意。两线作战后，军火工业的生产已满足不了需要，从 1944 年秋起，抽调了数十万劳动力来临时帮忙，特别是女孩子。16 岁的孩子，每周法定工作时间为 60 小时。为了争取到更多的孩子来参加军工劳动，纳粹政权用了一切宣传手段。故事影片《年轻的山鹰》于 1944 年在学校的各个班级以及希特勒青年团的各基层单位放映。该影片讲的是，一个徒工班组为了完成生产任务，自愿主动加夜班的故事。

到第三帝国末期，大约有 600 万青年在工业和农业部门劳动，其中大部分青年在兵工厂劳动。为了使德国的战时国民经济能够正常运转，为了保证战争的继续进行，青年人参加劳动和 750 万外籍工人及战俘参加劳动同样重要。

敌人的前沿部队以咄咄逼人的气势迅速向前推进。1944 年秋，美国已逼近德国边境城市亚琛，与此同时，苏军也挺进到了波罗的海东部地区。纳粹政权面对来势凶猛的敌人企图负隅顽抗，守住它的边界。这时又得让孩子们出来帮忙了。帝国青年领导层随即发布紧急通告，在军火工业部门中劳动的所有能走得开的 15 岁以上的男孩子和 16 岁以上的女孩，都要被临时抽调去参加修筑工事。将近 50 万个孩子，其中 12.5 万是女孩子，被强制在受到威胁的德国边界上修掩体、筑工事和挖防坦克战壕。当年 15 岁的克拉斯－埃沃尔特·埃沃尔文被派到了通向艾弗尔山的西部防线，他回忆道："刚到那儿就听到前线传来大炮发出的低沉的隆隆声，时断时续的炮声听起来阴森恐怖。黑夜里，炮兵部队发射的炮火把山区照得满天通亮，这使人感觉到了战争的气氛。我们终于来到了战场上——不过，我们还是感到有点害怕。"

在离前线这么近的地方，死神随时在威胁着孩子们的生命，因为盟军低空飞行的轰炸机也会对挖战壕的人进行空袭。"我在一个粪堆上头一次见到一具德国士兵的尸体，他仰面躺着，胸部袒露着，脖子上挂着一个识别身份的小圆牌。这时我想，连长会给死者的母亲写一封信，信的内容无非是：您的儿子是为元首、为人民和祖国而英勇牺牲的。这个士兵死在了一个粪堆上，这件事恐怕后人是不会知道的——我初次萌生怀疑。"

挖战壕对未成年的孩子们来说是十分繁重的体力劳动。无论刮风下雨，不管男孩女孩，都站在烂泥坑里干活，手上磨出了茧子。"挖一般的战壕勉强还行，"在柯尼斯堡参加过挖战壕的特奥·尼古来回忆道，"但是，有时派我们去挖防坦克战壕，这实在是件苦差事。这也太残忍了，而且谁都不放过。"因无法忍受如此艰苦繁重的劳动而逃跑的男孩被毫不留情地抓了回来，并受到残酷的惩罚。"先把他们痛打一顿，然后把他们送回到他们原来挖战壕的工段去。回到工段后，他们便被剃了光头，这是非常侮辱人格的。在我们看来，他们是不光彩的，因为我们确实认为，我们是在为德国而奋斗。"

光是在东部防线，如东普鲁士、波莫瑞和西里西亚，挖防坦克战壕、修筑野战阵地和地下掩蔽部时挖出的土就有数百万方立方，这么多土方都由希特勒的青年运走了，给他们的相应补助费每天才一个马克。家家户户的母亲对自己的儿子参加修筑工事一点也不兴奋。除了担心孩子们的生命安全，她们还怀疑挖这么多的战壕在军事上究竟能起多大作用。国家安全部报告了她们的这种怀疑："既然连大西洋防线都守不住，这些地面防线和战壕又有什么用呢？"

盟军也这么认为。早在 1939 年，在英国士兵中就传唱着一首嘲笑西部防线的歌。歌中唱道："我们把洗好的衣服挂在齐格菲防线 [1] 上晾干。"不久，英国人的衣服就开始在从克莱沃到瑞士边界的防线上随风飘扬了。

即使在第三帝国已经日薄西山、气息奄奄的时候，希特勒的帮凶们也不放过青年人。阿克斯曼曾经说："德国拥有秘密武器。这些最了不起的武器之一就是元首用国家社会主义精神教育出来的青年。"一个蔑视人类的政权教育青年成为它的附属品，要求他们在政权的每一次行动中充分发挥作用。发生在索尔陶的一个偶然事件反映了这种教育所带来的危害和它所造成的悲剧。

吕讷堡荒原上的这座小城市有两个特殊的地方：首先，索尔陶是个铁路交通枢纽，通往荒原的铁路线、汉堡通往南部的第三条铁路线在这里与不来梅通往柏林的东西大干线交会。其次，索尔陶离贝尔根 – 贝尔

---

1 齐格菲防线是纳粹德国于 1936 年至 1939 年在德国西部边界修筑的碉堡和据点网，以日耳曼传说《尼伯龙根之歌》中的英雄齐格菲命名，喻为"坚不可摧"。这条防线自亚琛附近的克莱沃至瑞士边界城市巴塞尔，全长 500 多千米，与法国的马奇诺防线相对峙。1944 年，从法国退却的德军凭借此防线挡住了美军的追击，获得喘息机会，直到 1945 年春方被突破。

森集中营和韦斯特博克集中营只有几千米远。索尔陶人多年以来就看着货车来来往往，装满了人，穿过他们的城市向东或者朝贝尔根－贝尔森开去。"人们私下里传言：是的，夜里有货车通过索尔陶，人们清清楚楚地看到，从顶窗上露出来的是人，是人的脸。"一个见证人说。

战争结束前的最后几天，运来的人越来越多：他们是从东边来的，都是集中营里的囚犯。由于东部战线的推进，集中营被迫迁往西部。遇到空袭时火车就停下。1945年4月11日中午又遇到了空袭：英军的轰炸机在索尔陶的上空扔下了大约200颗炸弹。一辆集中营的火车停住了，看管人员纷纷走进掩体，于是囚犯们成功地逃跑了。火车从哪儿开来的，究竟要开到哪里去，没人知道。索尔陶人害怕那些囚犯，害怕挨揍，害怕瘟疫。市民们不断地被告知，集中营的囚犯都是罪犯。这天，索尔陶希特勒青年团的一个团小组得到命令，要把那些完全筋疲力尽的囚犯再逮起来。谁发布的命令已无法再追根问底了，可能是当地的战争指挥官。

"结果，至少有40到50名希特勒青年团团员奉命参加了这一令人十分悲哀的追捕行动，"他们当中一个人说，"到傍晚的时候，我们至少赶回来60至70个囚犯。他们被带到了郊区，我们这些希特勒青年团团员拿着武器看守着他们。天刚擦黑时便开始处决了。先命令囚犯们排成一排一排的，等他们排好后，我们小组的希特勒青年团团员便遵照命令朝这些可怜的人开枪。我本人不属于那个行刑队，但是当时17岁的我肯定意识到那里发生了非常不公正、非常残忍的事情。"见证人回忆起这一令人毛骨悚然的事件时，禁不住流下了眼泪。

这个非常惊慌失措的希特勒青年团团员就在当天夜里跟他父亲一起去了国社党地方支部领导那里。"我们在那儿跟党的两个高级干部谈了话。我爸爸问：'为什么要求孩子们这么干，为什么偏偏要求他们这么干？'那两个人回答得很简单：'我们想教育年轻人，他们应当更坚强一些，任何残暴都吓不倒他们。'第二天早晨，处决照旧进行。"

这种不讲道义的教育制度产生的后果就是，即使在极端的情况下，青年人对他们的领导也从不产生怀疑。被多年洗脑后，他们做事从不去思考。"当时命令就是一切，"索尔陶的一个希特勒青年团团员承认道，"我当时真想为了元首、为了人民、为了祖国让敌人开枪把我打死。在希特勒青年团里，命令决定一切，一旦命令下来，就必须执行。"

几天之后，英军开进了索尔陶，他们在墓地里发现了被集体埋葬的囚犯。在新闻影片的摄像机前，他们强迫索尔陶市民把尸体挖出来。在索尔陶市区总共找到了大约 90 具尸体。如今那儿立着一块普通的纪念碑，提醒人们不要忘记这些人的不幸遭遇。

只有一个开枪的人被告到了法庭，被判 5 年监禁。这一事件的主要负责人已无法查明，而那些积极参与枪杀的希特勒青年团团员留下了恐惧的回忆，这些回忆在几乎所有人的心里都化作了反复出现的噩梦。在他们所做的这件极端愚蠢的事情上可以再次看出，希特勒时代的孩子们在希特勒发动的战争中扮演的是什么角色：他们既是战争的牺牲品，同时也是战争中的帮凶。

我们不想要胆小怕事、溜须拍马和伪善的人，而希望我们的青年，我们的德意志青年，成为坦率的、勇往直前的一代。

阿道夫·希特勒，1937

如果父亲和兄弟在战场上牺牲了，每个也许会被征召保卫国家的人都要坚强而又身体健康地做好准备，这是每一个少男少女的光荣义务。

巴尔杜尔·冯·席拉赫，1936

教育妇女的工作必须特别谨慎地进行。在这个领域里出现的任何失误都会对家乡的情绪以及前线的情绪产生影响。

威廉·施图卡尔特，纳粹德国内政部国务秘书，1940

你是人，就意味着你是军人。你是德国人，就意味着你是百分之百的军人。你是国社党党员，就意味着你是千分之千的军人。

汉斯·舍木，国社党教师联盟主席

元首，尽管信任你的青年人吧。你们，青年人，你们有一切理由为你们的元首祈祷：上帝保佑他，因为我们需要一个永恒的德国。

约瑟夫·比尔克尔，大区长官

不，我不是受蒙蔽，我是受鼓舞。我彻头彻尾地受到了鼓舞。今天我才知道，我是彻头彻尾地受了蒙蔽，轻易听信了他人之言。

维尔纳·戈特绍，1922 年生人

在那个时候，十八岁是非常危险的年龄。这个人的眼睛被打出来了，那个人则丢了胳膊——总而言之，我们的伤亡率几近百分之五十。

条顿人看不到出路的时候，剩下的只有面对死亡——世界末日——的英雄气概。人们把战斗到最后一个人的英雄气概当作勇敢，而不是当作极其愚蠢的自我毁灭行为。

弗兰茨·J.米勒，1925 年生人，"白玫瑰"抵抗小组成员

人们内心深处抗拒武装党卫队。通过某种方式，人们知道：他们正干着自己不愿与之有关系的事。不是说我们当时就知道了后来世人皆知的一些事情的具体情况，

我们只是下意识地有一种不快的感觉。

我只看见写着"虎式坦克",就想加入。我想利用"虎式坦克"尽快获得一枚大奖章,我一直梦想着这件事。于是晚上我走到父母跟前说:我自愿报名参加希特勒青年团师。

京特·阿德里安,1925 年生人

我一直在想:天啊,我才十八岁。我不想死。

库尔特·帕尔姆,1925 年生人,参加过斯大林格勒战役的士兵

在希特勒青年团里,人们必须不停地行军。这是我最恨的,我拒绝做。我对自己说:你再也不去那儿了。

在这种摇摆乐晚会上,当然会拥抱着亲吻,甚至会性爱抚,所以我们在性上是"堕落"的。对于纳粹来说,这是完全不能接受的。

乌韦·施托约翰,1925 年生人,汉堡"摇摆青年"成员

人们确实一夜一夜地为自己的生命而颤抖。活过一

天是一天，假如第二天还活着，人们会很高兴。

罗雷·沙夫，1925 年生人

如果人们自愿报名的话，就不必从事劳务了。对劳务我一点儿兴趣也没有，于是我自愿报名去了坦克部队。

"突围""冒险"起了作用。电影、书和其他媒介都告诉我们，要不同寻常地生活，不能这样平平常常的。

伯恩哈德·海思希，1925 年生人

为德国而战也就是为阿道夫·希特勒而战，这二者是一码事。直到战争结束的时候，这种观点才有所变化，但是希特勒始终保持着一种不同寻常的威望。

早在战争开始之前就已经在大肆宣扬勇武精神。当兵是一种荣耀，尤其是当了军官。

保罗·克伦贝克，1926 年生人

舞蹈课上的一个爱慕者告诉我，有那样的年轻人，他们思想上跟我一样理想主义，但是他们把他们的理想主义全部投入到反对希特勒的工作中。我大为震惊。

雷娜特·芬克，1926 年生人

青年人被利用了，被作为炮灰拖入一场战争。这场战争本来就是罪恶的，而后又以某种方式嘲讽了所有军事原则。他们被送去做了无谓的牺牲。

卡尔·库恩策，1926 年生人

我再也不想看到我们儿童的脸——头上戴着钢盔的脸。童工劳动是卑鄙的，但是儿童的英雄气概更加卑鄙。我再也不想要这种英雄气概了。

迪特尔·希尔德布兰特，1927 年生人

战争是可怕的，在这样年轻的岁月里不得不经历它则更加可怕。

彼得·伯尼士，1927 年生人

人们摒弃了上帝，也摒弃了博爱或诚实之类的道德，而把对祖国——就是对元首——的忠诚放在了伦理学的中心。这当然是伪伦理学。

最好是用年轻人打仗，因为他们没有想象力。他们只希望受到表彰，担心做不到。

在高炮部队服役 14 个月后，我们已经把自己看作老兵了。我们失去了所有的热情，只期盼着战争早日结束。

年轻人完全可以完成命令，如果人们同时提高他们的地位，并称赞他们。

人们根本不去思考战争是否能够取得最后的胜利，而是对此深信不疑。这是一种非常奇特的精神状态。

曼弗雷德·罗默尔，1928 年生人

我们是在这种教育中长大的：真正的男人只能在战争中证明自己。

克劳斯·伯林，1928 年生人，预备役炮兵

我们希特勒青年团团员受到的训练有：行军、唱歌、杀人。

首先，我想成为一个国家信任的人，其次，我想成为一个勇敢的士兵，将来做一名德国空军飞行员履行自己的职责。

我们被上级告知，我们只须把精力集中到一件事情

上，这就是第三帝国的胜利。我们要为此付出一切。

福尔克尔·菲舍尔，1928 年生人

我们坐在那里，射击，没有意识到我们正处于青春岁月。但是，这期间还是有很多东西，比如战友情谊，我们也许在其中投入了过多的情感。我们也看到了暗地里发生的事情。我不能那么全面地评价这个时代，因为它只是我生活的一部分。

约阿希姆·雷德林，1928 年生人

我们总是在想，我们的国防军、我们的士兵应该是必胜无疑的。然而我们突然发现，他们并不是必胜无疑的。他们对我们说："孩子们，小心点！重建的时候我们需要你们。为德国而活着比死去好得多。"

人们一再对我们说：你们是德国的未来，未来在你们的肩上。

卡尔-海因茨·伯克勒，1929 年生人

后来我推算了一下，我最后一次玩是在 12 岁。之后我很可能就把玩和懒散忘得一干二净了。

我们现在不去唱歌，而去收集旧货；不去郊游，而去采集药用植物。

特尔泽·齐默尔曼，1929 年生人

在战争期间，我们把自己看作所谓的家庭阵线。我们想到我们的士兵在前线取得的成绩，于是想与他们一比高低。

弗里德赫尔姆·布瑟，1929 年生人

我们必须到院子里去集合，这时来了一个党卫队的军官，他说："现在，我希望你们自愿报名参加武装党卫队。有谁不想自愿报名吗？"

布尔克哈尔特·克特里茨，1929 年生人

人们肯定在很多事情上受到了保护。但是我个人认为这是一个糟糕的、一个非常糟糕的年代，我希望后代不要再经历这样的年代。

米尔德雷特·谢尔，1932 年生人，德国战后主要领导人瓦尔特·谢尔的妻子

遵照元首的安排，这里说的不是"撤离"，而是将大城市的儿童"疏散到农村去"。

鲍曼关于"疏散儿童"的通告，1940

一个受到积极向上教育的青年只能是以不可抑制的强烈欲望参加战争，承担尽可能多的任务。

救兄弟姐妹的少年队队员，把母亲从烈火中解救出来的儿子，坐在火炮旁朝飞机开火的那些人，以及在枪林弹雨中坚守岗位的那些人，他们是青年人的榜样，我们称之为典型的榜样。

赫伯特·赖内科尔，《青年德意志》，1943

青年人就是这样在过去的国家社会主义道德思想中，在严密的组织里成长起来的，这样的青年人很快就什么都不知道了，只知道一句口号：为胜利而战斗。

《青年德意志》，1943

孩子们！我们的故乡受到了威胁！残暴的敌人就在西部防线前，他们肯定要冒险冲过来。在这一紧急时刻，对我们的要求就是修工事，修工事，还是修工事！

科隆—亚琛地区希特勒青年团地方领导人对男性青年的当日命令，1944

第五章

牺 牲

战争进行到了第六个年头。德意志帝国早就处于垂死挣扎的状态。然而对于战争的发动者来说，只存在着一种可能性：不是彻底胜利，就是彻底失败。从 1944 年秋天起，德国国防军每天的死亡人数已经上升到 5000 人。希特勒动员了包括青年团的童子军在内的所有后备兵员。1944—1945 年，17 至 25 岁年龄段的青年中有 200 多万被征召到德国国防军或纳粹党卫队服役。为了补充各兵种的兵员，就在投降前的几个月里，还有几十万 15 至 16 岁的青年应征入伍，甚至连 14 岁都不到的男孩也要上前线参战。有些孩子在这种可能会流血牺牲的"野外游戏"中开始还觉得挺开心的。

独裁政府"抓壮丁"的头目，无论是宣传部部长戈培尔、党卫队头目希姆莱，还是帝国青年领袖阿图尔·阿克斯曼，他们都非常典型地把中世纪英难史诗中描述的牺牲精神推到了登峰造极的地步。阿克斯曼甚至还在神秘的冬至节庆祝仪式上——这样的庆祝活动早已成为纳粹信守的礼俗——指天发誓："我们要遵从斗争的规律。

在这个世界上，有生物的地方就有斗争，弱者被淘汰，强者留下来。人所以能活下来就是跟大自然进行斗争的结果。"在希特勒政权的狂人圈子里只有胜利或者失败。如果最终元首去世，那么德国人民将立即追随他——那些高级统帅们病态的人生哲学已没有下限。

无数孩子的牺牲是希特勒发动的战争犯下的最后几个罪恶之一。"当战役早已注定要失败的时候，青年人中有的是应征入伍而牺牲的，也有一些是盲目参战而牺牲了自己的生命，为的是让他们的领袖能够多活几天。"当年服预备役的炮兵格尔哈德·哈夫讷概括地说。

最后一次征兵于1944年10月开始。整个帝国一夜之间，树上、房屋的断垣残壁上和木栅栏上到处贴着征兵布告。1944年10月19日的早晨，德国老百姓看到了他们的元首颁布的公告："大德意志帝国各区，凡是16到60岁的男子均需编成德国人民冲锋队。其任务是拿起武器，不惜采取一切手段来保卫祖国的每一寸土地。"这是抗击敌人的最后一着——动用最后的后备兵员，并利用他们原本对敌人怀有的仇视心理："众所周知，我们决心彻底消灭全世界的犹太人，因此我们号召所有的德国人投入到战斗中去。"

这时适逢莱比锡大会战131周年。"正像当年在争取国家独立自由的战争[1]中那样，"负责非军人后备兵员的海因里希·希姆莱说，"今天人民冲锋队的任务是，凡是踏上我们国土的敌人，不管他在哪里，我们都要坚决把他抓住，彻底歼灭。"因为这场"全面战争"的主管人前不久在征募后备兵员之后对全国的人口已仔细地查过多次了，并且凡是能服兵役的以及凡是能从其他工作中脱身的男子早已在前线参加战斗了，所以可以这么认为，这个号召针对的是迄今有充分的理由不参加战斗的那些人：老年人、曾在战争中受过伤的士兵、妇女，尤其是男孩子。

这个号召实际上等于纳粹承认在军事上已经到了走投无路的地步。正如希特勒的政敌所讽刺的那样，最后一次"征募的是瘸子和残废，孩子和老人"。这种说法难道不是对纳粹大肆宣传的"报复"的一种"报复"吗？然而《人民观察家报》却把这个决定誉为"只有德国才能做出的最伟大、最令人自豪、最令人振奋的光荣业绩"。

希特勒政权完全把希望寄托在青年人身上，确切地说，是把希望寄托在给他们不断灌输的牺牲精神上。"为

1　指德国人民1813年至1815年反抗拿破仑统治的解放战争。

元首、为人民、为祖国而死既是荣誉也是应尽的义务，人们一直是用这种思想来教育我们的。"那个时代数以百计的见证人认为，这就是他们毫无反抗地去参加那场荒唐的战争的原因。由此可见，从小向孩子们灌输这种思想最终收到了效果。

此外，祭拜牺牲者一直是希特勒青年团成立以来的固定礼俗：团员们分成小组肃静地从缓缓燃烧的火焰旁经过；他们手持火炬在阵亡战士纪念碑前列队走过；他们常常满腔热情地唱团歌，或者看讲述德国式耶稣受难故事的露天演出；在露天大会上，他们聚精会神地听中世纪的英雄传说，或者听专门为纪念1914年秋在朗厄马克附近牺牲的年轻战士谱写的挽歌。希特勒青年团的团员还经常在野外进行军事演习，但他们却不知道打仗究竟是什么意思。

人民冲锋队虽然是德国国防军的后备力量，但是因为7月20日发生暗杀事件后，纳粹领导对将军们失去了信任，所以党对他们要进行监督。"各区的大区长官要接管德国人民冲锋队的建立和领导事宜。"命令中这样写道。大区长官作为地区的"帝国国防委员会的特派员"，对作战要发挥更大的作用。

希特勒的幕后指挥者马丁·鲍曼在政治上和组织上负责全国的人民冲锋队。军事上，各地的"民兵营"都要接受新的指挥员——党卫队首脑希姆莱——的领导。这种双重领导体制——一半由党管，一半由军队管——导致了一种以青年人为代价的权力游戏。

不参加人民冲锋队的人可能被直接征入国防军或纳粹党卫队。军队伤亡十分严重，需要越来越年轻的士兵。当希特勒德国向波兰发动进攻时，入伍的是 1918 年和 1919 年出生的人，当时他们只有 19 岁和 20 岁。从 1943 年起，应征入伍的甚至只有 17 岁。1944 年，特别是 1945 年，参加战斗的是 1928 年和 1929 年出生的人，这些人的年龄更小，有些人只有 16 岁。在战争处于非常混乱状态的最后几周里，有些战场上甚至还有 12 岁的希特勒青年团团员，当然这些孩子没有得到明确的军事命令——他们中的大多数是带有一定盲目性地自愿奔赴前线参战的。

阿克斯曼宣布 1944 年为"志愿兵年"。他派最优秀的演说家在隆重的群众集会上为征兵工作做宣传。开始的时候，那些自愿报名参军的人还受到了特别的尊敬：当被确定能服役时，他们会受到十分恭敬的欢迎，每人领一张军人证书，以及一根系在青年团服肩章上的特别的绶带，在排队集合点名时让他们站在第一排。

过后，这一切待遇全都成为过去。一进入营房便马上开始严格的操练。"在兵营里我们总是被大声呵斥，睡觉的时候我们只能躺在地上。我们被轰来轰去，轰得我们晕头转向。"卡巴莱小品演员迪特尔·希尔德布兰特回忆道。

希特勒青年团团员常常是坚决报名，要求服兵役。谁要是拒绝服役，人们就会给他扣上"胆小鬼"的帽子。"在我们那儿没有人会想到拒绝服役，我们的脑子里根本就没有这种想法。"那个时代的许多见证人都证实了这一点。

对战争产生厌倦情绪的士兵对纳粹大肆宣传的征兵早已感到非常不满。他们认识到，所谓的年轻增援部队实际上就是去"拖延战争时日"和充当"炮灰"的。然而事实上，许多青少年是怀着满腔热情上战场的。有些人甚至害怕还没证明自己是一个合格的士兵，战争就结束了。"我们的脑袋里装满了宣传的这种思想。我们认为，我们一定会取得胜利。你们是为打赢这场战争而挑选出来的，当时就是这么宣传的。"约翰内斯·施罗德解释道，他是在阿登山脉一带被送上战场的。

许多人都是这样：向往表面看来伟大的事业——为"祖国"英勇牺牲。然而，"这是个什么样的祖国呢？"当年刚到18岁的赖因哈德·阿佩尔扪心自问，"当然，后来才明白，那是个罪恶的政权，但许多人当时为它付出了生命。"对于这点，当时的大多数人则另有看法："这场战争是正义的，我们从来没有怀疑过。我们从小就知道，生活就是不断奋斗，任何一个民族都必须为生存而斗争，我们的生存当时受到了威胁。"同生死共命运的德意志"民族"意味着"一切"，任何个人都是"无足轻重"的。"我们生来就是要为德国而死"，这是希特勒青年团团员贴在家里墙上的许多典型口号中的一句。

然而，同是青年，对战争的态度可能有天壤之别，这要看他是在什么时候、什么地方投入战斗的。德国东部的许多年轻人听到的是关于逃亡者和被逐出家园者的事情，有些人从新闻影片中看到，以"民族"的名义发动的战争到头来对这个民族是多么残酷的打击。同时，当局有目的地散布有关苏联人在东普鲁士的内默尔斯多夫或在西里西亚的劳班等地进行恐怖活动、谋杀和大规模暴力行动的消息，这些消息像野火似的很快传播开来。许多年轻人非常简单地认为，面临进攻，就得起来进行自卫。"我们脑子里只想到一点：保护我们的母亲和姐妹，免遭俄国士兵的蹂躏。"纳粹的宣传机器非常善于利用这样一种思想——它也是动员新兵的好借口，以便把纳粹政权灭亡的时间再往后推迟一点。

宣传中把怀疑取得军事胜利的人称为叛徒。"那些走狗奴才在暗中破坏我们的生存斗争，他们是人民的死敌。"他们"真该被枪毙或送上绞刑架。凡是认为可以违抗国家命令的人都不会有好下场"。最后，有人把枪口对着孩子们或者威胁要处死他们，终于把孩子们也都逼上了战场。这场"圣战"的捍卫者没有一点仁慈。

面对这场战争，无论是满怀胜利的信心，还是气馁胆怯，畏首畏尾，士兵的队列——在报名处、在兵营里，最后在战场上——都很奇怪：白发苍苍的老人和脸蛋白嫩的毛头小伙子——战争中受过伤的年轻士兵、大学生和中学生。

新兵一旦戴上印有"德国人民冲锋队"字样的袖标，便成了"符合兵役法的士兵"。这样他们就会受到1907年通过的海牙陆战条例的保护。也就是说，他们作为战士——不同于游击队员——一旦被俘，不能被任意枪决。西方同盟国于1944年10月承认了人民冲锋队的合法地位。但是，这种合法地位据说在东部地区对被俘的德军几乎不起作用。有消息说，苏联红军对人民冲锋队队员实施暴力，或根据紧急状态法枪决人民冲锋队队员。这些消息一时间不胫而走。因此，有些人出于害怕，宁愿去参加正规军，或者去参加纳粹党卫队。

还有其他一些原因：人民冲锋队谈不上有足够的武器装备。纳粹领导很快就意识到，他们无法为新征的百万大军配备适合于作战的武器装备。他们倒是考虑了从意大利境内的武器弹药黑市大批购买，但是在没有买来以前，人民冲锋队队员只能凑合着使用缴获来的武器。有人怀疑武器被正规军占用了，被占用的恐怕还有军装和其他军需品。因此，人们频繁提及 1944 年 10 月政府颁布的规定："建立起常备的人民冲锋队之后，无论是武器、服装还是其他军需品，都不准随便挤占挪用。"总而言之，人们有了这样的印象：许多前线的士兵似乎不怎么尊重年轻的后备兵员，装备很差、身穿邋遢便服的人民冲锋队队员终究不是旗鼓相当的"战友"。"最后征来的新兵"常常只是使用积压的陈旧武器，其中有些武器还是 19 世纪留下来的。人民冲锋队的这种艰难处境正是这个"千年帝国"的真实写照。而年轻士兵则一手拿着卡宾枪，一手拿着子弹在前线上岗。他们中的许多人虽然经过"军事训练"会使用武器，但战斗经验几乎为零。

希特勒政权狂妄地提出"战斗到最后一滴血"的口号。这一口号开始时是针对从事军需补给和军事运输的士兵提出来的，随后又把范围扩大到工程兵，最后扩大到了驻守边防和要塞的警卫，以及守卫城市、村庄和其他军事目标的卫兵，及至被派到扫雷小分队的"最后征召来的后备兵员"。到了1944年年中，前线的死亡人数突然开始大量增加。数以千计的年轻士兵冒着生命危险挨过了初上前线的日日夜夜，许多人则第一次投入战斗就死在了战场上。"只要旗帜还在，死又算得了什么"——在这个口号的煽动下，很多青年人牺牲了生命：有的死于诺曼底战役，有的死于希特勒在阿登山脉一带发动的最后进攻，有的死在"防空警报大队"，有的在1945年2月为防御苏联红军突破奥得河而牺牲，有的死于后方"要塞城市"——例如柯尼斯堡和布雷斯劳——的保卫战中，最后还有的死于希特勒帝国权力中心柏林的保卫战中。在柏林保卫战中，甚至连童子军也得坚守阵地，这时希特勒的忠实信徒却早已全线退却，或者像他们的元首那样，用自杀的方式来逃避造成数百万人死亡的责任。

各个战场上都有侥幸活下来的幸存者，他们给我们讲述了他们的经历。他们对纳粹糟蹋青年一代的人生和发动这场罪恶战争造成年轻一代平白无故的牺牲可以作证。他们的讲述反映出一整代人的命运。他们的这段往事说明，因为害怕或出于盲目性而为"元首、人民和祖国"去杀人、去战死疆场对年轻人来说意味着什么。

悲哀的结局始于本要使战争往有利于德国的方向发展的一场战役：希特勒在阿登山发动的最后一次进攻。这次进攻本要再次扭转历史的车轮。1944 年 6 月，"欧洲堡垒"未能顶住盟军的进攻，西线军团从大西洋一线后退到帝国边境。把敌军部队再赶到海上去，希特勒发布的军令中这样写道。于是，阿登山战役便成了决定"德意志民族命运"的关键时刻。12 月初，德军总司令部在几乎没有被人发觉的情况下，在艾弗尔山周围的阵地上部署了配备着数以千计的装甲车和大炮的 25 万兵力。为了打赢这一战役，国防军的最后一批后备兵员全被动员起来了。与此同时，人民冲锋队里的老人和孩子们要填补德军在后方留下的空缺。这个自封的"最高司令"决心要孤注一掷了。

希特勒青年团有两个团员在 17 岁的时候自愿报名参加了国防军，一个叫约翰内斯·施罗德，另一个叫京特·明茨。他们在这场冬季战役中幸免一死。跟许多同龄人一样，他们初上前线就看到战友在战场上一个个倒下。过了一段时间后，他们自己也受伤了，约翰内斯·施罗德的脑袋上中了一枪，京特·明茨在圣诞节那天失去了一条腿。他俩算是有运气，在这次战役中活了下来——

施罗德是靠美国卫生员的帮助才活了下来。"什么希特勒青年团团员，英勇行为，最后胜利，我那时就学会了哭。"京特·明茨说。

1944年12月的纳粹新闻影片还一个劲儿地在谈论胜利，还有一群群满面笑容的年轻人正在奔赴战场的画面。"歌到嘴边我就是唱不出来。"明茨说。"有人告诉我们：'你们是能够起到转折作用的一代人，你们就是为此被征召来的……'我们必须获得胜利，不管我们想还是不想——我们不能逃避这个责任。"约翰内斯·施罗德回忆道。

正如德军总司令部所希望的那样，12月16日早晨的天气是适于发动进攻的天气：元首所希望的天气——云层很低，大雾弥漫。在这样的天气条件下，盟军不可能派出他们的歼击机和轰炸机。早晨6点30分，3400门大炮开始在120千米长的战线上发射猛烈的连珠炮火。美国人对此感到非常意外。阿登山前线第一天的战况由帝国广播电台及时做了报道，报道宣布"盟军的抵抗迅速崩溃"。不过，这最初的战果首先应归于因云层太低，美、英、法等国的空军无法投入战斗。

圣诞节时，灾难来了。明茨告诉我们："那是个宁静而明朗的夜晚。我们饿得要命，累得要死。我根本不愿意去想什么圣诞前夜，由于极度疲劳，我马上就睡着了。这时候轰炸机飞来了，就在我身边发出一阵爆炸声，四处都被炸弹击中了，我马上感到一阵剧烈的刺痛，顿时血流如注。我的一条腿被炸掉了，我用裤子把血止住了。"

从美军拍下的照片上可以看出年轻的德国俘虏脸上露出恐惧的神色，他们看上去是些完全不知所措而又无助的孩子。纳粹在圣诞节的新闻影片中把前线的恐怖场面美化成田园般的画面，这些画面使那些从战争中活下来的人看了感到简直是在嘲弄他们：士兵们正在给孩子们分发圣诞礼物。"这绝不是圣诞节，这是我一生中最糟糕的日子。"明茨说，"他们究竟为什么要捉弄我们呢？"

新闻影片中有这样一幕：战场周边的某个地方暂时保持着和平。圣诞前夜，两个年轻的美国兵跟一个受伤的战友一起穿过许特根瓦尔德森林时迷了路，跟部队失去了联系，他们便去敲一户农家的门。女主人听到有人敲门便出来开门。她看到三个美国兵，其中一个受了伤，她便照料这个伤兵。为了庆祝圣诞节，她给他们做了一顿圣诞晚餐，还宰了一只鸡。突然又有人来敲门，这回是四个年轻的德国兵站在门外的雪地里。女主人便说："你们可以进来，但是我们家有客人，你们也许不会把他们看作你们的朋友。""屋里的人是谁？"领队的军士不客气地问道。"是美国人。"德国兵愤怒的目光向客人挨个儿扫视过去。然而，还没等其中一个德国兵拿起枪来，女主人便以缓和的语气毫不含糊地说："听着，你们都可以当我的儿子，屋里的几个也一样。我的客人中有一个受了伤，正在与死亡搏斗。他的战友跟你们一样又饿又累。今天夜里我们都不要想到底谁杀死谁的问题。"顿时大家沉默了。最后大家和睦相处，一起坐在饭桌旁，唱起了圣诞歌。第二天，那几个德国兵给三个迷路的美国兵指路，告诉他们美国部队的方向。

这时德军开始撤退。短短几个月内从阿登山的第二次撤退，再次暴露出希特勒发动这场战争的荒谬本质。德军撤回到他们原先的阵地上。当约翰内斯·施罗德听到震耳欲聋的马达轰鸣声时，他正躺在一个林间阵地上。"我们总共只有14个人，却要对付100辆装甲车，这怎么能对付得过来呢？我看到身边的战友一个接一个地倒下了。战壕里挨着我的那个战友脖子上中了一枪，我是脑袋上中了一枪。"其他战友以为施罗德已经死了，就让他躺在那里没有去动他。然而美军的卫生员见到这个重伤员后把他运到了安全地点。在野战医院的帐篷里给他做完头颅手术后，护士称"重获新生的"施罗德是个

"婴儿"。

有6万多名德国士兵和盟军士兵在阿登山战场上失去了生命。在大西洋那边的俘虏营里，许多沦为美国俘虏的年轻德国兵终于弄清了事情的真相。"后来我们渐渐地知道了有人以我们全体德国人的名义都干了些什么。有时候我为当一个德国人而深感惭愧。"施罗德说。1945年3月在他的家乡艾弗尔，亲戚们为他举行了一次追思弥撒。当他们从教堂里出来的时候，邮递员手里挥动着一封从美国来的信向大家示意。"这个男孩子还活着！"从家人为追思弥撒印制的"遗像"上可以看出，死者是个童子军，现在他的第二次生命开始了。他真是运气不错。然而，施罗德至今还很愤怒："把十四五岁的孩子送到前线去打仗，这是一种犯罪行为。他们为达到自己的目的简直是不顾别人的死活。"

向阿登山发动的进攻失败后，纳粹政权仍不遗余力地继续加强宣传，以空洞的言词侈谈获得最后胜利。"过去的一年我们取得了伟大的胜利，这在德国历史上是无与伦比的。"纳粹宣传部部长约瑟夫·戈培尔在他的"圣诞献词"中说，"德意志民族在这场战争中显示出它具有高度的忍耐力，这是非常值得钦佩的。这种忍耐力也是我们最终取得胜利的保证。"

然而这种宣传似乎有点儿没底气。苏联红军早已越过了德国的边界。在希特勒鼓吹种族主义的长篇演说发表之后，戈培尔在新闻影片中反复地揭露苏联红军在德国一些村庄犯下的暴行。这些村庄后来又被德国国防军暂时重新夺了回来。村子里到处是缺胳膊断腿的尸体和遭受强奸的妇女，有的一家人被杀死后横七竖八地躺在被毁的房间里。这些画面绝不是伪造出来的。"复仇"是战斗的口号——例如，在伊利亚·爱伦堡鼓舞人心的诗歌中。许多苏联部队都遵循这一口号行事，特别是在战斗开始时的头几个星期里——要为祖国死于非命的数百万人报仇雪恨。然而，苏联红军的所作所为客观上起到了帮助纳粹德国动员包括童子军在内的兵力的作用。"我走进一所学校，在门后看到一个妇女躺在地上，浑身是血，两条腿叉开着。她确实是被强奸致死的。她的丈夫躺在过道里，可以看出他的脖子上中了一枪。"当年只有16岁的特奥·尼古来回忆道，"无论是谁，只要看到这种惨状，他的仇恨之心就会油然而生，恨不得马上把那些对战争负有责任的人通通杀死。"

"要是苏联人再敢来犯的话，要让他们尝尝我们的厉害。"纳粹青年团团员马丁·贝尔高这样自负地想，这是他在柯尼斯堡附近第一次听到从前线传来的隆隆炮声时产生的想法。现在苏联红军在德国的国土上，在散布恐怖思想。保护自己的家人免受入侵者的强暴，这是德国人决心保卫东线的基本动力。"我们确实有这种感情，这是关系到生死存亡的大事。"

自1944年底至1945年初以来，"要塞城市"被视为保卫家乡的堡垒。围绕柯尼斯堡和布雷斯劳的两大战役为保卫家乡的战争敲响了丧钟。在这一生存斗争开始的前夕，一部名为《科尔贝格》的大型彩色影片及时地摄制完成，以便给青年人留下深刻的印象。影片对波莫瑞市民在拿破仑发动的战争中突破法国兵的包围、坚持胜利的精神大加赞扬。像当年那样，如今那些要塞城市定会战胜苏联军队。"保卫祖国责无旁贷，甚至牺牲生命也在所不惜""最伟大的人总是伴随着阵痛而降生"——类似这样的警句在影片中比比皆是。

官方称，保卫要塞城市既是为了确保难民队伍的退路，也是为了阻止敌军攻入帝国的领土。然而，在"全面战争"的最后几周里，由于军事指挥官们过高地估计自己的能力、思想上固执己见，以及不计代价地遵从命令，许多人白白死去了。

柯尼斯堡——希特勒帝国东方的前哨"堡垒"——是一个可悲的例子。在这里居住着狂热的东普鲁士大区长官埃里希·科赫。1945年1月份的最后几天里，"敌人"

对这个古老国都的包围圈在一步步地缩小，大街小巷一片恐惧不安，"小广播"散布着难以置信的有关苏军暴行的谣言。在苏军炮兵部队连续不断的攻击下，柯尼斯堡人尽力保护着自己。10多万平民和约15000名外国的劳改犯在临时建起的防坦克障碍物后面、在匆忙挖成的壕沟里和单人掩体里，以及在交叉路口的防御工事里躲避敌人的炮火。

他们缺少保卫自己所需的一切：重型武器和轻型火炮、弹药和士兵。巡逻队仔细搜查烧毁了的房屋、半掩埋着的地下室和挤满了人的防空洞，目的是寻找逃兵。因缺乏防御低空轰炸的设施，在大街上每走一步都是生死搏斗。

然而当年希特勒青年团的一个团员是这样回忆的。"保卫柯尼斯堡对我们来说完全是理所当然的，那时我们一点儿怀疑都没有，柯尼斯堡当然是我们的故乡。"埃里希·施瓦茨说，"我们看了《科尔贝格》这部电影感到非常振奋。要是你们跟当年一样坚持到底的话，那么胜利就是你们的了，影片中就是这么说的。这一点我们完全相信。"

如果电影不被作为宣传工具，那么人们在走进电影院时就会遇到麻烦。"以前曾放映过一部电影明星吕曼主演的电影。我们跟其他士兵一起排队买票。随后便有人来检查我们的证件，他不假思索地指责我们没看门上贴着的布告：该电影青少年不宜。因此我们不能进去。我们说，但是我们是为祖国出生入死的年轻士兵。说完他就允许我们进去了。"

像在帝国许多地方一样，战地宪兵队也在柯尼斯堡一遍又一遍地挨家挨户搜查，寻找适于当兵的人，以便使前线减员的部队兵员重新得到补充。部分年轻新兵的基础军事训练只几个小时就完成了，因此，不仅是希特勒青年团团员，而且还有那些新兵，在前线完全束手无策。"苏军在柯尼斯堡发射如此密集的火力真是叫人难以相信，甚至连那些久经沙场的老兵都没有经历过。跟我们在一个战壕里的年轻士兵，有一个是12岁，有两个是14岁，他们听到密集的炮声便大叫起来——有的喊'救命'，有的叫'妈妈'，这时老兵们气得暴跳如雷：'把这些孩子从壕沟里扔出去算了！'真是一片混乱。"特奥·尼古来说。

在前线的希特勒青年团的一个当地小组归汉斯 – 京特·施塔克指挥。"每当我们征召一批年轻新兵来部队时，我总是说：'把你们的履历给我详细地写下来。'因为我们必须假设，大多数人可能活不到第二天的中午。把这么年轻的人送到前线部队里来，这是非常荒唐的，这样做简直就是犯罪。这根本用不着什么辩解。"那么为什么还要把这些青年送到战场上去呢？"人们总得做点儿什么吧，至少可以让人感到还有一点儿防御能力。"许多指挥官觉得不得不这么做，因此直到战争的最后一天还有数以千计的童子军死在战场上。

埃里希·施瓦茨是柯尼斯堡人，他在一次伤亡惨重的战役中幸免于难，因为他及时丢掉了那种不切实际的幻想："我得向上级报告一个重要的消息，4级警报。我便往下走到作战司令部，去找我们的副营长，正巧在那儿找到了他。他右手拿着一杯葡萄酒，左臂搂着一个俄国姑娘。我当时想：他在这儿干什么呢？这不是种族耻辱又是什么呢？是的，我当时就是这么想的。这时他冲我大声吼道：'你到这儿来想要干什么，你为什么不在上面跟大家待在一起？我让人毙了你！'这时我赶快跑掉了，并对自己说：'不，你不能再跟他们一块儿干了！'我回到家，对母亲说：'我不再去人民冲锋队了。'她听了非常高兴。我换了一套衣服，把民兵的制服扔到了瓦砾堆里，这样我又成一个普通的小男孩了。"

其他想摆脱无谓牺牲的人这次则付出了生命的代价。当埃里希·施瓦茨回到他母亲身边时，一些年轻士兵被当作所谓的逃兵在柯尼斯堡的火车北站被吊死了。

希格弗里德·扬科夫斯基，1928年出生，他是柯尼斯堡纳粹党小组组长的儿子。他是在严格的纳粹思想教育下成长起来的。1944年年底，他成为人民冲锋队的队员。尽管老兵们告诫他，这场战争早已输定了，但是他和他的战友们还是相信会赢得胜利。"我们是铁杆派，"他承认道，"我们还一直在唱《胜利一定属于我们》这首歌。"可是不久以后他的一些战友便被炮弹打得缺胳膊断腿，这使得他对最终的英勇决战也完全失去了兴趣。

宣传的目的是进行战争动员，让大家行动起来反对任何形式的悲观主义，但现实情况正好适得其反。"看到人们保卫柯尼斯堡，我们感到高兴并满怀信心。他们的沉着镇定反映出他们的自信。"《人民观察家报》在1945年4月初还这样写道。

4月6日，这个波罗的海沿岸城市开始加速陷落，苏联包围军的所有大炮一齐向包围圈里开火。大区长官埃里希·科赫在围城的前几天宣布辞职。此前他在给希特勒的电报中，还假惺惺地声称要不屈不挠地坚持在柯尼斯堡这个包围圈里战斗到底。被包围的部分德军成功突围，并到达波罗的海海港城市皮劳。一些希特勒青年团团员也由此线路撤退。让他们活下来的目的是让他们日后为柏林的决战效命。

离柯尼斯堡不远，帕尔姆尼坎当地的希特勒青年团团员就在那几天里得协助完成一项"特殊"任务。"我们走进市政府，"马丁·贝尔高说，"里面有三个身穿迷彩服的党卫队士兵，他们看上去脸色阴沉，一句话也不说。一进去我对他们就没有好感，慢慢的才好了点儿。这三个人把我们领到一个地方，在那儿给我们交代了一项特殊任务。我们——至少是我有这样的感觉——是被选中来完成这项特别任务的。接着一切都进行得很快。犹太妇女们必须排成双行，我们这几个人民冲锋队中的希特勒青年团团员必须一路上护送她们。"

贝尔高他们护送的队伍被带到了海边的一个采石场边。"强迫她们在一条已经躺满尸体的壕沟旁跪下来。然后枪弹击中她们的颈部，她们一个个倒下了，许多人临死前喉部还喘着粗气，接着便断气了。这一过程我全都看见了。我还看到一个年轻士兵，为免除一个妇女临死前的痛苦，用他的卡宾枪给了她'仁慈'的致命一枪，好让她一下子就结束生命。也许他有朝一日会说：我至少没有朝犹太人射击。"

"完成任务后我便回家了——既后悔又沮丧。我听到从前线传来的隆隆炮声。我们现在该怎么办呢？要是俄国兵来到我们这儿，我们必须起来保卫自己，这是不言而喻的。这是一场生死搏斗。他们一定会把我们通通杀死的，我们这些帮凶都是有罪的。"

一些希特勒青年团团员是这样成为纳粹政权罪恶的

帮凶和同谋的——越是害怕敌人的报复，继续战斗的意志就越坚强。东线戈培尔的吹鼓手们从中捞到了不少好处，就连西里西亚的大都会布雷斯劳也被宣传成了抵抗"一帮灭绝人性的布尔什维克乌合之众"入侵的坚强堡垒。这座城市直到战争进入最后一年前，还从未受到过敌机的空袭。然而前线却不可阻挡地越来越近了。

当大区长官卡尔·汉克于1945年1月21日宣布布雷斯劳为"军事重镇"时，市民们感到非常恐惧不安：这意味着要不惜一切代价守住这座城市，以拖延敌军的进攻。这个后果严重的决定是造成大规模破坏的第一步：疯狂的防御造成的破坏大大超过盟军的炮击，不到三个月，西里西亚的这颗明珠就将变成一片瓦砾堆。假期来旅行的人、出差的人、病人和伤员一踏上火车站的站台即被招募，每个人都得参加人民冲锋队，当然也包括希特勒青年团团员在内。克里斯蒂安·吕德克至今还特别记得他应征入伍那天的情景："当时，我走到母亲身边说：'现在我成为战士了。'她的第一反应是：'啊，天哪！他们现在连孩子们都不放过。'仅仅一个星期后，我和几个同伴便被要求去前线某部门报到。命令下来的那天正好是我的生日，我们便决定第二天再去报到。第二天，我们走到一座桥边时被一个值勤的士兵拦住了，他说：'吕德克，你被捕了！你不配穿德国的军装。'于是他把我的军装扒了下来。"

这一事件后来由布雷斯劳的希特勒青年团领导赫伯特·希尔施亲自处理。当时该市正受到密集的炮火攻击，因此人们就吕德克和他的伙伴们是否应被宽大处理展开了激烈的辩论。"事后他们来找我，对我说：'嗯，我们认为你在这件事情上只是做得欠考虑，是个愚蠢的行为，因此我们对你不会进行最严厉的处罚，也就是说，不会根据紧急状态法执行枪决。不过，我们对你这个为首的闹事者不是打 20 棍，而是 25 棍。咬紧牙。'说完就用棍打我。打过 10 下后，我开始呻吟，再也受不了了。然后他们说：'好了，孩子，你经受了考验，现在你可以上前线去了。我们希望，不久以后能把铁十字勋章别在你的胸前。'"

在这座城市行将陷落的背景下，这一幕显得怪诞荒谬：吕德克重新获得了可以为祖国牺牲生命的荣誉，而那些擅自不去参军的年轻人却被忽视了。

布雷斯劳还有不少死硬分子，这座城市一直坚持抵抗到 5 月 2 日。尽管前线早已西移，然而新来增援的苏联兵团还是坚持想拿下这座城市。到 2 月中旬，包围圈中实际已只剩下 20 万人了。最后苏联红军从南面进军，包抄每一条街道、每一座房屋、每一个楼层，斗争惨烈。大片火海映得天空一片通红。城西的甘道机场是苏军进攻的主要目标这一，机场的失守则断绝了这座城市跟外界的联系。教堂被改成了一个个小碉堡，公墓被推平，成了"便于射击的区域"，推倒的墓碑被用作构筑街垒的材料。

布雷斯劳保卫战变成了一场激烈的阵地战。在市中心临时修建了第二个机场，因为直到最后还有许多人相信会有援军前来，并且还有许多青年相信会取得最后的胜利。他们是以德国国防军的各个部队、人民冲锋队，特别是专门成立的"希特勒青年团管理小组"的名义前来参加战斗的。这个希特勒青年团管理小组是由希特勒青年团布雷斯劳地区的领导希尔施提议成立的。这支部队约有1000名青年，编有两个营。相对来说，他们的装备良好，由经验丰富的军士指挥。在猛烈的进攻中，他们重新占领了吕特格尔的工厂和珀佩尔维茨火车站。凯泽－威廉大街和奥古斯塔大街的拐角处很快被布雷斯劳的市民命名为"希特勒青年团活动角"，青年们在这儿放置了许多手榴弹弹射器。

不过顽强的抵抗需要做出很大的牺牲，童子军中就有半数人在阵地战中付出了年轻的生命。有数百名希特勒青年团团员在所谓的主要战线——市区南部的铁路路堤上参战。

曼弗雷德·普罗伊斯纳在向苏联的机枪阵地发起冲

锋时受了伤，这是他的运气好："那儿站着一个人高马大的中士，手里拿着一支手枪对准我说：'你怎么啦？'我便回答说：'我身上中了一块弹片。'他看了看。这时我确实流了点儿血，于是他便允许我到下面的防空洞里去。可是其他人也想去。这时他用手枪对着他们——他们没有受伤——把他们轰了回去，这样他们只好返回到铁路路堤那儿去。"

战线那里有什么在等着他们呢？罗曼·舍费尔描述道："苏军已埋伏在上面的铁路路堤上了，我们必须把他们赶到路堤后面去。要是他们在上面拿着机枪四处扫射，肯定会造成大量的人员伤亡，这是不言而喻的。他们会像疯了一样。"那个因擅自不到部队及时报到而挨棍打的克里斯蒂安·吕德克也在那儿参加战斗："我们在这儿进行的战斗是毫无希望的。我们只能等待着我们的失败。有不少人哭了——不仅是因为许多人受了重伤，而且也因为他们怕死。"

官方则认为，这一人类的悲剧可能会起到振奋斗志的作用。"基于我们顽强的抵抗力和经受了考验的守城勇气、祖国的有力支持，再加上我们深信一定会取得最后胜利的信念，我们一定能坚守住这座重镇，直到形势发生重大的转折。"这是这座城市军事领导层的看法。然而，这种自我吹嘘的战争宣传根本起不到什么作用，"铁的纪律"很快就烟消云散了：士兵们每天到还算完整的教堂里默祷，没有人再出来阻止他们。

4月初，战争的最后一幕开始了。在复活节假期的几天里，布雷斯劳经历了"全面战争"中最激烈的战斗：苏联红军炸毁了该市所有留下来的建筑物。布雷斯劳顿时变成了一片火海。然而市军事指挥部还不愿意认输，仍在希望——当然是徒劳地——得到外界的援助。"我们对希特勒越有信心，我们坚持的时间越长。"狂热的军事领导人在4月20日元首生日那天极尽吹捧之能事。

趁着几天停火的间歇，苏军给了这座城市最后一次自愿投降的机会。然而德军顽固地决不投降，因而白白地放过了至少能拯救一些人生命的机会。直到5月初，德军的谈判人员才动身去谈判，其中有阿图尔·格罗斯曼。据说，恰恰是希特勒青年团团员试图阻止他们去完成这一有意义的使命。"当时我们打着白旗，好让人一眼就能看出我们是谈判人员。我们想过去跟对方谈判。不过我们过去时必须走过希特勒青年团驻扎的一片住宅区。这一行动对他们来说是难以理解的，所以在这儿可能会遇到点儿麻烦，他们本来就不愿意停止战斗。他们也发出过号召：我们要继续战斗下去，我们决不投降。但是我们必须经过他们那儿。当然，这种感觉非常奇怪，但是无论是命令他们还是告诉他们'我们必须从这儿经过'，都没有用。他们就站在那儿，不让我们继续往前走。因此我们马上报告了希特勒青年团的营长，他正好在附近不远的地方，我们还打电话通报了市指挥部，说我们从这儿经过时遇到了困难。于是上将跟营长商量了一下，后来我们在现场希特勒青年团团员的一片狂喊乱叫声中越过了这片区域。对于此事，始终有人想不通，他们称我们是叛徒、胆小鬼。他们一再高喊：'我们要继续战斗下去。'这就是当时那个营里人们的基本思想。"

经历了连续几个月的战斗，这座城市终于沉寂下来了。1945年5月6日，这一天连一声枪响都没有，"重镇布雷斯劳"在德国全面投降的前两天终于陷落了。大区长官汉克——这个非常有煽动性的、此前出尽了风头的"誓死保卫者"——现在终于把他所谓的"不怕死"的思想暴露无遗：就在西里西亚的"堡垒"末日来临的前几天，他已神不知鬼不觉地逃之夭夭，把昔日的"战友"抛在一边不管了。

西部前线的地盘在当年春季也缩得越来越小了。1945年3月7日是个具有象征意义的日子，自拿破仑时代以来，敌军第一次越过"德国境内的大河"：美国的第九装甲师在雷马根附近越过了莱茵河。当希特勒得知这一不幸的消息时，他大发雷霆。军事态势已是无法改变的了："伟大的德意志帝国"已变成了夹在两条大河之间的一片土地。苏军已经到了奥得河畔。西线的盟军越过莱茵河后分成六个大型突击梯队向帝国的腹地挺进。

西线的许多希特勒青年团团员这时意识到他们经受考验的时刻到了，其中包括1929年出生的鲁道夫·赫尔米希。他是杜伊斯堡市斯泰因巴特中学的学生。由于鲁尔区的许多城市常常遭到空袭，他自1940年起根据撤离孩子的规定曾多次被疏散，每次总是跟同一拨孩子在一起，因此孩子们之间便结下了亲密的友谊。他们决心永远在一起。1944年1月，赫尔米希和他的朋友们被疏散到了巴特梅根特海姆。1945年初，这些孩子在当地被征召进人民冲锋队。冲锋队队长面对集合起来的一帮孩子问道，有谁"不"是自愿参加的。结果不出所料，没有人"不"是自愿参加的。赫尔米希对他的这个"奸计"付之一笑。他和他的朋友们早就立下志愿，要为保卫祖国做出自己的贡献，所以"自愿"是根本不成问题的。

3月31日，美军突然逼近巴特梅根特海姆，不断升级的警报使赫尔米希和一些同学感到好奇。他们听说，迪尔纳格尔战斗队在诺因基兴附近成功地击退了美军坦克先头部队,给美军造成了很大的损失——口径为88毫米的火炮击毁了美军的六辆坦克。那些孩子们抓住这个有利时机:他们告诉不熟悉地理情况的年轻的党卫队士兵通往诺因基兴的道路。这些中学生被党卫队士兵感动了,因为这些年轻士兵显示了高度的纪律性和坚定性,相比之下,德国国防军的其他部队就显得落后多了。"然后武装党卫队的士兵们问我们:'你们打算在这儿干什么呢?'于是我们——不是出于一时冲动——回答道:'我们要为保卫祖国效劳,我们打算跟你们一起战斗。'其中一个士兵说:'那么,如果你们自愿在这儿服役的话,这没有问题。志愿者我们是会留下的,不过做出了决定就不能再改了。现在只要谁说,是的,决不后悔,那么他就留下来,不能回去了。'这时我们大家都不假思索地说,是的,决不后悔。"

在等待美军发动新一轮攻击的那些日子里,志愿兵小队里有些惶恐不安的情绪——偶尔有个别战士没再能回到防线,志愿兵要顶替他们。有一个母亲试图把她的儿子从阵地上接回家去,但没有成功。那些年龄最小的士兵中,有一个试图偷偷逃跑,结果被抓了回来——是直接从他的床上抓回来的。这两个士兵后来都死在战场上了。

4月5日，美军继续向前推进，夺取了附近一个名叫施图帕赫的偏僻村庄。村民们对战争已经厌烦了，因此并没有将占领军放在心上。然而，当天夜里美军又退回去了，在村外宿营。党卫队的士兵们趁机便在施图帕赫驻扎下来。第二天美军又回来了。他们没有想到会遭到抵抗，先导吉普车的驾驶室里坐着的一名军官遭到了机枪的扫射，坐在里面的士兵当场被俘虏了。这时，杜伊斯堡的年轻士兵赶来增援，他们被编成几个小队。赫尔米希的那个班共有11个学生和一个有经验的下士，他们被命令从村口通往卢斯特布龙的公路上进入阵地。阵地上没有掩体，他们也没有带挖战壕的工具。下士派赫尔米希回村里去问问，能不能借几把铁锹来，可是村民们说什么也不肯借给他。

在此期间，美军第十装甲师的装甲车全面包围了施图帕赫。正当赫尔米希想回到他班上去的时候，猛烈的连珠炮火开始发射了。他跑到一个工具棚里躲避。赫尔米希从他的藏身处无法看到他的战友们，只知道他们离他不到100米，没有掩体保护，只能听任美军炮火的扫射——这对他来说是个非常揪心的时刻。"这时我脑子里很清楚，阵地上所有的战友在没有任何掩蔽的情况下只能躺在地上不动。下士派我回村去本是要我求人帮助的，现在我两手空空帮不上忙，我一点办法也没有。"

这次火力交锋持续了好几个小时。党卫队的士兵中没有一个想到投降。当美军最后开进村里时，赫尔米希猜测他的战友们全都成了炮灰了。俘虏全部集中在村里的中心区，赫尔米希在那儿只见到了他的同学瓦尔特·克雷默和那个下士。63名德国士兵在作战中阵亡，其中9名是从杜伊斯堡前来增援的中学生。

阵亡士兵的尸体跟在别处一样要暴尸10天。美军这样做的目的是想惩一儆百。"等到美军允许我们安葬死者时，尸体已经处于半腐烂的状态，内脏都快掉出来了。"一个村民说。鲁道夫·赫尔米希在后来的很长一段时间里，常常想起他的已经失去了生命的战友们。"我们本来都是要好的朋友，凡是重要的事情，我们都是共同决定。他们遭遇到这样的不幸使我感到万分痛心，不过这是我们愿意干的，也是我们自愿干的。每个人必须对自己负责。"

希特勒青年团团员一时头脑发热葬送的并不只是自己。4月7日那天，在陶伯河上游罗滕堡附近的布雷特海姆能听到美军坦克的隆隆响声。当地的村民指望能安全无恙地挨过这场战争。然而没过多久，一支由4名希特勒青年团团员组成的反坦克分队出现在村口。一个农民这样回忆道："这几个团员说：'我们是来保卫这个村子的。'布雷特海姆的村民担心他们的村子可能因此而遭到攻击，于是有个叫汉泽曼的农民带着一个助手把这几个小伙子手里的反坦克火箭筒和卡宾枪夺了过来，给了他们几个耳光，把他们赶走了，并随手把那些武器扔到了一个池塘里。"这几个荣誉受到了伤害的希特勒青年团团员马上跑到离得最近的党卫队指挥部。党卫队第八军团司令、党卫队分队长西蒙和党卫队冲锋队队长戈特沙尔克下令成立一个临时军事法庭来调查这起事件。

"临时军事法庭以危害国防军战斗力的罪名判处这个农民死刑。但是乡长加克施太特尔和纳粹党地区分队长沃尔夫迈耶拒绝在死刑判决书上签字。"这时又成立了一个针对加克施太特尔和沃尔夫迈耶的临时军事法庭，结果这两个人同样被判处了死刑。这三个死囚要被吊死在公墓前的椴树上，并就地悬尸三天示众。行刑时，那几个希特勒青年团团员先把绳索套在三人的脖子上，然后把垫在他们脚下的椅子撞倒。行刑前后，团员中的一个青年还拉了手风琴。之后他们便任由吊在树上的尸体来回摆动。直到如今，这个村子里的村民还在忍受着心灵上的创伤。该村成了失去理智的青年一代的象征，这些青年人在面临军事失败的危急时刻还准备告发和侮辱他人。

然而青年人的狂热在大多数情况下断送的是他们自己的生命。纳粹抵抗组织"白玫瑰"的成员弗兰茨·米勒被美军从监狱里救出来，他回忆起在斯图加特地区见到的非常可怕的情景："我坐在一辆吉普车里，这辆吉普车正护送着谢尔曼装甲车队前进。突然我们听到了巨大的爆炸声。我们循声开去，看到其中一辆美军装甲车左侧的履带已被炸断了，车顶上舱口的盖板掀开着。装甲车前的一边躺着4个几乎是排成一行的希特勒青年团团员。爆炸发生时装甲车没有起火。这4个人发疯似的喊叫着，因为一个美国兵打开舱口用冲锋枪向四周扫射，击中了这几个男孩。此前大概他们刚庆祝了胜利，所以还笔直地站在那儿。有作战经验的士兵谁也不会这样站着的，早就卧倒在地上了，但这些孩子只有15岁，他们愣是站着不动，于是那美国兵便击中了他们的胸部。被子弹击穿胃壁是最糟糕的。他们只是叫喊着，其中一个像疯子似的喊妈妈。"

　　看到这情景，美国兵也都惊呆了。"当看到被击中的竟然是些孩子时，他们感到非常震惊，连忙打开急救包，把卫生员叫来，然而为时已晚，已无法把他们救活了。他们躺在地上，终因流血过多而死亡。希特勒青年团团员就是这样手里拿着反坦克火箭筒被人唆使上了战场。"弗兰茨·米勒是从反纳粹统治的群众组织中侥幸活下来的年轻人，那次他再次成为那种蔑视生命的、进行诱惑欺骗的行为的见证者，此前他曾冒着生命危险反抗这种行为。

那个时代的见证人只要一提到巴特特尔茨这座小城市就会回忆起当年的那种压抑心情。在 1945 年 4 月的那些日子里，那里一片惶恐不安。那儿只有一个拥挤不堪的野战医院，数以千计的德国国防军官兵在撤退的途中经过这座小城市。党卫队士兵们的撤退路线途经阿尔卑斯山。他们中间的一些人是从达豪集中营来的。

　　当地有一所党卫队贵族子弟学校，是除克拉根福和不伦瑞克的教育机构外的另一所著名的党卫队后备军官培训学校。

　　达豪集中营的囚犯被送往泰根湖去杀害的途中，要经过这所学校。如今生活在以色列特拉维夫的茨维·卡茨当年是这支奔赴刑场的队伍中的一员。他回忆起巴特特尔茨那所党卫队贵族学校新来的看守的情况："这些年轻的家伙个个都是一脸煞气，目光逼人。他们的神情和威胁的手势使我们觉察到，这些人就是我们的刽子手。"茨维·卡茨肯定是设法逃跑了。后来他听说了党卫队的年轻士兵对待他的难友是多么残忍，比起集中营里的看守来往往是有过之而无不及。

　　党卫队的贵族学校不仅培训党卫队的后备力量，而且也培训人民冲锋队的成员。格雷戈尔·多夫迈斯特，1929 年生，于 1945 年 3 月初跟巴特特尔茨的其他学生一起应征入伍。后来他用笔名曼弗雷德·格雷戈尔把他的经历写成了一部名为《桥》的长篇小说，该小说由伯恩哈德·维基拍成了电影。这些学生被安置在兵营里进行为期三周的培训。"训练我们怎么使用武器才能把人打死，成为职业杀手。其实在希特勒青年团里早就有为正式军训做准备的军事训练，在我们家乡巴特特尔茨，是安排在每个星期日的上午进行。把军事训练的时间故意安排在祈祷的时候，纳粹党的这种做法实际上是为了达到一箭双雕的目的。首先，这样安排后，小伙子们就不能到教堂里去参加祈祷了；其次，他们会觉得摆弄步枪和手枪比在教堂里做祈祷更有意思。我们能熟练地使用各种武器，包括手榴弹和反坦克火箭筒。这样我们实际上为应付紧急情况已经进行了充分的实战演习。"

年轻的格雷戈尔·多夫迈斯特是怎么想的呢？"也许最重要的是，我觉得要参加一个组织，并为这个组织负责。也就是说：在我离开巴特特尔茨的时候，我是把别人置于困境而不顾。"

他的信念将经受怎样的考验，他是不会知道的——起码在4月30日前不知道。那天，这些新兵被分编成几个小队，然后从党卫队的贵族学校出发。美国第七集团军的部队已经离他们很近了。多夫迈斯特和六个战友由一名下士带队，经过洛伊萨赫河上的一座小桥进入阵地。

起初大家非常不满："原先想象这是一次富有冒险性的行军，这种兴趣后来逐渐变得淡薄，因为我们看到这座桥一点意思都没有，实在太小了。更加出乎我们意料的是，没过多久，一辆美军坦克突然出现在我们的面前。"初次跟敌人短兵相接心里还真有点害怕，"那家伙看上去像是压路机，还发出刺耳的隆隆声。也就是说，当我们听到那声音时，我们根本想象不到竟然还有人坐在这个庞然大物里。我们起初还以为这儿来了个什么大家伙，实际上我们已经大祸临头了"。

于是这些新兵便向它开火。"我想至少有七八枚反坦克火箭筒向那辆坦克飞去，有一到两枚还真的击中了。然而它还在继续往前开，真的还在往前开，当时的那个景象犹如抹不掉的创伤深深地印在我的记忆中。"但是美军还是离开了。多夫迈斯特和他的战友们开始庆祝胜利。然而真正的考验还在后头："突然两架歼击机已经飞到了我们的上空，真的像追兔子似的向我们俯冲下来，当时的情景也很难找出更恰当的词来形容了。当第一个人倒下死了以后，大家吓得惊慌失措，乱作一团。"

新兵们开始朝巴特特尔茨的方向逃跑。野战宪兵队打算把他们重新部署在巴特特尔茨伊萨尔河的桥畔。"宪兵们让我们看一个用沙袋垒起来的机枪阵地。这时我非常明白，我们要拿我们的生命来做赌注。"野战宪兵队悄悄撤走后，多夫迈斯特和他的战友们被迫承担起保卫那座桥的任务。面对美军在人数上的绝对优势，这样做完全是毫无意义的冒险行为。"我不愿意白白送命。我试图把寡不敌众的道理跟我的两个战友讲明白，但是我未能说服他们。我想，他们坚持留下来的目的是要完成他们的英雄业绩。我想，当我离开时，他们一定会把我看作胆小鬼。"

他历尽艰辛终于回到了父母身边，脱下军装，穿上了便服。第二天早晨他得知，就在昨天夜里美军开了进来，他的两个战友已经阵亡。格雷戈尔·多夫迈斯特是幸运的，他恰巧在此之前离开了那个他曾经与之共患难的部队："我觉得很难过，但我知道，要是我不离开的话，很可能会成为死在那儿的第三个人。"不过这件事情还没有完结。有个老太太从这座桥上走过时，向守桥的美军哨兵打了个招呼，弯下身子看了看那两个死去的年轻士兵，然后向他们吐了口唾沫，表示对那些想拖延战争的人的憎恨。这就是格雷戈尔·多夫迈斯特用笔名曼弗雷德·格雷戈尔写书的直接原因。

4月11日，美军到达马格德堡南部舍讷贝克附近的易北河。这条河流此后不久被商定为美军和苏联红军的军事分界线。然而美军先行在易北河以东建立了两个据点。4月12日，美军在易北河以西的部队已兵临马格德堡城下。城防司令雷格纳中将拒绝了美军提出的投降要求，因此马格德堡于4月17日遭到了300多架轰炸机的袭击以及炮兵的猛烈轰炸。

就在4月份的最初几天里，马格德堡的各个郊区建立了许多火力点。党卫队和国防军的士兵，人民冲锋队，帝国青年义务劳动军的部队，以及800名马格德堡的希特勒青年团团员都要在各个火力点上抗击敌人，当务之急是要尽可能长时间地阻止美军越过易北河。在柏林，大家都还不清楚美军是否会直接向位于易北河东边的首都方向进军。可想而知，在马格德堡会发生一场激烈的巷战。

希特勒青年团团员跟人民冲锋队一起负责阻击美军的各个师。其中有两个年龄只有16岁的团员，一个叫霍斯特·布兰克，另一个叫京特·普雷托里乌斯，几天前他们还在唱《东进序曲》《我们跟着元首走》以及希特勒青年团团歌《我们的旗帜永不倒》等歌曲。尽管他们心里明白，每次抵抗都是毫无意义的，但他们还是无所畏惧地参加战斗。"相信通过保卫马格德堡市能有所作为的信念在我们身上几乎不起什么作用了。我们只是在尽服兵役的义务，即不惜一切代价，坚持战斗到底。"霍斯特·布兰克回忆道。"我们有足够的理由开小差。在头几次战斗中就有许多人死在战场上。最糟糕的是，我的一个战友被子弹击中了。他没有及时躲进掩体，一下子就倒在地上了，子弹穿透了他的背部。我们把他埋葬在附近的公墓里。如果知道现在知道的，最晚到那个时候我们就会说：战争该结束了。我们非但没有这样做，而且还在一个劲儿地侈谈什么忠贞不渝，要坚持战斗到最后一滴血。"

德国国防军军官维利·拉贝负责领导一支人民冲锋队，他也谈到马格德堡有许多希特勒青年团团员随时准备无条件地奔赴前线。他说："我们必须限制他们参战的人数，因为他们没有经验，用的还是老式的意大利卡宾枪，这种枪甚至连我都没有用过，可是他们愣是想去前线参战。"拉贝一天到晚忙着说服他们不要盲目投入自杀式的进攻。当这些年轻士兵的母亲终于来到阵地上时，发生了一件荒诞的事。"她们请求我多多关照她们的儿子。这时我说：'你们还是把他们带回家去吧。''不行，'她们回答道，'我们不能这样做，否则我们会被枪毙的。'"当国家需要兵员去前线打仗时，在这关键时刻，如果家长们想把他们的儿子留在身边，那他们确实会受到严厉的惩罚。为此有些家长付出了生命的代价。

"我们有义务参加最后的战斗。不管发生什么情况，我们都要坚持这一信念：只要旗帜不倒，死又算得了什么。"布兰克说。年轻人往往经历过失望才会恢复理智，例如经历过他们长官的"出卖"，就像16岁的京特·普雷托里乌斯经历过的那样。"我们在苏登堡郊区一条又长又直的大街上撤退。美军就在这条大街地势较高的那头，在横着的坦克上不停地向我们扫射。有一个战友因步枪的背带脱落而把枪丢了，于是他只好空着手回来了。这时军官说，必须回去把枪找回来，我们不能没有武器。他去了，结果不出所料，我们的战友非但没有找回来枪，还把命给丢了。"然后又发生了一件令人失望的事："我们在前线侦察时，突然听到远处有一阵强烈的爆炸声。'那是易北河上的桥被炸了。'下士告诉我。我回答说不可能。'不，肯定是，你等着看，那是这座城市北面的两座桥。'"这两座桥是越过易北河撤退的唯一去路——当然，对普雷托里乌斯和他的战友们来说也是如此。这两座桥是被正在撤退的部队炸毁的。"当时我有这样的感觉：现在他们把我们除名了。现在他们指望着让我们来承担责任，他们不要我们了。这是一种苦涩的感觉。我那时才开始思考，我们参加战斗究竟是为了什么。那些做出此种决定的人已经逃之夭夭了，他们从易北河的彼岸观看所发生的事情。我们现在只不过是炮灰而已。"

当京特·普雷托里乌斯走进美军俘房营时，霍斯特·布兰克已安全地离开了部队。一个德军中士问他的年龄多大。他回答说："16岁！"这是事实，所以中士便允许他回家去。幸亏这时投降只是个时间问题了，否则这个命令会让中士的脑袋搬家的。布兰克在家等着美军入城。当美国兵在城里挨家挨户搜查德国兵时，布兰克很有礼貌地给他们开门，说了句英语"How do you do"（你好）。美国兵进门后在房间里看到他刚满四个月的小弟弟。他们一会儿就走了，还送给他家一些食品和奶制品——这都是当时很难买到的紧俏商品。"这时我感到非常吃惊。我们竟然跟这样一些人打过仗！"布兰克一下子意识到他的参战是毫无意义的。

美军于4月18日占领了马格德堡市易北河以西的郊区。他们遵守与俄军达成的协议，不再越过易北河继续向前挺进。当纳粹的精英们仓皇逃跑时，德军还连续几天从市区的东部向易北河那边的美军不停地扫射，这又一次造成了不必要的破坏。当俄军开进那里时，枪声才停止。

第二次世界大战在欧洲战场上的最后一个高潮是围绕着希特勒帝国的权力中心——柏林——的一场决战。苏联红军把大量的兵力集结在柏林城外。他们武器库里的武器足够在整个前线每隔 3 米架起一门火炮。苏联的 3 个集团军总共 250 万兵力集结在前线枕戈待旦，还有 6250 辆坦克和重型装甲车，41000 门火炮和迫击炮。7500 架战机确保苏联红军空军的制空权。4 月 23 日，魏德林将军被任命为"军事重镇柏林"的司令员，他不得不接受这样的事实：德军兵力只有 44000 左右，再加上 42000 名人民冲锋队队员和 5000 名希特勒青年团团员的"援军"。

最后一次征兵是在二、三月间，征兵对象是 1928 年出生的男性青年，入伍后编入德国国防军和党卫队。然而年满 16 岁的青年可列入临时征兵对象，因为根据鲍曼的请求，希特勒于 2 月底同意 1929 年出生的 6000 名青年至少可以被部署在首都的后防线上——作为人民冲锋队的补充力量。陆军元帅威廉·凯特尔指示德国国防军，立即开始征召 1929 年出生的青年入伍。

在柏林，后备部队很少接受军事训练，甚至根本就没有参加过军训，他们的武器装备也很差。当那些利用下班以后或周末的时间匆忙去学军事知识的人民冲锋队队员离开阵地时，阵地大多由希特勒青年团团员来坚守，这样因被误导的虚荣心而死去的人的数量也相应地比较多。因此在柏林，苏军的优势实际上比纸面上说的要大得多。

这时保卫帝国首都的任务落到了早已失去正常战斗

力而混杂着各色人等的正规军身上，同时也落到了从前各联盟的志愿部队以及其他徒有其名的部队身上，如由人民冲锋队和青年义务劳动军组成的"施普雷军团"。为了抵抗训练有素、装备精良的前线敌军，不仅男性青年要投入战斗，而且连德国少女联盟的女孩也要跟她们的母亲一样学会使用反坦克火箭筒。

直到 4 月 13 日平民百姓才得到命令：柏林进入紧急状态。"军事重镇柏林"目前存在的最大问题是缺乏武器和弹药，可是躲在元首地堡里的"战略家们"对这个问题觉得无所谓。他们毫不怀疑，每个住宅区、每幢房子、每个楼层、每排篱笆、每个弹坑都能最大限度地保卫这座城市！他们认为，战争的胜利决不仅是取决于帝国首都的每个保卫者掌握武器的技术有多好，更主要的是取决于每个保卫者的"顽强斗志"。

在此期间，苏联的强大兵力已经逼近到离柏林 70千米的地方。遭受重创的德国国防军和党卫队的几个师向集结在奥得河前线的苏军发起佯攻，企图封锁敌人向柏林的进攻路线。许多缺乏军事知识的年轻士兵随同正规军一起，沿着塞洛高地艰难地向前行进。其中一个是服预备役的炮兵，他的名字叫汉斯·汉森，他回忆道："我们当时很自豪，我们跟成年士兵一样被送往前线。这一点你不得不承认，我们已经是军队的人了。我们一下子变成了成人，我们也确实感觉到了这点。我们已经不再感到害怕，我们不能流露出任何感情，也不能表现出害怕的样子。我们必须时时遵守纪律，经受各种考验。然而，对于将来会发生什么事谁也预料不到。"

4月16日，30万苏联红军从屈斯特林附近的桥头堡向塞洛高地发动突然袭击。在两万多门大炮连续的火力攻击下，现场一片恐怖景象。指挥白俄罗斯第一战线炮兵部队的大将卡萨科夫对当日凌晨3点发动的进攻是这样描述的："当数万门大炮和迫击炮喷出的火焰以及炮弹爆炸时发出的火光将整个前线点燃时，夜空呈现出一片阴森恐怖的景象。炮火发出的巨大威力甚至给我们这些老炮兵们都留下了难以磨灭的印象。"那么这对那些年轻的保卫者来说又意味着什么呢？"那种震耳欲聋的声音，冲天的火光，简直是人难以想象的。"汉斯·汉森这样描述敌人的进攻，"你坐在一个洞里，度日如年，好像时光停滞不前了。周围的一切都在剧烈晃动，兵员大量牺牲。这时我们大家心里都很明白：我们的童年时代就此结束了——说到底，我们的青年时代也完了，换句话说，一切都不一样了。"

围绕着塞洛高地的这一战役使5万多人丧失了生命，

其中有许多是童子军。4月18日，苏联红军开赴柏林的道路已畅通无阻，只是在几天后柏林的环城公路才被封锁。4月25日，苏军的先遣部队到达易北河，在托尔高附近跟美军会合。

在帝国首都，决战以狂妄的宣传开始。早在3月18日，1936年奥运会的组织者卡尔·迪姆便在奥运会场的圆顶大厅里向青年人发表了激昂慷慨的演说。"这次演说充斥着口号警句，演讲者大力颂扬为国捐躯、死得其所和英勇牺牲的精神。"赖因哈德·阿佩尔这样告诉我们，他是当年圆顶大厅里的听众之一。他对那次演说至今还非常愤慨："我们在当年确实是充满理想的青年，年龄也就十六七岁。前来听演说的有500人。我相信，要是俄国人真的来到体育场的话，我们会马上拿起反坦克火箭筒向他们开火的。其实，成年人早已知道这场战争已经输定了。迪姆在圆顶大厅里所做的演说是一次罪恶的、蔑视人权的演说。"这个演说者以斯巴达人在对波斯人的战斗中不怕死的光辉榜样为例来告诫年轻人："一个有崇高理想的士兵为祖国而死就是死得其所。"

虽然敌人把年轻士兵的牺牲看作德军承认失败了，然而纳粹领导是不会顾虑这种外部形象的，重要的是在内部维持虚假的形象。

征召孩子们入伍对纳粹政权来说除了军事上的作用

外，还能起到心理上的作用：连小孩子们都在为民族的事业而斗争，成年人又怎能放弃胜利的希望呢？因此，国家首脑在投降前的三个月还大张旗鼓地发动了一场"尊敬英雄"的活动，以便激发整个民族继续抗击敌人直至取得"最后胜利"的激情。3月9日，"战时全权代表希特勒的吹鼓手戈培尔，在下西里西亚的劳班向部分希特勒青年团团员颁发铁十字勋章。为表彰他们对战争做出的贡献，还允许受到嘉奖的部分青年日后到柏林去，在那里，3月19日——这天正处于全面停止轰炸的休假周中间——他们将跟'当代最伟大的统帅'见面"。根据《人民观察家报》的报道，"对这20名获奖青年的接见象征着对全体德国青年的接见，他们是我国军队和人民冲锋队最忠实的助手，他们正在德意志的国土上勇敢而无畏地战斗"。

就在希特勒颁布所谓的尼禄法令[1]——彻底破坏德国的基础设施，以防敌军利用它们继续战斗（这是要把帝国境内变成"一片焦土"）——后不久，希特勒在帝国青

---

1 尼禄为古罗马皇帝，朱利亚·克劳狄王朝末代君主，以暴虐出名。公元64年罗马城遭大火，他乘机加害并大肆捕杀基督教徒。公元65年破获刺杀他的密谋案后，又诛杀参与者。公元68年高卢、西班牙和非洲起义纷起，加之近卫军兵变反对其暴政，终途穷自杀。由此联系到德国1933年的国会纵火案，1944年的7·20暗杀事件以及希特勒的自杀，情况非常相似。

年领袖阿克斯曼的陪同下，接见了这20名15岁至17岁的希特勒青年团团员。接见时，新闻影片的摄影记者也在场。当年16岁的威廉·许伯讷是受奖者之一，他说："这是每个希特勒青年团团员的愿望，我们希望在某次行军的路上或者在某个公开场合能够见到元首。跟他面对面站着，握一下他的手，这在当年简直是我们最高的追求。"

这样一些童子军完全是纳粹宣传家喜欢的样子。他们的偶像是战争中的英雄，他们的理想是"为民族、为元首、为祖国"而献身。"个人是微不足道的，人民才是一切"——像这样的至理名言在当时非常深入人心。这20名年轻人昂首挺胸地走进帝国总理府的花园，在那里，希特勒跟他们一一握手，听取了军事情况的汇报，摸了摸他们的面颊，低声讲了几句赞扬他们的话。不过他们还是觉察到，他们元首的精力显然已大大地衰退了。希特勒号召大家向战争中的英雄学习，然后带着他的爱犬和随从离开了总理府的花园。4月20日是希特勒的生日，他照例出席了祝寿仪式，这是希特勒最后一次公开露面。

阿图尔·阿克斯曼的前线通讯兵阿明·雷曼当年才16岁，这天，最高司令向他颁发了铁十字勋章。尽管国家已面临灭亡的危险，但这个男孩还是把获得这枚勋章看作莫大的光荣："我想象着，我父亲过一两个星期去看电影，从新闻影片的镜头中看到我，然后想他的儿子绝不是无能之辈。"然而对于刚刚接受勋章的每一个人来说，这次接见使他们抛弃了幻想："我们当时就想，站在我们面前的竟然是个白发老人。""不过，元首的目光还是非常果断的。"阿克斯曼多少带有一点辩解的意思向他的通讯兵解释道。雷曼继续说道："阿克斯曼本来的用意显然是想让希特勒在接见我们时亲眼看到，由他本人领导的青年是忠于元首的。"

战后，当年的帝国青年领袖显然在回避这样一个问题：为什么他把一批又一批同一年龄段的青年"送"给他的元首呢——去参加一场早已输定了的战争。雷曼认为，他这样做是为了自炫其能；阿克斯曼对此进行反驳，他说，那是为了把我们的事业"光荣地进行到底"。在最近对雷曼的一次深入采访中，他告诉我们，阿克斯曼的立场是："我们决不投降。""他认为希特勒是个超人。"雷曼说。他把青年人交给希特勒，以此来博得希特勒的宠爱，他一直都在追求这种宠爱。阿克斯曼非常享受与希特勒亲近的特权，因为很长一段时间内，总理办公厅主任鲍曼都不让他直接去找希特勒。阿克斯曼还设法建立了正规的希特勒青年团的部队。"他不愿意看到孩子们的献身精神被幻想破灭的士兵贬低。"雷曼说。

一时间社会上风言风语，说什么的都有。事实上议论多是针对希特勒青年团团员的，他们于1945年4月和5月被大量征召入伍，并带着极大的盲目性走上了战场。阿克斯曼竟然认为，希特勒青年团应该成为"全国抵抗的核心力量"。他说："你们的责任是，当别人对战争感到厌倦时，你们要更加勇敢；当别人退却时，你们要坚守战斗岗位。你们的无上荣光是对阿道夫·希特勒坚贞不渝。"

就在希特勒生日的那天——4月20日，苏军开始进攻柏林城。生日庆祝活动成了纳粹头面人物最后一次胆战心惊的聚会。纳粹宣传部部长戈培尔在已经半毁坏的总理办公厅里向寿星致了贺词。他赞扬希特勒"是个百年不遇的伟人，是个立场坚定、深得人心的人。要是没有阿道夫·希特勒，苏军可能早就到达大西洋沿岸了"。

在总理办公厅里，元首第一次听到朱可夫的炮火发出的隆隆响声。他宣布了最高警报令"克劳塞维茨失陷"。帝国首都此时也正式被宣布处于紧急状态。这样，在4月20日，一年一度的欢庆希特勒生日的祝寿聚会上，人们不再庆祝。"大家没有举杯庆贺。"特劳德尔·容格——元首的女秘书——回忆道。

独裁者回到了他的住处。他非常激动地俯身去看军事态势地图，希望给损失兵员的部队增援。他的健康状况非常明显地在日益恶化，因此需要不断地给他打针来治疗他原有的疾病以及新添的精神方面的疾病。"所有的将军都在说谎！"1945年3月3日，最高司令大声呵斥哈索·冯·曼托菲尔将军。"当代的最高统帅"总是在别人身上挑毛病，而且总能挑出点毛病来，却从来不从自身方面找原因。那些白痴和懦夫——他指的是总参谋部里的将军们——都是缺乏天赋、没有本事、不服从命令的，靠这帮人怎么能把他创造性的军事计划付诸实施呢？

最后一次军事形势讨论会于4月22日举行。苏军已到达柏林的市中心，这时希特勒已失去自制。德国士兵眼看着苏联红军进入市区，却无力阻止。独裁者把会议厅里的大部分人都打发走了，只留下了他的主要助手布格多夫将军，以及凯特尔、克雷布斯和鲍曼。

当会议厅的门关上以后，希特勒便无法控制自己了：他浑身哆嗦，一再声嘶力竭地喊叫着"叛徒""胆小鬼""不听命令"和"无能"。党卫队和国防军已经失败了，他说，现在他成了孤家寡人。他还说，谁想走就走吧。像刚才突然大发脾气一样，希特勒又突然镇静下来了。他精疲力尽地躺倒在椅子上，悲叹着说："现在说什么都没有用了，一切都完了，我要用枪自杀。"

沉默持续了好几分钟。希特勒第一次承认这场战争赢不了了，第一次公开说他要自杀。他赢不了他的这场战争了。欧洲的大部分地区成了一片废墟。这场战争使5000万人丧失了生命。欧洲的犹太人绝大部分遭到了杀害。现在，希特勒否定一切、毁灭一切的怒火是针对本国人的。他们曾经是他进行疯狂破坏的工具，但现在，在他看来，他们让他彻底失望了。正如他的其他许多想法一样，这种想法也不使人感到意外。早在1941年11月，也就是离最初几次惨重失败还有很长一段时间的时候，他就说过："我也感到十分心寒。要是德国人民有朝一日变得不那么强大了，变得不再富有献身精神了，那我们这个民族也就完了，一定会被另一个强国所消灭，到那时我是决不会为德国人民而感到惋惜的。"

　　这种疯狂延续不了多长时间了，在首都柏林，它将再存在10天，在帝国的其他地方，它将再存在16天，届时，这场毁灭性的而且是自我毁灭的战争就结束了。希特勒跟剩下的几个"忠臣"还在地堡里千方百计地在脱离残酷现实的情况下做出几项决议，这些决议是不可能付诸实施的。4月23日，希特勒颁布了一道"元首命令"，他把全部希望寄托在这道命令上："温克兵团的全体士兵们！这是一道具有深远影响的命令，我命令你们迅速向东进发。你们的任务非常明确：柏林永远是德国的。柏林正等着你们，柏林热情地盼着你们早日到来。"

希特勒指望的这支军队主要是纸面上的东西。七个师——绝大部分是以不同历史时期的人物命名的，如克劳塞维茨、沙恩霍斯特、乌尔里希·冯·胡滕、特奥多尔·克尔纳、阿尔贝特-莱奥·施拉格特和腓特烈-路德维希·雅恩——中，只有三个师的编制是满员的。几乎90%的士兵年龄都不到18岁，候补军官和青年义务劳动军的士兵都缺乏军事知识。有些部队里只有一半士兵的手上有武器。

柏林市内的广告圆柱牌上张贴的宣传画还在吹嘘什么"最后胜利"。这样的许诺跟断垣残壁上用粉笔写的内容形成了鲜明的对照：其中许多消息是告诉死者家属的——他们的亲人被炸死后埋葬在什么地方。街上的行人不得不注意：不仅要防止被坍塌下来的碎砖断瓦砸着，防止被飞来的弹片击中，而且还要防止被党卫队的巡逻兵抓获，他们一直在搜捕逃兵和不愿为希特勒送命而拒绝服役的人。一旦有人指责你是胆小鬼、逃兵、叛徒，你就会被处死，临时军事法庭很快就会做出判决，只要有点怀疑你，就能做出判决。有的士兵只是向别人透露过想开小差的想法，实际上并没有逃跑，对这样的人也要进行公开判决。会特别提醒年轻人，不要忘了服兵役的义务。赖因哈德·阿佩尔描述了发生在奥林匹克地区的一件事情："当时把我们叫去参加对6名士兵的处决，其中 3 人的年纪跟我们相仿。他们因擅自离开部队，被根据紧急状态法判处枪决。我们到了那儿以后，被安排站在高处，好让我们看清楚，他们是怎么被处死的。显然，这是在警告大家，谁要是从部队开小差，谁就会像他们一样没有好下场。"

同样，一直在正常运作的盖世太保网——纳粹德国的秘密警察组织和它的密探——天天逼着一些人承认："我太胆小，不敢为妇女儿童上前线去打仗，因此我被吊在这儿，我是个孬种。"像这样的处决方式在市区的许多地方都能见到。最残酷的折磨要算让被害者本人在一块白牌子上写上侮辱自己的话，刽子手们为"以儆效尤"，把这块牌子挂在他们的脖子上，然后用钢丝圈把他们吊在就近的路灯柱上勒死，一边还看着他们痛苦挣扎的样子取乐。"就在希特勒发动的这场罪恶战争结束前不久，有两个年轻的德国士兵被灭绝人性的党卫队打手吊死在这儿。"——如今在腓特烈大街的火车站旁边建有一座纪念碑，上面刻着的碑文时刻在提醒人们，在战争结束前的最后几天，还有许多人被活活吊死。

凡是愿望和现实相去甚远的地方，宣传肯定也会陷入困境：《人民观察家报》停刊之后，柏林的市民就改看"大柏林保卫者战报"，这份报纸有一个滑稽可笑的名字：《坦克熊》。但是这份报纸也在吹嘘什么"柏林这个强大的堡垒还在对抗布尔什维主义"，甚至把帝国首都称为"埋葬苏军坦克的墓地"。由此看来，只是报纸的标题和字号有所变化，而含糊的口号和空洞的内容则丝毫没有改变：号召并呼吁人民冲锋队和希特勒青年团继续战斗，坚持到底。

4月24日，苏联红军在猛烈炮火的轰击下夺取了滕珀尔霍夫机场。尽管这座城市已被包围，但战斗还是持续了8天之久。希特勒的宣传机器又一次欺骗了人民，戈培尔于4月27日通过帝国广播电台宣布："形势的发展对我们非常有利。这场战争的巨大转变即将来临。在温克兵团到达以前，必须不惜一切代价坚决守住柏林。"

温克兵团永远也不会到柏林来了。希特勒把他的希望寄托在第十二兵团的司令身上，然而兵团司令知道，这时向柏林发起反攻已是不可能了。他宁可违抗希特勒的命令，也不愿带领他的年轻士兵白白去送死。相反，他设法使得在哈尔伯附近被苏军包围的第九兵团的残余兵力从包围圈里突围出来，并让他的几个师同成千上万的难民一起往西向易北河挺进。在唐格明德附近，第九兵团和第十二兵团的士兵跟难民一起越过易北河，逃到了美军的战俘营里。瓦尔特·温克是公开承认柏林早已失败了的为数不多的几个将军之一，然而希特勒躲在他的地下室里却不承认这样一个事实。

希特勒青年团团员对当时战争的实际情况了解得比他们的元首更少。他们带着极大的盲目性，勇敢而顽强地投入战斗，只有一个目的：用反坦克火箭筒尽量多地击毁苏军的坦克。阿图尔·阿克斯曼给他们起了个动听的名字："坦克狙击手"。汉斯－迪特里希·尼古来森现在还记得很清楚，当初他是怎么被送往前线的："部队给我们每人配备了一支特别长的法国步枪。因为没有子弹袋，所以我们只好设法把子弹装在上衣口袋里。此外，还发给每人一个反坦克火箭筒，它的引信我们只得塞在裤兜儿里。最后还发一枚手榴弹，我们就把它别在皮带上了。我们就这样出发了。"

即使是这么差的装备也没能动摇这些年轻士兵的战斗意志。十四五岁的战士竟然能为苏军向前推进制造麻烦，这常常使苏军感到非常吃惊，正如当年苏军的前线摄影记者米夏伊尔·波泽尔斯基所叙述的那样："谁也不会说，他们是士兵。他们大多是十四五岁的男孩，也有少数十六岁。他们待在家里时，是妈妈身边的宝贝儿子。他们不是士兵，然而他们看上去又像是士兵。他们身穿军装，不过这军装穿在他们身上显得晃晃荡荡的，因为这些军服不是为他们定做的，所以显得过于肥大。"尽管表面看来他们穿得太寒酸了，但苏军知道，他们不能小看了这些年轻的士兵。波泽尔斯基的战友，红军战士瓦西里·曼土若曾在柏林的安哈尔特火车站受到希特勒青年团团员发起的一次危及生命安全的攻击："我被他们中的一个人用反坦克火箭筒击中，而且还受了伤。那个火箭筒是希特勒青年团部队中的一个小男孩冲着我扔过来的。"

年轻士兵们这种执着的参战热情同样使苏军的老战士感到吃惊。"他们以不怕死的勇敢精神走近我们的坦克，这简直让人难以置信。"格尔哈德·哈夫讷说，"说实在的，他们真的还是孩子。我当年17岁，可他们只有15岁，甚至连15岁都不到。他们面对死亡毫无顾忌。事实上，他们迫使许多地方的苏军改变了进军的路线。不过，之后这些穿着希特勒青年团制服的孩子都被打死了，就那样躺在马路上。"

到这时，纳粹的宣传机器还在大肆吹嘘什么战争的成功转折、威力无比的武器和增援部队正在向柏林挺进。与此同时还不断地宣传元首跟他的士兵一起在战争的最前线迎头痛击苏军的情景。

此时，帝国总理府周围的局势变得异常危急。4月29日上午，苏军开始用重炮进行猛烈的轰击。躲在元首地堡里的人都在盘算，这地下室的混凝土天花板究竟还能支撑多久。不一会儿便传来消息："苏联红军离总理府只有500米了。"不过苏军继续向前推进的步伐可能会再次受阻。

躲在元首地堡里的卫戍司令魏德林制订了一个突围计划：希特勒卫队的部分人员在希特勒青年团团员的带领下，通过隐蔽的小路越过皮歇尔多夫哈弗尔河上的桥梁逃跑。此时，装备很差的希特勒青年团部队还在抗击具有压倒性优势的苏军。原先在柏林投入战斗的5000名希特勒青年团的士兵，到现在还活着的只有几百人了，在疲惫不堪并且不可能有换防部队前来接替的情况下，他们仍在战斗。阿克斯曼曾向希特勒保证，用"他的"青年来守住可能向西突围时要经过的各座桥梁。这是个会有生命危险的战斗任务。洛塔尔·勒沃当年才16岁，他被派去执行这样的战斗任务，守卫其中一座桥梁："我们只知道这座桥梁是敌人的必经之路，我们一定会遭到苏军的轰炸。"他和他的战友们在夏洛滕桥畔经历了这样的情景："就在这儿发生了血腥的大屠杀，死伤了数百人。他们横七竖八地躺在桥洞下面，车队从他们身上碾过。我当时坐在一辆摩托车的挎斗里，一切都看得清清楚楚。许多人被压得粉身碎骨，血流成河，这个情景我一辈子都忘不了。"

还有一个当年的希特勒青年团团员，名叫埃贝哈德·普兰德，他伤心地回忆起守卫皮歇尔多夫各座桥梁的经历："四面八方都是枪声。到处躺着尸体和受重伤的人。其他人躲在钢梁的底下。我现在还记得，有一个人的肚子被戳穿了，肠子都流了出来，太可怕了。"

希特勒青年团团员一手端着枪，一手拿着反坦克火箭筒，整日整日地在那儿顽强地坚守着一座座桥梁。为此，阿图尔·阿克斯曼再次受到了重奖：被授予一枚帝国金十字勋章和一枚铁十字勋章。希特勒赞扬他说："要是没有您动员起来的青年参战，我们的战斗根本就不可能继续进行下去，不仅在柏林是这样，而且在整个德国也是如此。"对于那些从战争中活过来的人来说，这简直是一种嘲讽。"我恨不得把这个阿克斯曼枪毙了，"当年的希特勒青年团团员阿克塞尔·埃肯霍夫对我们说，他参加过守卫希灵桥的战斗，"这样残酷地利用青年是一种罪过。"让这么多的年轻人白白牺牲了他们的生命，这是完全不必要的，也是非常不人道的，而阿图尔·阿克斯曼在战后对此还不肯承认，难怪赖因哈德·阿佩尔如今一提起这事就非常恼火："这纯粹是这个帝国青年领袖编造的谎言。他信口雌黄地说什么，因为年轻士兵卓有成效地保卫了哈弗尔河上的桥梁，许多人才能顺利地越过易北河逃生。这是个弥天大谎。我们这样做究竟是在保卫谁？在保卫什么呢？这分明是要让那个杀害犹太人的元凶希姆莱逃跑嘛。难道为了他就得让我们牺牲生命吗？真是岂有此理！"

在柏林，当围绕权力中心的包围圈逐渐缩小时，这场"全面战争"的拥护者已经在考虑投降以外的事了。早在4月1日，广播就宣布已成立了一个名为"狼人"的"自发的地下组织"。事实上，这个"以纳粹思想为基础的组织"早在1944年秋就筹划好了，目的是在敌人的防线后面进行恐怖袭击。在党卫队大队长汉斯－阿道夫·普里茨曼的指挥下，"狼人"中的青少年将以游击队员的身份在敌后展开灵活多变的游击战。希特勒的狂热追随者要求这些未成年的孩子们上街散发传单，"在防御的前线坚守他们的岗位，不管在什么地方遇到敌人都要把他们打败"。他们制定了针对盟国的破坏计划，以及针对德国"叛徒"的行动，"狼人"恐吓人时是不分敌友的。"狼人来了"，这条标语在当时德意志帝国范围内张贴的宣传画上随处可见，另一条标语是："谁向敌人投降就枪毙谁！"

单个的游击小分队按计划归杜塞尔多夫附近的许尔克拉特宫领导，由长期服役的老兵或经过专门训练的党卫队士兵指挥。对于他们来说，这些小游击队员很容易管理：在这些经过多年纳粹军事思想教育的青年人看来，在这里为他们的元首站好最后一班岗是理所当然的。他们要完成一项新的战斗任务，这对他们来说是那么残忍，当年只有 16 岁的魏尔讷·考特对此留下了难以磨灭的印象："要是看到你们的母亲和父亲被人吊在一棵树上，你们得保持铁石心肠，不为感情所动。我们当年接受的就是这样一种教育。"

从军事上来说，"狼人"无论在什么时候都没有起过重要作用，它也永远不可能成为一个组织机构。尽管如此，这样一支传奇式的地下部队的存在，对盟国产生了很大影响，即使在德国投降以后，盟国还在高度怀疑德国的平民百姓。在日后的苏联占领区，"狼人"标签甚至成了对付不受欢迎的独立政治人物的工具。

"狼人"制造的最轰动的一起事件是谋杀美军任命的亚琛市长弗兰茨·奥本霍夫。"新任市长必须被枪杀，他此前已表明对帝国的敌对态度。"希姆莱司令部于元月发出枪杀这位市长的谋杀令后，于 3 月 25 日又发出一道代号为"狂欢节"的指令。四名"自由战士"枪杀了一名"无耻的美国雇佣兵"，《人民观察家报》于当月月底津津乐道地报道了这条消息。总而言之，纳粹机关报在"二战"的最后一年里还在不断地对所谓的"德意志青年精神"加以歌颂。2 月 21 日，该刊物在"宁死不屈"的标题下，用大量的篇幅赞扬德国少女联盟中的一个女孩坚贞不屈的精神：这个 17 岁的少女甚至在美军对她进行

"日夜不停的审讯过程中",勇敢地喊出了纳粹的宣传口号——"最后胜利是属于我们的。"希特勒的宣传机器趁机大造舆论说,美军面对这个少女的"勇敢精神",站在那儿"不知道如何是好"。

纳粹的痴心妄想在继续吞噬着孩子们的生命。在柏林,连12岁的"纳粹少年队队员"也得参加战斗。夏洛滕贝格,普伦茨劳贝格,施潘道,奥林匹克体育场——柏林的这些地名成了他们无谓牺牲的象征。"年纪最小的不过14岁,他们全都非常热情地参加了战斗,表现出了视死如归的精神,正如我们的战士在各个战役中所表现的那样。"新闻媒体还在自鸣得意地这样宣传。

不过,这种自欺欺人的宣传到4月30日终于走到了尽头。希特勒知道,苏军很快就要到达帝国总理府了。他寻思着,怎样才能摆脱导致数百万人死亡的责任。阿克斯曼再次建议希特勒赶快逃跑,逃跑时,他可以派希特勒青年团团员打掩护。"阿克斯曼的想法是,由希特勒青年团团员组成一支小分队,希特勒夹在他们中间,从地下通道冲出包围圈,青年团团员将作为挡箭牌保护着元首。"阿克斯曼的通讯兵雷曼说。

然而希特勒拒绝了这个建议。他早已下定决心,不愿冒落入敌人之手的任何风险。深夜两点半的时候,他让人把留在地堡里的所有人员——20名军官和一些女人叫到身边，默默无言地跟他们一一握手。爱娃·希特勒也跟在场的女士一一拥抱，然后他俩便离开了房间。这时大家心里都很明白，像几天前说过的那样，希特勒即将自杀。地下室里所有的人，不管军衔大小、职位高低，很自然地纷纷议论开了。

第二天早晨，斯大林的军队已经到达市中心的波茨坦广场，动物园一带也已被苏军占领。苏联红军离希特勒的地堡已近在咫尺。不过，根据斯大林的口头命令，苏军会首先占领国会大厦——斯大林误以为那里是帝国的政治中心，并于5月1日让红旗在那儿升起。这是斯大林的一次失策。然而这个失策对希特勒来说已没有什么影响了。就在4月29日至30日的夜间，希特勒跟爱娃·布劳恩正式结婚，实现了她的夙愿。接着希特勒立下了两份遗嘱：一份是无关紧要的私人遗嘱；在另外一份涉及政治的遗嘱中，他还在口出狂言。4月30日下午3点半左右，在帝国总理府的地下室里发出一声枪响，在苏军密集的隆隆炮声中，几乎没有人听到这声枪声。希特勒倒在了自己房间里血迹斑斑的沙发上，爱娃·希特勒在他的右边，仰面靠在沙发背上，两人都已气绝身亡。爱娃·希特勒是服了氰化钾把自己毒死的。阿道夫·希特勒先是咬破了一粒氰化钾胶囊，然后用手枪对准自己右边的太阳穴开了一枪。

党卫队士兵和职员把两具尸体从地下室里抬出，经过狭窄的楼梯，最后抬到了帝国总理府的花园里。"我们当时觉得好像某种魔力离开了我们似的。"希特勒的女秘书特劳德尔·容格回忆道。希特勒的副官京舍先把汽油浇在尸体上，再用点着的纸团引燃尸体。希特勒生前特别嘱咐要把他的遗体火化。意大利独裁者墨索里尼的尸体被挂在街头的树上长达数日之久，被他的敌人围观和怒斥，希特勒可不愿意让他的尸体落入敌人之手。

5月1日，大德意志电台对这一重大事件做出了公开的解释，宣布阿道夫·希特勒"在帝国总理府发布命令时不幸牺牲，他为德意志帝国坚持战斗到生命的最后一息"。这是独裁政权这一段时间里发布的许多谎言中的最后一个。那么，这则有关希特勒死亡的消息对那些还在以他的名义作战的年轻士兵会产生什么样的影响？"直到那时为止我们一直是这么认为的：我们一定会取得胜利的，因为我们有元首的领导，而元首早已做好了胜利的准备，元首的领导和威力无比的武器是我们取得胜利的保证。"当年的"狼人"队员埃里希·勒斯特回忆道，"现在元首死了，任何希望都成为过去，一切都结束了。现在最重要的是：我们要设法活下去。"希特勒青年团团员洛塔尔·勒沃认为事情是这样的："既然希特勒已经死了，希特勒青年团也就不存在了。换句话说，没有希特勒，也就没有希特勒青年团了。我对他的死本来就没有留下什么特别深刻的印象，相反我倒有这样一种感觉：你现在自由了。"另一名希特勒青年团团员格尔哈德·哈夫讷说："我什么感觉也没有。此时此刻也不知怎么搞的，我觉得一身轻松。所以我一点儿也没有感到遗憾，没有，根本没有。"不过，在柏林，战斗仍在进行，还会持续三天。数百名战士和希特勒青年团团员将要为此付出生命的代价。

5月2日，帝国首都投降。5月8日那天，这场闹剧终于结束了，从而一切幻想也随之化为泡影。纳粹时代的结束，新时代的开始，为许多年轻人提供了反思的机会。"你还活着。这场你也参加过的战争对你来说已经成为过去，这是莫大的幸福。"当年19岁的埃里希·勒斯特回忆道。"这场战争确实使许许多多人的身心疲惫不堪。当你的认识提高以后，你就会明白，我们所做的一切都是毫无意义的，也是徒劳无益的，那么多人做出了无谓的牺牲，你的朋友平白无故地战死在疆场，你的亲兄弟也白白牺牲，想到这些，你会感到极大的痛苦。"当年18岁的彼得·伯尼士说。"我经常被人问我们当时去参战究竟是出于什么动机。今天头脑冷静的青少年自然会说，你们当时为什么那么傻，稀里糊涂跟着人家就上前线参战了。我只能这样来回答：谢天谢地，你们今天能提出这样的问题。我们在那时是不可能提出这样的问题的。"当年才16岁的格雷戈尔·多夫迈斯特说。"我当年信以为真的，今天已被证明都是骗人的谎言，都是不真实的。可在当时没有办法，我只能相信。"当时年仅16岁的汉斯-于尔根·哈贝尼希特说。

到战争结束时，只有少数士兵侥幸活下来，大量的战士在战场上阵亡。1919年至1928年出生的男性公民入伍后，其中将近有190万人在战争中失去了生命——占德军死亡总人数的三分之一。进一步的统计数字更为可怕：1939年应征入伍的那批士兵，一般入伍后4年多就牺牲了，而1945年入伍的新兵（其中有一半是1926年出生的），平均刚到部队只有一个月就牺牲了。

战争的结束，对那些侥幸活下来的人来说意味着一个新时代的开始。然而战争岁月留下的心理创伤依然压在人们的心头。凡是有机会跟数以百计的时代见证人谈话的人，都会对他们中大多数人的结论印象深刻："我们是真心诚意的，但我们被别人在一桩可怕的事情中滥用了。"

战争结束时刚好18岁的沃尔夫冈·博尔歇特根据自己的切身经历这样写道："我们是没有故乡、不告而别的一代人。我们得不到应有的温暖，我们的爱情是冷酷的，我们也没有真正意义上的青年时代。"这个年轻作家的内心受过极大的打击，他表达的正是跟他同龄的那些童子军的共同心声：蔑视人权的反动政权从来不把他们当人看待。博尔歇特在战后概括地总结道："我们是没有亲情的一代，我们是没有光荣历史的一代，我们是被人瞧不起的一代。"我们感到庆幸的是，这一代人如今还活着，他们还能给我们讲述过去发生的事，我们还能从他们的人生遭遇中吸取有益的教训。他们的回忆是留给我们的宝贵财富——提醒大家千万不要忘记过去。

面对前线士兵和在家的妇女有意识地为我取得的无可估量的功绩，面对以我的名字命名的青年人在历史上独一无二的投入，我将欣慰地死去。

阿道夫·希特勒，1945 年 4 月 29 日

我希望，以各种方式谨慎小心地对待 1928 年出生的青年新兵，这些正在保卫我们民族的最年轻、最宝贵的青年人。我建议，通过明智的监督管理，使那些不抽烟的新兵不要因为香烟的发放而学会抽烟。

海因里希·希姆莱，1945

年轻人希望通过行动证明他们是值得元首信任的。1928 年出生的人大多数都自愿报名参了军，在战争的第六个年头，志愿参军的情况最多。他们以此表示随时准备参加战斗，因而令元首欣喜异常。

敌人就在我们的家乡，直接威胁着我们的生命。在我们被消灭、被奴役之前，我们要顽强地战斗到最后一刻。1929 年出生的人将长期获得全面认真的训练。这种训练将使他们今后勇敢面对敌人时具有压倒性的优势。

出路只有一条，要么胜利，要么失败。你们要无限

地热爱人民，同样你们也要无限地憎恨敌人。敌人按兵不动时，你们要保持头脑清醒，敌人士气低落时，你们要士气高涨，这就是你们应尽的责任。你们最大的光荣是坚定不移地忠于阿道夫·希特勒。

阿图尔·阿克斯曼，帝国青年领袖，1945

后来跟敌人进行肉搏战的时候，这些年轻士兵在精神上一下子全都垮了，这让我感到非常难过。他们中间有些人又哭又叫，有些人逃跑了，还有些人——这使我感到心情非常沉重——叫嚷着要找妈妈。

我们几乎没有时间来让新兵熟悉在前线作战时需要的基本军事技能，甚至我也记不得他们每个人的名字。因为我们估计，到第二天中午，他们中的大多数都已牺牲了。

这是个用心非常险恶的数字游戏。有人把这么多的年轻人送到部队去打仗，只是为了能向希特勒报告，我们有多少多少个师，这些师总共拥有多少多少名战士。

汉斯－京特·施塔克，1921 年生人，德国国防军军官

"战争"这个词我都听烦了，我什么都不想干，只想

回家去看看，家里的人谁还活着，我小时候住过的房子是否还在，看看是否有可能再过上"正常"的生活——这几乎是难以想象的。

5月8日是这场荒谬的战争宣告结束的日子。我亲身经历了这场战争，并决心今后跟它一刀两断，同时我也下定决心，今后再也不把我在政治上做的事和我个人的标准割裂开来。

耶尔格·齐科，1922年生人

我们确实是非常同情这些孩子们的，您明白我的意思吗？如果是一个有丰富生活经验的成人自觉参加这场战争，那没问题，但是一个孩子，他根本不明白当时是怎么一回事。

瓦西里 – 索姆约诺维奇·曼士若，1922年生人，苏联红军步兵

有很多被吓坏的年轻士兵，他们还是孩子，我们对他们只能表示同情。他们中的许多人我们根本就没有俘虏，而是直接把他们打发回家了。

马赫穆特 – 加列耶夫，1923年生人，苏联将军

如果一定要说什么有意义的话，那就是：回家去，清理战争留下的废墟，当然还有精神上的创伤；要好好学点东西，同心协力地重新把我们的国家治理好。

赫尔穆特·博登贝格，1924 年生人

这些年轻士兵学会了服从命令。当一道命令下达时，谁也不会提出任何问题来的。不过你得制止他们干蠢事，你得抑制他们的感情。他们有时会被报纸上登出的照片弄得神魂颠倒，比如希特勒向青年人颁发铁十字勋章的照片。我们不能真的就那么利用他们。他们只是炮灰。这没有任何意义，因为他们实际上起不了什么作用。

维利·拉贝，1925 年生人，德国国防军军官

哪里有"狼人"的可疑活动，他们就到哪里去搜捕，把那些可怜的孩子关进兵营。不仅仅是俄国兵，而且美国兵和英国兵也是这么干的。他们把 12 岁的孩子通通监禁起来，因为他们担心，这些孩子被放出来后还会继续干坏事。

埃里希·勒斯特，1926 年生人

我只是一个普通的孩子，非常听话，性格温顺，也

很乖，从不放肆，既不想出人头地，也不想起来造反，只想在纳粹统治下当一个小老百姓，随时听从召唤，时刻听候吩咐，最后也愿意做出牺牲。

迪特里希·施特罗德曼，1927 年生人

我手里拿着手榴弹，正要朝我看到的几个走在前面的俄国士兵跑去，一个有经验的中士一把就把我抓了回来，他大声喊道：你疯了？！你这样做是害了我们！说完他便升起了白旗，我们也就投降了。要是没有他，说不定今天就没有我了。

赖因哈德·阿佩尔，1927 年生人

我们这支"反坦克分队"的 10 个毛孩子蜷缩在战壕里，这是在我们的避弹所附近挖成的。我们壮着胆通过战壕的胸墙往外面看，看到坦克炮炮口喷出的火焰时，我们更多的是惊讶而不是害怕。我们看到并且也听到和感觉到了发射出去的火力迅速地扩散到了整个地区。在隆隆的炮声中，我们几乎什么也听不清。

卡尔·达姆，1927 年生人

我们这些十七八岁的年轻人不知道，也没有料到我们是为保卫帝国首都征召来的最后一批新兵。我们始终相信，我们会取得最后的胜利。我们把获胜的希望寄托在威力无比的武器上。我们不知道，也不愿意相信这场战争早已输了。

京特·东斯特巴赫，1927 年生人

阵地丢了。在此前火箭和坦克的攻击下，士兵和童子兵们一片惊慌失措。这种情况更常出现在没有受到很好训练、初上战场的人身上。我当然是随大溜跑了，但是转车时误了点，现在才知道，跑得太靠前或者太靠后都不合适。

沃尔夫冈·冯·巴赫，1928 年生人

还是孩子的希特勒青年团团员跳进掩体，一字排开，用他们的反坦克火箭筒伏击敌人的坦克。啊，太好了，那些坦克都被撂倒在那儿了……马路上有许多死了的和生命垂危的孩子，他们身穿纳粹的制服躺在那些坦克残骸的旁边，其中一个还在地上翻滚着，他满脸是血……

格尔哈德·哈夫讷，1928 年生人

我们身边的这些士兵都还不到 15 岁，他们接受的军事训练比我们还少，因此他们中间牺牲的人相对来说要多些。

京特·普雷托里乌斯，1928 年生人

我当时年纪还很小，只有 15 岁，到 2 月份我就满 16 岁了，于是我就进了参谋部。我听说，美军的坦克部队已经突破了我们的防线，坦克部队的先头侦察组已经逼近了勃兰登堡。我原本一直相信会取得最后的胜利，这是第一次产生了怀疑。我跟战友说过的话现在还记得很清楚：向美军开枪射击，干这种蠢事究竟有什么意义呢？

洛塔尔·勒沃，1928 年生人

之前一连几天，难民们有的乘坐在马车上，有的推着手推车，有的步行，经过我们兵营前的一条石子马路，络绎不绝地向西走去。然而这几天又有大量的军车和全副武装的士兵混杂在这支队伍中。我站在马路边上，饶有兴致地看着长长的队伍，始终不明白在这儿究竟发生了什么事，换句话说，战争的彻底结束怎么会跟几百万人的逃亡有关呢？

到了 4 月 30 日这天，传来一条消息说："元首阿道夫·希特勒在保卫柏林的战争中阵亡了。"我们这些人听到这则消息后情绪一下子低落到了极点。我觉得世界末日来临了。我们经过长期教育逐渐树立起来的理想一下子破灭了。我逐渐明白，这场战争大概已经输了，随之而来的麻烦说不定也会降临到我的头上。

哈尔特穆特·施莱贝尔，1928 年生人

我们把反坦克火箭筒紧紧地捆在自行车上，就好像我们捆上旅行背包骑车去玩似的。我们一跃就跨上了自行车，朝着战斗地点的方向骑去，总是力求尽可能快地投入战斗。

我的行动紧迫感极为强烈，我很高兴终于需要我去赶走那可恶的敌人了。蒙蔽和国家教育在我身上起了作用。我没有能力现实地评价实际情况。我们全副武装、昂首挺胸地出发了。

维尔纳·哈尼茨施，1929 年生人

那时我 16 岁，没有任何判断的能力，没有综观能力，没有深入的理解力，也没有经验。当这一切发生的时候，我只是一个胆怯的孩子。在这种情况下，待在人群里才感到最舒适，人们会告诉你应该做什么——当时对我们来说，这似乎是所有办法当中最好的。

那时候究竟是什么在推动我们呢？也许有一点自豪。但是，我们不是挥舞着旗帜去参军的，就像我们的父辈在 1914 年那样。总之，不存在什么满怀热情和爱国主义精神。要通过我们或者和我们一起来赢得战争的最后胜利？我们根本就感觉不到这一点。我认为，当时给我们留下深刻印象的是内心的怀疑和恐惧。

汉斯－鲁道夫·菲尔特尔，1929 年生人

希特勒向我走来，问我在哪儿参军的。他没有用手抚摸我的头，只是跟我握了握手。我感到非常惊讶，简直是有点受宠若惊。那天正好是他的 56 岁生日，不过他看上去像是 70 岁的人。

阿明·雷曼，1929 年生人

年龄略大一点的战士比我们有常识，他们不想被敌人开枪打死。我们这些孩子根本就没有想过这一点。直到美军来了，我们才开始担心。

威廉·迈森曼，1929 年生人

当苏军看到我们时，他们连连摇头，不敢相信我们还是孩子。

特奥多尔·赖歇特，1929 年生人

倒霉的事偏偏落到了我们这一代年轻人的头上。我们是白白做出了牺牲！

汉斯－卡尔·贝伦特，1929 年生人

如果有人允诺给你天堂般的美好生活，最后肯定是把你带到地狱。不只纳粹这样。

卡尔－海因茨·伯克勒，1929 年生人

当美军出现在我们眼前时，我们反而感到很安全。是的，谁也不知道接下来会发生什么，但我们的心情很轻松，我想这主要是因为我们不再担忧遭敌机轰炸了。

库尔特·比登科普夫，1930 年生人

当战争失败时我才第一次发觉，现在一切都完了。为了实现希特勒的野心计划，究竟有多少人牺牲了生命？跟纳粹有关的一切如今都已成为历史，德国从此开始了一个崭新的时代。

京特·布罗克，1931 年生人，引自 1945 年 4 月 6 日的日记

参军总是最激动人心的一件事，那些看上去还是一脸稚气的青年人扛着枪，高高兴兴的，就像告别童年那

样。征召新兵的任务似乎很快就能完成。

赫伯特·赖内科尔，《青年德意志》，1944

青年的战斗精神是取得最后胜利的保证，也是德意志帝国取得美好前程的保证。

帝国青年领袖令，1944 年 11 月 6 日

不管敌人入侵什么地方，都会遭到我们前沿部队的抗击。我们要坚持战斗到底，直至把敌人打败，直至把敌人在德国土地上彻底消灭。我们就是要为这一时刻的早日到来而奋斗，只有奋斗才能获得胜利！"狼人"队的小伙子们，好好干吧！

下萨克森州希特勒青年团散发的传单，1945 年 4 月

37 名德国士兵被第二步兵排俘虏了，他们哭着，身上流着血，歇斯底里地大叫着。这也难怪，他们毕竟还是孩子，在一次小规模的战斗结束后美军少尉斯莱特说。当手榴弹向他们掷过去之前，他们还在奋不顾身地战斗，可现在他们只是一群 14 至 17 岁的迷惑不解的孩子。

美军第 100 步兵师的报道，1945 年 4 月 5 日

令人担心的是，德国的狂热分子想要打一场持久又

艰苦的游击战。这是不良的兆头，我认为我们应该竭力加以阻止。

盟军总司令艾森豪威尔致美军总参谋长的电文

从总体上来说，这个危险已被证明是个幻觉——不仅对德国人来说，对他们的敌人来说也是个幻觉。

美国第三集团军关于"狼人"已构成所谓威胁的历史报告

图书在版编目（CIP）数据

战火中的花朵 / （德）古多·克诺普著；王燕生，
周祖生译 . -- 太原：山西人民出版社，2024.2
ISBN 978-7-203-13016-1

Ⅰ . ①战… Ⅱ . ①古… ②王… ③周… Ⅲ . ①人物—
访问记—德国—现代 Ⅳ . ① K835.16

中国国家版本馆 CIP 数据核字（2023）第 198385 号

著作权合同登记号：图字 04-2024-002

Original title: Hitlers Kinder
by Guido Knopp
© 2000 by C.Bertelsmann Verlag
a division of Penguin Random House Verlagsgruppe GmbH, München,
Germany.

战火中的花朵

著　　者：（德）古多·克诺普
译　　者：王燕生　周祖生
责任编辑：贾　娟
复　　审：李　鑫
终　　审：梁晋华
装帧设计：陆红强
出　版　者：山西出版传媒集团·山西人民出版社
地　　址：太原市建设南路 21 号
邮　　编：030012
发行营销：0351-4922220　4955996　4956039　4922127（传真）
天猫官网：https://sxrmcbs.tmall.com　电话：0351-4922159
E-mail：sxskcb@163.com（发行部）
　　　　　sxskcb@126.com（总编室）
网　　址：www.sxskcb.com
经　销　者：山西出版传媒集团·山西人民出版社
承　印　厂：北京汇林印务有限公司
开　　本：870mm×1120mm　1/32
印　　张：14.25
字　　数：255 千字
版　　次：2024 年 2 月　第 1 版
印　　次：2024 年 2 月　第 1 次印刷
书　　号：ISBN 978-7-203-13016-1
定　　价：88.00 元